ミャンマーの侍 山田長政

侍の末裔と
古文書が語る
長政残党伝説

坂と湖が多いチャイントンの美しい街並み

ミャンマーの侍　山田長政

侍の末裔と古文書が語る長政残党伝説

目次

インパール
インド
バングラデシュ
ミャンマー
中国
雲南省
昆明
大理
瑞麗
ラーショー
マンダレー
バガン
打洛
モンラー
ピンダヤ
バンロン
カロー
タウンジー
チャイントン
チェンセーン
ルアンパバーン
ヘーホー
タチレク
メーサイ
チェンコーン
ラオス
メーホーンソーン
ネーピードー
ナーン
チェンマイ
ランプーン
ランパーン
ビエンチャン
ノンカーイ
ウドーンタニ
ピッサヌローク
コーンケーン
ヤンゴン
タイ
ロッブリ
サラブリー
☆アユタヤ
アランヤプラテート
バンコク
アンダマン海
カンボジア
プノンペン
タイ湾
ナコーン・シー・タンマラート

プロローグ

「先生、今日も太陽は怒っています」

「そう、しようがないわね、私が太陽さんにそんなに怒らないでくださいと言ってあげます」

先生は微笑みながら、一五歳位のおさげの少女を机の前の丸イスに座らせた。

すると、隣に居た二〇歳位の長身の青年が膝を諤諤と震わせて、突然、声を張り上げた。

「先生、表で若いカップルがキスをしています」

「ほんとう、どこでキスをしているの、ユウタさん」

「見てください、あそこの道路の前です」

「あの人達はもう一時間もキスをして離れないのです」

「そんな所でいけないわね、どれどれ……」

女医さんとその男の人が窓の方に行った。私も興味があったので後ろから付いて行ったのだが、前の道路には電柱が一本立っていて、重なるように立て看板が被さっているだけである。門柱には、

『精神科・神経科・内科○○○病院』と青色の文字で書かれたこの病院の看板が掛かっている。

太陽はからりと晴れ渡った春の空に浮かんでいて、この深緑の雑木林で囲まれている病院の一階の窓は、煌々と輝いている。私は、やっぱりおかしいなと思ったのだが、女医さんは
「あんな所でキスなんかしていけませんね、後でよく注意しておきますから、心配しなくてもいいのよ」

と言ったのである。

色紙が並んでいる机に戻った女医さんは、私に向かって
「そんなに離れた所に立っていないでこちらにいらっしゃい。皮膚科の先生から電話がありました」

と言って手招きをした。

渋々イスに座った私は、先生からの密封された封筒を彼女に渡しながら、

「去年タイから帰国してから、顔一杯に湿疹ができて、市内の皮膚科の医院に通っているのですが、全然直らなくて酷くなるばかりです」

とこの病院に来た訳を話した。

この町で名医と言われている、その皮膚科の偉い先生は
「――何、その赤くなった傷だらけの顔は……かぶれて炎症をおこしているじゃない……。私は何千人も患者を診てきたので良く分かるのだが、治らないのは、あなたが直ぐに顔を掻いてしまうからだ。また、幾ら薬をあげても効果がないのは、何時もイライラしている、あなたの心が問題なのです。渡り鳥のように転々と、市内の病院廻りをしていても治りません。紹介状を書くから、近くにある知り

合いの病院で、精神科の先生のメンタルヘルスチェックを受けてください」
と言ったのである。

この病院の女医さんは、年の頃五〇歳代、すらりとした長身で、整形しているのか眼がやけに魅力的で、彫りが深く、かなり若く見える。黒髪を短く刈っていて、顔はぽっちゃりした丸顔でうっすらと口紅をつけていた。

紹介状を読んだ白衣の彼女は、にこやかな笑みを浮かべて、「どうしました、夜は眠れますか」と聞いてきた。

「先生、この頃、よく眠れないのです。うなされる夢ばかり見ています。昨夜も夢の中に侍の亡霊が出てきて、私の首を絞めるのです」

「何の侍の亡霊なんですか、あなたの先祖の侍……」

「いえ、それが違うのです。ミャンマーに居る侍なのです」

「ミャンマーというのは、ビルマのことですか」

と言って彼女は不思議そうな顔をした。

先生がビルマのことを知っていたので、私は安心して頷いた。

「トモちゃんとユウタさんは、悪いけど、デイケアのお部屋で音楽を聴いて、ゆっくりと寛いでいてください。ヘッドホンをつけるのを、忘れないようにしてね」

と彼女は優しく言った。二人が隣の部屋に行くと、

「夢のことをもう少し詳しく話してください」

と言って私をじっと見つめた。

「ミャンマーの水田が広がる夜の平野を、私一人だけが乗ったディーゼル機関車が、弾丸のように走っているのです。見え隠れする、半月の明かりの射した線路の前方に、緋色の袈裟を纏ったお坊さん達が、縦一列に並んで歩いていました」

先生は「ゆっくりと話してください」と言って黒い瞳を一段と大きくした。

「その人数は、三〇人位、列車が通過する時、そのお坊さん達は線路の片側に並んで、口も聞かずにじっと私を見つめているのです。――冷く光っている、その青白い顔をよく見ると、皆、日本人のような顔をしているのです」

と言って、私は目線を上げて彼女の顔色を窺った。

「大丈夫よ、しっかり聞いていますから……」と言って先生は夢の続きを話すよう促した。

「列車が後ろに立っているお坊さんの前を通過する時、何故かスピードが落ちて、突然、彼らが、日本人の侍のような着物姿になり、いつの間にか脇差を持っているのです。そして、そのうちの一人のお坊さんの手がどんどん延びてきて、とうとう私を捕まえたのです。しかも、その手は私の首を絞めながら、列車から引きずり降ろそうとするのです。何をするのだ、助けてくれぇ。夢中で座席にしがみついたところで、目を覚ましたのです」

私は一気に喋って息をついた。

「皮膚科の先生によると、あなたは海外旅行ばかりしているみたいだけれど、日本にはいつ頃帰って来ましたか」

「去年の四月に、タイから帰国して一年位経ちます」

「あなたは海外に行きたいと思っているだけじゃないかしら、日本でストレスが溜まっただけですよ」

と言って彼女は首を少し前に傾け、

「もし、行けるのであれば、無理をしなくても行ってきたらどうですか。でも、気をつけてください、ミャンマーは、まだ、政情が不安定なんでしょう……」

と言って、私を見つめながらにっこり微笑んだ。

私はこの言葉に嬉しくなり、「ハーイ、気をつけて行ってきま～す」とひときわ甲高い声で叫んだ。そして、「あの～、ぜひ聞いてもらいたい話があるのですが」と言って、ミャンマーに居ると言われている日本人の侍の子孫の話を、調子に乗って長々と三〇分も喋った。

しばらく、黙って聞いていた先生は、ひととおり私の話を聞いた後、こう言ったのである。

「帰ってきたら必ずこの病院に来てください、今度は時間をかけて本格的に診てあげましょう」

その言葉を聞いて、最近、日本で『携帯中毒』『昼キャバ中毒』『風天中毒』の人が多くなったと新聞に書いてあったのを思い出し、やはり、私の場合、『タイ&ミャンマー病』が、病気の本当の原因だと思った。

先日、博識であると言われている近所の酒屋のおやじさんに、「一七世紀頃、ビルマの中東部に日本人の武士団の村があったのを知っていますか」と恐る恐る尋ねると、彼は、メガネの上の分厚い八の字眉毛をヒクヒクさせて言った。

「一六〇〇年と言えば日本で関が原の合戦が起った時代だろう、そんな時代に商人ではなく、何で日本人の侍がビルマなんかに行ったんだ。確か、当時、隣国のシャム（タイ）には、〝ロンドンのように見事〟と讃えられた都市を造っていたアユタヤ王国が栄えていて、そこに日本人町があったのは事実だが……」

と言って、ふぅーとため息をついた。

そして、手に持った缶ジュースを軽くふった後、彼は急に重い口調になり、

「それは徳川家康の時代、アユタヤの日本人町は御朱印船貿易で栄えていて、最盛期には三〇〇〇人位の日本人が住んでいたと言われている。彼らは交易に従事しながら、王宮に仕えて傭兵となり、外人部隊をつくっていたそうだ。その中でも、特に有名な人物は、山田長政と言って日本人町の頭領であった。アユタヤの王様に重用されて、傭兵隊長から、やがて、六崑という国の国守にまで上り詰めたのだが、突然の国王の死去によって起こった、王位継承の争いに巻き込まれて毒殺されてしまったんだ。その後、日本人町は新しい国王から送り込まれたシャム軍の焼き討ちにあい、人々は皆殺しにされて、町はこの世から完全に消滅してしまったようだ」

と言って、缶ジュースの口を開けゴクゴクと飲みほして、

「だから、シャムの日本人町の歴史はそこで終わっているんだよ。その頃に、そこから遥か遠いビルマに、日本人が村を作っていたなんてとても考えられない。ココが少しおかしいんじゃない」と呟いてから、人さし指を頭に向けて、哀しそうな目でマジマジと私を見た。

そして、しばらく目をつむり少し間をおいて、「そんな訳も分からないことを考えているより、早

くまともな仕事をしなさい」と諭すように言って、「丁度よかった、あんたにぴったりな仕事がある。箱根の湯本にあるホテルの支配人が、大浴場の清掃をする人を探している。フラフラしているなら、直ぐに面接に行ったらどうか」と強引に就職を勧められたのだ。

私は、このところ意味不明な言葉ばかり発して、町の人々から半透明の白い目でみられていた。精神科の先生との話から、心の中でウツの症状がかなり進んでいることが、はっきりと分かった。

それから、色々と思い悩んだあげく、私は、ストレスを癒しながら日本人の侍伝説の真相を調べに行く為に、急遽ミャンマー（ビルマ）に出かけることにしたのである。

ミャンマーの辺境の地チャイントン

チャイントン

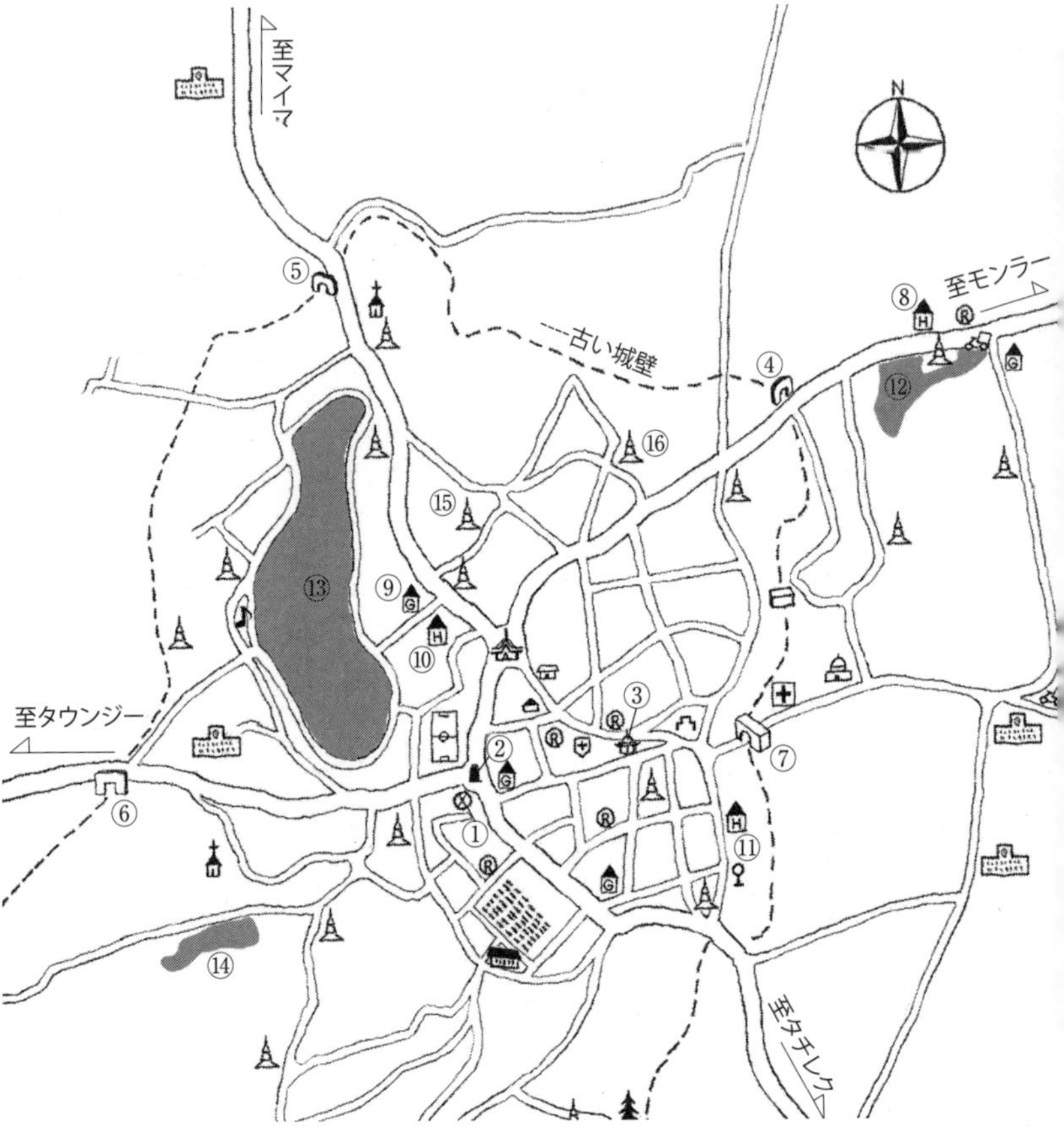

①市役所・中央市場
②独立記念碑
③藩王の墓
④城門跡
⑤ノンパー門跡
⑥検問所
⑦パレーン門
⑧スェンズ・テップ・ホテル
⑨ノイイー・モーテル
⑩チャイントンニューホテル
⑪プリンセスホテル
⑫ノンカム湖
⑬ノントーン湖
⑭ノンヤン湖
⑮ワット・ジョン・カム
⑯ワット・イン

シャン州のチャイントン空港に到着する

ヘーホーの空は、銀泥色の絵の具をカンヴァスに重ねたような厚い雲に覆われている。しかし、飛行機がタチレクの空港を飛び立ってから雲の帯が切れて、いつの間にか険しい山が横に広がってきた。北の一角が少し欠けていて、そこだけ空が透けて見える。その下には、低い潅木が茂ったまばらな森林が身を寄せ合うように固まっている。

峡霧に白く煙る尾根がうっすらと見えてきた。岩石が崩落した急斜面の地肌が大きく露出していて、山麓から入り組んだ稜線にかけて人家や集落は見当たらない。突き出した樹林に挟まれた谷間に沿って、何本かの細い筋が段違いに走っている。深い底は、あたり一面が濃灰色なので、川なのか道なのかよく分からないが、水が流れていたり人の通った痕跡が全くないのである。そして、うねるような幾何学模様の山襞がどこまでも続いている。そのところどころに緑が点在しているガレ場の割れ目の到る所で、赤茶けた岩肌を剥き出しにした柱状の崖がそそりたっていた。

遥か向こうの低く垂れ込めた雲の下には、鉛色の山々が幾重にも連なり、人を寄せつけないこれらの峻険な国境の山塊は、途中で断ち切れたり、繋がったりを繰り返して中国にまで延びている。その懸崖の山峡を縫うように下っているメコン川が、大きく蛇行しながら大地を縦に割り、ミャンマー、タイ、ラオスの三国が国境を接する、黄金の三角地帯（サーム・リアム・トーン・カム）と呼ばれた真っ白いケシの花が咲く暗緑色の原野を造っている。

チェンセーンから北に約九キロメートル、遠くチベットのシャクナゲの渓谷から流れてきた川の水は、この地点でタイとラオスを隔てるメコン川と、ミャンマーを隔てるルアク川とが合流して激しくぶつかり、川岸の紅土を呑み込んでほんのりと水面が赤く染まり、川幅を広げながら大河となって、カンボジア、ベトナムに向かってゆったりと流れていく。

湧き上がる雲の塊を、プロペラの羽が細かくちぎって遠くに跳ね飛ばすと、景色が変わって、どこまでも広がってゆく青い空が現れた。ぐらりと機体が揺れて、右にゆっくりと旋回しながら高度を下げると、眼下に小さな湖が見えてきた。溢れるばかりの灼熱の陽光を受けて、湖水の表面がキラキラ輝いている。水の色は、手を出せば緑色に染まるのではないかと思われるほどのエメラルド色だ。地面が高くなった、左岸の森の中から、眩いばかりの金色の輝きを見せて、先の細い鐘状のパコダの尖塔が天に向かって聳えている（仏教国ミャンマーの象徴といわれる仏塔のパヤー、もしくはゼディは、英語では「パコダ〈Pagota〉」と呼ばれている。この中には仏陀の髪、歯、爪などが入っている仏舎利が納められていると言われている）。

タチレクの空港から乗ってきた、黒衣の欧米人の若い修道女が身を乗り出して、「チャイントン」と低く澄んだ声で叫んだ（チャイントン市内及び近郊のロイモエ山には、イギリス統治時代からの由緒あるカトリック教会がある)。

エア・バガンのフランス製の双発のプロペラ機は、更にゆっくりと降下して、赤い台地を切り開いた滑走路に慌ただしく滑り込んだ。

空港の建物は、休日の公園の管理事務所みたいにがらんとしていた。中には入国管理の部屋と待合室があり、若い管理官がのんびりとパスポートのチェックをしている。真昼の空港の建物に、はぐれ蝙蝠が一匹、壁にぶつかるように飛び込んできたが、ゆうゆうと天井を一周すると、キッキッと鋭い声を残して炎天の空高くに飛んでいった。

私を担当している小柄な審査官がパスポートを見て、さも不思議そうに、「ジャパン」と大きな声を出すと、周りの係官があたふたとこちらに集まってきた。他の乗客は全員外に出て行って、残っていたのは私一人になってしまった。

若いが長身で恰幅が良く、えらく貫禄のある係官が、「空路でチャイントンに来る日本人は珍しい、最近は、車でここから八五キロ位先の、中国との国境の町、モンラー(メンラー)に行く日本人や外国人バックパッカーが多くなった」と、間延びした発音の英語で言った。そこでは、時間も中国時間で、大きな市場から、カジノ、カラオケ、ディスコ、キャバレー、お風呂、ストリップや置屋まで揃っていて、なんでもありの男性天国の町なのだそうだ。町の入口で、三五元(約四二五円)の入域料を支払うが、ミャンマーのチャット札でもタイのバーツ札でもなく、中国通貨の「元」しか使用できないとのことだった。少し前までは、チャイントンがこの辺りの国境貿易の町として栄えていたのに、今ではすっかり寂れてしまって、一軒しかなかった映画館もなくなり、湖のそばに小さなディスコが一つあるだけだと、彼はしきりと嘆いていた（モンラーの国境付近の川幅一〇メートルほどの対岸は、中国領の打洛《ダールオ》という町で、この両国の国境ゲートは、現在、外国人旅行者の国境越えを拒んでいる。中国、雲南省《ユンナンシェン》（云南省）の省都の昆明《クンミン》を起点にした、全長八五〇キロの昆洛公路の国道二一三号線の終点が、ミャンマーとの国境の町「打洛」で、このルートを使って両国は、一〇年前迄、盛んに辺境交易を行っていて、この道は「南北の茶馬街道」と呼ばれていた）。

「あなたはこの町に観光に来たのか」「どこに行くのか、一人で何しに来たのか」と三人が、人懐こい笑顔で、代わる代わる、片言の英語や日本語で尋ねてくる。

私が「今から三五〇年位前に、この町に逃げてきた日本人の侍の子孫に会いに来ました」と言っても、虚をつかれた子どものようにきょとんとして、全員がそんな話は聞いたこともないと言った。いくら彼らに話しても、「サムライ、ニンジャ、ムサシ」「サクラ、フジヤマ、ゲイシャ、シンカンセン」などと笑いながら叫ぶばかりで、会話はどこまでもとりとめがなかった。

「パスポートを早く返してください、私の預けたバックはどこですか……」と尋ねたら、彼らの一人が外の芝生を指さして、「とっくに表に出してある」と言ったので、私はパスポートを受取り手荷物を抱えて慌てて外に飛び出した。しかし、庭内をいくら探してもバックらしいものは見当たらなかった。事務所の前庭の花壇には、赤、紅、桃、白色などの色とりどりの小さな夾竹桃が咲き乱れていて、その片隅に、空になった一台のリヤカーがポツンと置かれている。その先の、菩提樹の大木が茂って、影をつくっているタクシー乗り場みたいな広場に、タイのトゥクトゥク（三輪タクシー）と同じような車が駐車していた。その周りに屯している、藤色や薄茶色のパソウ姿の若者達が盛んに手招きをしている（ロンジーとも呼ばれているが、パソウとは、男性用の腰巻式の筒型スカートで、女性用は、タメインと呼ばれているミャンマーの伝統的な民族服である。タイではサロンと呼ばれているが、タイ国内では今では着ている人を殆ど見かけない）。

——私のバックを勝手にタクシーに積み込んで、いったい、この国の人はどういう神経をしているのだろう。

ブツブツ文句を言いながら車の方に歩いて行った。タクシーといっても、中国製の大型オートバイに、幌付きの荷台を取り付け、木製の長イスを置いただけの簡単なもので、この辺りではバイクタクシー（トンベインカー）と呼んでいる。もちろんメーターらしきものは取り付けていなかったが、それより恐ろしいと思ったのは、荷台がやけに高いのに、乗り降りの踏み台が小さくて、片足が乗る位の幅しかなかったことだ。これでは余程注意しないと足を踏み外してしまいそうだ。

私のバックを積み込んだ、ポーターらしき人が前に出てきて「ワン・ダラー、ワン・ダラー」と盛んにチップを要求した。リヤカーの置き場所からバイタクまで一〇メートル位しかなかった。しかも、荷物はたった一個だけだから、自分でも簡単に運べるのに、勝手にこんなことをして誠に困った人達だと思った。この国のフリーポーター達は油断も隙もない。ヤンゴンの国内線の空港でも、タクシー運転手に料金を支払っている間に、すばしっこいフリーポーターに、バックを降ろされて運ばれそうになった。私は空港の中まで追いかけて、やっとその荷物を取り返したのだ。しかも、ここと同じように沢山のポーター達が、空港の乗降口付近に、押し合い圧し合い鈴なりになって客を待っているのである。

だが、この国では仕事が他にないのであれば、致し方ないことなのだろうと思い直して、若者に一ドル札を渡した。そうしたら、予期せぬことが起こったのである。このポーターは、まるで鬼の首でも取ったかのように、この一ドル札を天に高々とかざすと、近くの物売りの屋台のおばさん連中を含めて、周辺の男女が喜びの大歓声を挙げたのだ（実勢レートで一ドルは、一二〇〇から一三五〇チャット位で両替できる。露店のモヒンガーという簡単な麺食は、一杯で四五〇から五〇〇チャット（約五〇円）位である。一チャットは約〇・一円。このレートは社会情勢で変わる。公定レートは、USドル約四五〇チャットで、実勢レートと公定レートの間には三〇〇倍近い開きがある。公務員の初任給は、二〇〇〇年の時には六七〇チャットだった。その後度重なる公務員のデモに懲りた政府は思いきった値上げをして、現在、家族持ちの公務員の平均給与は、約五万チャット（五〇〇〇円）である。国民の七割が月、一〇〇ドル（約九五〇〇円）以下で暮らしていると言われている）。

それを見ていたバイタクの運転手が、大声で「町まで六ドル」と英語で言ってきた。ヤンゴンの空港では、町までのタクシーの運賃を六ドル支払ったが、それは空港から市内までの距離が、約一二キロもあったからだ。だが、チャイントン空港の場合は、町まで六キロ位しかないので、ここでは三ドルでも充分のはずだった。

ヤンゴンでもそうであったが、この時も私は四ドルに値切ろうとした。しかし、この運転手は頑として首を縦に振らなかった。乗り換えようと思っても、他の車はとっくに出て行ってしまって、どこを見渡してもタクシーらしい乗り物はなかった。

この運転手は小柄だが、がっしりした体格で笑うとどことなく愛嬌がある。しかし、私がこの車に乗ろうと決めたのは、彼の英語がかなり上手かったからだ。タイのチェンマイでは日本語が通じるし、簡単な英語はどんなトゥクトゥクの運転手でも話せる。しかし、ここミャンマーのシャン州では、英語はおろか、自国のミャンマー語（ビルマ語）でも、満足に話ができないと、日本に居るミャンマー人から聞かされていた。これから先も優秀なガイド兼通訳が居ないと、日本人の侍の末裔探しは、殆どはかどらないのは分かっていた（案の定、この後に、念の為に地図を見せて色々な運転手に声を掛けたのだが、目的地を英語で説明してもチンプンカンプンで、運賃が安くても、とても他の車に乗れそうになかったのである）。

乗る前に彼に地図を見せて、町の中心にある『ノイイー・モーテル』の名前を言うと、「オーケー、オーケー、ノー　プロブレム」と言って自信たっぷりだった。

町まで行く間に彼は英語で、「自分はアカ族で、半年前まで、チャイントンの郊外に駐屯しているミャンマー陸軍に居て、そこでオートバイの運転を習った。名前はモートゥで、ミャンマー人には姓はありません」と教えてくれた。そして鼻を蠢かして、「年は三二歳、結婚していて、子供が二人居る。住まいは郊外のライムエ通りである。私は軍隊に長く居たので、この町の人に信用があるので安心できます」と得意そうに話した。

濃い緑一色に塗りつぶされた小高い丘がどこまでも続いている。猛烈な陽射しの中、沼沿いの簡易舗装の道路では、銀の房のような陽炎がゆらゆらと揺れていた。

「チャイニーズみたいだけれど、あなたは何人ですか、ここは初めてですか」と聞いてきた。「いや、日本人だよ、この町は初めてなんだ」と不安そうに英語で答えた。

「ニホン人は五年前に一度乗せましたが、ミャンマー人はジャパンが大好きです。観光に来たのですか……、この町の郊外にはニホン人が好きな温泉もあります。また、中国に近いモンラーでは安い買物もできますよ」と彼はこの土地の観光スポットめぐりを勧めた。

「いや、観光ではなく、ゴンシャンという人達の集落に行きたいのだ。あなたは昔、この町に来た日本人の侍のことを知っていますか」と私が言うと、「ゴンシャンのことって何ですか、そんな名前は知らないし、ましてや、ニホン人のサムライなんて聞いたこともない」と彼は訝しげに頭を振った。

私は、彼がゴンシャンのことも知らないのであれば、話してもしようがないと思い黙ってしまった。

一〇分位でホテルに着いたが、辺りには商店などが見当たらず、どうも町の郊外と思われる場所で、こちらの指定したホテルとは違うようだ。車を降りてよく見ると、玄関の看板に「Suens Tip Hotel（スェンズ・テップ・ホテル）」と書かれている。モートゥに「ここは違うホテルじゃないか」と怒鳴って車に戻ろうとしたら、このホテルの奥の部屋から、坊ちゃん刈りの縞模様のパソウを巻いた三五歳位のマネージャーが飛んできて、満面の微笑で「ぜひ部屋を見てください」と英語で言って頭を深々と下げた。

私は、断るのは部屋を見てからでも遅くはないと思い、見栄をはって、彼がしきりと薦める二階のVIPルームに案内するように頼んだ。

フロントのカウンターの上には、タイとミャンマーの国旗が交差するように飾られている。ホールの壁の大きな三台の丸型時計も、二〇〇七年六月二三日の、ミャンマー、タイ、中国の現地時間を指していた（日本との時差は、二時間半、日本の正午がミャンマーの九時半、タイと日本の時差は二時

スェンズ・テップ・ホテル新館

間、中国との時差は一時間である)。

私は、すぐ断ろうと思っていたのだが、しかし、二階からのロケーションが余りにも素晴しかったのである。マネージャーが、黄緑色のカーテンを寄せて思い切り窓を開けると、ひんやりとした高原の空気がどっと室内に入ってきた。窓から顔をだすと、目の下には、白やピンクの蓮の花が咲くどんよりとした墨色の沼があり、灯りの消えた寒々とした町並みが一望できて、黒々とした森の上に黄土色のパゴダが見える。北の国を連想させる陰影に、思わず視線を上げると、遥か遠くには、蜃気楼のように忽然と浮き出た、平べったい銀鼠色の山脈が連なっていたのである。私はこの風景がすっかり気に入って、一泊二〇ドルのところ、朝食付きで一八ドルに値切って泊まることにした。

彼の話によると、この町に電気が来るのは、朝の八時から一〇時までと、夜の七時から一〇時までなのだそうだ。しかも、その時間帯でさえも、しばしば停電が起こるというのだ。その為に、このホテルでは自家発電をしており、「朝の七時から電気が点きますので、タイや中国のテレビも観れます。また、ゆったりとしたバスタブは、電気の余熱があるので深夜でも入れます」と言って彼は飛び切りの笑顔を私に向けた。

一二畳位のクーラーのある部屋に落ち着くと、セミダブルベッドがあり、隅のサイドテーブルには、ローソクとマッチが空き缶の中に乱雑に置いてあった（後日のことであるが、夜中にトイレに起きたとき、ローソクのある場所が分からなくて探すのに苦労したので、枕元に日本から持ってきた懐中電灯を置くことにした）。

私は荷物を部屋に置いて一階のフロアーに行った。マネージャーから、このホテルのオーナー氏が挨拶に来ると言われたからだ。

ホテルは比較的新しく、敷地内に旧館、果樹園、農場や倉庫と一般のミャンマー人が泊まるゲストハ

スェンズ・テップ・ホテル前の仏教寺院

ウスの宿舎が隣接している。このゲストハウスの入口は別になっていて、受付には、髪を顔の横で束ねて垂らした、四〇歳位の目もとが涼しげな奥さんと思われる女性が、笑みを浮かべて肘かけイスに座っていた。入口の壁に、大きな軍人さんの写真が三枚も飾ってあるので、オーナー夫人に「ずいぶん立派な方ですね、ご主人さんが軍隊に居た時の写真ですか」と聞いたところ、夫人のあのにこやかな笑いが突然消え、「タン・シュエ議長」「タン・シュエ議長です」と、苦虫を噛みつぶしたような顔で言った。「タン・シュエ議長」は、この国の最高指導者であることを思い出して、慌てて、手を合わせ「パンパアデェ（ごめんなさい）」を連発して外に出た。

農場の前には、走り出せば直ぐに分解して部品が飛び散ってしまいそうな、ライトのとび出たお化けのような古いトラックが駐車していた（しかし、これも後で分かったことなのだが、この車は、毎日、朝になると車体をブルブル震わせて谷あいの畑に出かけて行き、夕暮れになると、黒い煙りを巻き散らかして、見上げるくらい野菜を高く積み傾きながら戻ってきた）。

フロントで、英語で書かれたこの町の手書きの地図を貰ってロビーで見ていた。

私は一年前に、タイ北部のチェンマイで、ミャンマーのシャン州にある、チャイントンの町に伝わる日本人の侍にまつわる落人伝説の話を聞いていた。昔、日本人の侍達が、シャム（タイ）のアユタヤの日本人町から、タイの山岳地帯を通って、タイ最北端の町メーサイに辿り着き、国境を超え、ミャンマーのタチレクを抜けて、チャイントンまで落ち延びていった話だ。彼らは、アユタヤから陸路、東京と北海道の間宮林蔵の像が建っている宗谷岬までの距離にあたる、この地にやって来たと言うのである。

やがて、このホテルのオーナー氏が、マネージャーや運転手のモートゥを伴ってロビーにやって来た。彼は六〇歳位で、タイのバンコクのヤワラート（中華街）にいる華僑のように、どことなく陰のある、薄茶色の神経質そうな細面の顔をしている。

マネージャーは私に、このホテルのオーナー氏は、この町の大変な名士だと紹介した。彼は「マネージャーも私も、そのようなサムライの話は知らない」とシャン語で言った。英語の話せるモートゥも、一緒になって「全く心当たりがない」と、申し訳なさそうに話した。モートゥは、この町の観光ガイドも兼ねているので、彼らが知らないとなるとどこで聞けば良いのか、私も少々焦ってきた。

私が困った顔をしていると、三人は、イミグレーションやこの町の軍人の偉い人に聞いてみようと、しばらくの間、真剣に話し合ってくれた。そして、モートゥの口から、ゴンシャンの話が出ると、オーナー氏は「ゴンシャンとは、クン族の部族のことだ」と言って、「昔、この町を治めていたソーボワという王様も、確かゴンシャンだと言っていた」と目を輝かせた。だが、「ゴンシャンが、どこに住んでいるのか知らない。ましてや、ソーボワの子孫達も、この広いシャンのあちこちに散らばってしまって、探しようがない」と彼らは、また、シャン語や英語で言い合って、しきりと顔を見合わせるばかりであった。

思えば、どういう訳か、今回のミャンマー旅行は最初から躓いた……。

最初は、タイのメーサイからミャンマーのタチレクに入り、陸路でチャイントンに行こうとしたが、品川にあるミャンマー大使館の日本人スタッフに、現地のことを聞いても、タイのメーサイから陸路でミャンマーに入国した場合、ヤンゴンやマンダレーなどの大都市には抜けられず、往路と同じように、また、タチレクから出国しなければならないと言って、詳しいことを聞いても、現地のイミグレーションで聞いてくださいと話すばかりであった。

そして、ミャンマー国内には、外国人が自由に旅行できない地域があるとも言う。

一つには、道路やその他の社会基盤や交通機関、宿泊施設など、インフラの未整備の問題があるそうだ。しかし、彼女達は言わないが、最大の理由は、反政府勢力の存在だと言われている。政府は、国内はビルマ族を中心としてひとつに纏まっていると言っているが、実際は全土で約一三〇以上の民族が住んでいて、ミャンマーは民族と言語の坩堝だと言われている。その中には、現政権に不満を持っている部族も少なくないらしい。

タイや中国の国境地帯には、カチン族、ワ族、カレン族やその他の少数民族の反政府勢力が存在していて、独立を求めて長い間政府軍と戦ってきた〈シャン州の反政府組織には、シャン州軍〈ＳＳＡ〉、南シャン州軍〈ＳＳＳＡ〉、北シャン州軍〈ＳＳＮＡ〉、シャン族人民解放機構〈ＳＮＰＬＯ〉、統一ワ州軍〈ＵＷＳＡ〉などがある。更に、ミャンマー最北端にあるカチン族の州には、停戦に応じたカチン独立機構〈ＫＩＯ〉が長い間、民族解放闘争を行ってきた。また、反政府組織最大のカレン民族同盟〈ＫＮＵ〉は、シャン州の近くにあるカイン州〈カレン州〉のタイ東部国境地帯に軍事拠点を置いている。このカレン民族同盟〈ＫＮＵ〉には、一九六〇年ごろ日本人の若者が数名、兵士として部隊と共に密林を行軍していたが、彼らの消息は不明である。また、最近、軍事政権は同じカレン族で構成した親政府組織「民主カレン仏教徒軍〈ＤＫＢＡ〉」をたちあげ、カレン民族同盟〈ＫＮＵ〉掃討作戦に参加させている)。

彼らは現在のところ、軍事政権の国家平和発展評議会（ＳＰＤＣ）と和解や停戦で合意が成立しているが、一部の抵抗戦線は、この停戦に同意していないと言われている。つまり、対立の火種がくすぶっていて、何時また戦闘が再開するかも分からないのである。チャイントンから、陸路でミャンマー国内に自由に行けないのは、しばらく弱体化していた反政府勢力が、再び活発に活動を開始する危険性があるからだ。

これらの場所に外国人が行くには、各地にあるイミグレーションで、通行許可証を貰わなければならないが、当然、許可は出ないし、バスなどの交通機関も切符を売ってくれない。ましてや、幹線道路のあちこちにチェックポイントがあり、陸路で勝手に通り抜けようとして発見された場合、罰金はもちろん、身柄を拘束されることがあるそうだ。

ミャンマー政府は、現在、段階的にこれらの地域を開放してきているが、国内情勢は非常に不安定で、微妙なところでバランスを保っている状態だと、東京の新リトルヤンゴンと呼ばれている西武新宿線の高田馬場駅周辺に伝わっている。日本のミャンマー大使館の職員も、詳しいことは、ヤンゴンのＭＴＴ（Myanmar Travel & Tours）の職員に聞いてくださいと言って、丁重に頭をさげた。

私は以前から、一〇日間位はチャイントンに滞在できるはずだと思っていたのだが、万一、旅行が長引くことも考慮して、陸路を諦めて空路に変更したのだ。

しかし、六月一九日の朝一〇時頃、成田空港に着いたら、横浜のアクロス旅行会社の難波さんから電話が入り、今夜のバンコク発ヤンゴン行きのミャンマー航空の便が、フライトキャンセルらしいと言うのだ。その原因は、「インターネットのミャンマー航空のフライトスケジュール表から、この便が消えているからです」と訝しげに話した。しかも、今日は土曜日なので、ミャンマー航空の東京支店に、幾ら電話しても繋がらないとのことであった。

彼女は続けて、「このままだと、インド航空がヤンゴンのミンガラードン空港へ先に荷物を送ってしまい、これらのバックが現地に着いて、行方不明となる恐れがあるので、インド航空がバンコクのスワンナプーム空港に着いたら、一旦、タイに入国して、空港内のミャンマー航空のオフィスに行ってください」と言う。

「当日のキャンセルならば、航空会社から当然、前もって連絡が入るのが当たり前だろうに、別の便の飛行機は安全に飛ぶのだろうか……」と不安になり、一瞬、気落ちしたが、ともかく出発することにした。

インド航空の成田発の便は、約一時間遅れの午後七時にバンコクに着いた。私は急いで入国手続きを済ませて、出発便のミャンマー航空のオフィスに行くと、誰も居ないカギの掛かったドアに、「ミャンマー航空の○○便のフライトは、キャンセルとなりました。この便のお客様は、明日の朝九時発のタイ航空○○便に振り替えます。ソーリー」と英語で書かれた貼り紙がしてある。

私は随分乱暴な乗客への対応だと憤慨して、ミャンマー航空のあるカウンターに向かった。そして、出てきた男性に「対応がなってない」とたどたどしい英語で憤懣をぶちまけた。

しばらく黙って聞いていた彼は、飛行機のエンジントラブルの原因を詳細に話した後、「これからどこのホテルに泊まる予定ですか」と聞いてきた。「カオサンのゲストハウスです」と答えると、「あの安宿街で有名なカオサン……」と絶句して、少し考えてから、航空会社持ちの高級ホテルの手配をしてくれた。

　そして、翌二十日の朝八時頃、海鮮バイキングの朝食をすませ、他の三人のミャンマー人と送迎バスに乗り込み、タイ航空に搭乗して気分良くヤンゴンのミンガラードン空港に着いたのである。

　入国審査はスムースだったが、ターンテーブルから荷物が運ばれてくるのにかなり時間がかかった。構内に並んでいたタクシーは、日本製の年代ものの中古車で、どういう訳か、運転手の他に助手席に奥さんらしい人が乗っている。「クイーンズ・パーク・ホテル」と大声で連呼して車に乗り込んだ。

　走りだしてからエアコンが付いていないと分かった。全開の窓から吹き込んできた空気は、ネバネバと絡みつく湿気を含んでいて身体中からジワジワと汗が滲んでくる。食べ物屋が軒を連ねている路地から、饐えた臭いが風に乗って流れてきた。停電なのだろうか、道路沿いの建物の灯りが消えている。真昼の町は少し暗かったが、行き交う人々の足取りはゆったりとしていて、食料や衣料などを売る露店の周りからは、アジア特有の活気やざわめきが湧き上がっていた。

　ホテルに到着してチェックインを済ませ、五階の部屋に荷物を置くと、私は直ぐにフロントに戻り、チャイントン行きのエアチケットの手配を頼んだ。すると、愛想の良い二〇歳位の女性係員が、かなり達者な日本語で、「チャイントンは、シャン州の州都であるタウンジーの北東四五六キロのところにある町です。また、タイと国境を接するタチレクの町からも、一六三キロもあります。そこは、一〇年位前までは、中国との貿易で行く人が少しは居たのですが、今は寂れてしまい、ヤンゴンの人でも余り行ったことのない土地なのです。避暑地なら、カローといって、英国風のコロニアル建築のホテルや別荘がある所が、外国人に人気がありますが……世界遺産のあるバガン（パガン）を始め、旧王宮のあるマンダレー、沢山の水草が浮島を作っているインレー湖など、ミャンマーには観光地が沢山あるのに、何故そんな辺鄙なところへ行くのですか」と首を傾けながら尋ねてきた。

私は、いちいち説明するのも億劫だから、「緊急の仕事ですから……」と無愛想に答えると、彼女は呆れた顔で「二三日のエア・バガンの便なら空いています」と言って、ようやくキップの手配をしてくれた。

そして、この便で朝九時にヤンゴンを出発して、マンダレー、ヘーホー、タチレクなどの空港を経由して午後一時、チャイントン空港に降りて、バイタクに乗りようやくこのホテルに着いたのだ。

彼らから、日本人の侍の話は全く知らないと聞かされた私は、少々がっかりしたが、まだこれからだと思って気を取り直した。私はオーナー氏やモートゥに礼を言って、部屋に入ると、現地に到着した安心からか、崩れるようにベットに倒れこんだ。

夢の中で、私はチャイントンに来た日本人の落人伝説の話をしてくれた、シャン州の女の子達の顔を思い出していた。ぼんやりとしている彼女達の顔が、頭の中を朦朧と駆け巡っていたが、やがて、その輪郭はしんしんとした闇に消えて、私は深い眠りに落ち込んでいった。

ミャンマーの呼称

本文中に、ミャンマーとビルマの二つの呼称が出てくるが、軍事政権は一九八九年に、それまでの国名である「ビルマ」の対外的な英語呼称の「バーマ（Burma）」を、新しい国名である「ミャンマー（Myanmar）」に変更したことを国連に通知した。この国の正式名称はミャンマー連邦「Union of Myanmar（Pyidaungsu Myanmar Naigandaw）」である。しかし、公用語であるビルマ語による国号は変わっていない。

「バーマ（Burma）」というこの国の名称の元になったのが、ビルマ語の「バマー」で、変化してバーマとなり、一五世紀から一六世紀に、この地を訪れたポルトガル人によって呼称されていたが、その後、ビルマを支配下に置いた英国人に継承されて、独立後も、英国などが使用して、国際的に通用する国名として使われていた。今でも、軍事政権に反対しているアメリカ、オーストラリア、ドイツなどの一部の国や通信社はこの国を「バーマ」と呼んでいる。

ミャンマーという呼び名は、この地で見つかったビルマ語碑文（一一九〇年出土）に、「ムランマー」という民族名が刻まれていて、それがそのまま、ビルマ語に引き継がれてゆき、音変化を経て「ミャンマー」となった。ミャンは「迅速」マーは「強い」という意味である。

バマーもミャンマーも、いずれも、現在のミャンマーの人口の、約七割を占めるビルマ族を指す言葉だが、政府は、「ミャンマー」はこの国の全民族（一三五の民族）を指しているとして、国歌の歌詞の「バマー」を「ミャンマー」に差し換えた。

誇り高いミャンマー人は、植民地時代に英国人が呼称した「バーマ（Burma）」という名前が、国際的になっていることに対する改正をしたのである。ミャンマーは、自国を古来から、「ミャンマー」と一貫して呼んでおり、「バマー」とは、この国の口語体の呼称であった。

バーマの元になった、ビルマ語のバマーとミャンマーは、語源的には同じであると言われ、ミャンマーは、文語的表現として使われてきた。

国民は、ミャンマーと言う国名に違和感を持っていないと言われている。

同時に、英国の植民地化以降に首都としての機能を持った町は、ラングーンと呼ばれていたが、この都も旧称で呼ばれていた「ヤンゴン（Yangon）」に変更された。「ヤン」は敵、「ゴン」は終わり、「戦いの終結」という意味である。ミャンマー国内に於いて、英語で「ラングーン（Rangoon）」と呼ぶと、怪訝な顔をされて、地元の人から注意されることがある。

なお、一九九〇年五月二七日、三〇年ぶりに複数政党制に基づく総選挙が行われて、書記長であるアウン・サン・スー・チー女史が所属する全国民主連盟（NLD）が四八五議席のうち三九二議席を獲得した。

未だに国政に参加出来ないでいるこの政党は、「軍事政権が一方的に行ったこの国名変更は、国民の支持を得ていない」と主張している。

また、「ビルマ」という日本でのこの国を呼ぶ言葉だが、江戸時代末期から明治初期に、交易で日本にやって来たオランダ人による。オランダ語の「ビィルゥマ」から変化して、「ビルマ」という呼称が付いたものと考えられている。江戸幕府の古文書では、この国のことが「尾留満」という漢字で書かれてある。

更に、ビルマを意味する表記法として、よく使われている「緬（ミェン）」は、中国語のビルマを指す言葉の「緬甸（ミェンディェン）」からきている。

また、都市名、地名、民族名などについても、呼び方で、現地ではかなりの混乱があったようだ。例えば、シャン州東部の「チャイントン」の町は、英国の植民地時代に「ケントン」「ケントォン」と英語読みで呼ばれ、地図上でも表記されていた。また、この町はタイ語読みで、「チェントン」「チエントゥン」とも呼ばれていたが、今ではビルマ語呼びの「チャイントン」に定着している。因みに、中国語では「チントン」で、漢字で「景棟」と記されている。だが、一九八九年、国名変更の時に、ミャンマー国内の他の町の呼び名も、英語呼びだった都市名はビルマ語呼びに変更された。

本書ではこの国の歴史や時代に合わせて、その時代に呼ばれた国名、都市名、民族名などの表記や呼び方を使い分けることとする。

タイで日本人の落武者伝説を聞く

ミャンマーのシャン州から来た女性達

バンコクから北に向かって、四四〇キロの所にある、タイ第二の都市、「北方のバラ」と呼ばれるチェンマイでぐだぐだと沈没していると、日本人バックパッカーや現地のタイ人から、色々な珍しい話題や面白い情報が飛び込んでくる。

二〇〇六年四月、ソンクラーン（水掛け祭り、タイの正月）の時に、私はチェンマイ市内のタイ・ウォン通りにある、日本人御用達のゲストハウス「プラザ・イン」のロビーで、知り合いのバービアー（バーやビヤホールのホステス）で、ミャンマーのシャン族である女性達と友達になり、日本人に纏わる興味深い話を聞いた。

毎日、店で欧米人の客を相手に話をしているのか、彼女達はかなりフランクな英語で話してくれた。

前髪の垂れた一番上の娘は、白いスポーツシャッと紺のジーンズスタイルで、「年は二五歳、トン」と名乗った。彫が深くて、くっきりとした眼を持ち、濃いめの赤い口紅で、浅黒い顔をしていた。後の二人は姉妹で、姉が「二〇歳でホートン」妹が「一八歳、ノック」と言った。二人ともお揃いの若草色のジャケットを着て、裾の広い橙斑のユリの花柄スカートを穿いていた。

姉のホートンさんは、長い黒髪を後ろに束ねてクチナシの小花で飾っている。飛びぬけて笑顔が可愛い、そして、綺麗な白い歯が印象的だ。妹のノックさんは、おさげ髪で、頭の横で赤いリボンを結んでいた。左頬の小さな笑窪、細く高い鼻、キラキラした光る眼が怪しい美しさを放っている。二人のピンク色の唇が、匂うばかりに咲いた薔薇の花弁のように瑞々しく輝いている。

彼女達の故郷は、シャン州にあるチャイントンという町で、ミャンマーの中東部にあるそうだ。

ミャンマーが英国から独立する、一九四八年頃までは、ソーボワ（Sao Hpa）という王様（藩王）がシャン州を支配していたようだ（ソーボワは、「藩王」、「天の支配者」という意味だが、タイ語では「チャオ・ファ」、シャン語で「ツァオ・ファ」、中国語では「ツァオ・ムン」と呼ばれた。その地位は世襲されて、立法、行政、司法、軍事などの全権を握っていた。また、タイ語では「サオパ」とも呼ばれている）。

シャンには、昔から三三の藩王国があって、各藩王国はモン（Mong）と呼ばれる複数の町と村を従えて、それぞれの藩は中心となる町の名で呼ばれた。

チャイントンは、一〇世紀の初めには中国との交易の中継地として栄えていたようだ。その中心都市は「ケントン（ケントォン）」と呼ばれて、一六世紀頃には、茶や漆の取引の中心地として繁栄していた（チャイントンの面積は、約六万平方キロ、人口は一五万人前後、そして、シャン州の面積は、約一四万平方キロ、人口は一九八三年の段階で、約三九〇万人である）。

「シャン（Shan）」とは、ミャンマーに暮らすタイ語系民族を指すビルマ語である。隣国のタイ王国は、かって、「シャム（Siam）」と呼ばれていたので、「シャン」という呼び名はこの「シャム」という同じような言葉から変化したものだと思われる。また、ビルマ語で炊いた御飯はターミンというが、生米は「シャン」というので、雲南からやってきた稲作を主として生活しているタイ系の民族をさして「シャン族」と呼称し、そして、この地区を「シャン州」と明記したとも考えられる。

ここにはタイ・ヤイ族と呼ばれる人達が住んでいて、文化も風習も北タイのラーンナータイ王国の影響を強く受けていた（ラーンナータイ王朝は、タイのチェンマイを王都として一二世紀末から約六〇〇年に渡って栄えた。チェンマイ県には、仏陀の遺骨が納められている仏舎利があるドイ・ステープ寺院やタイで最大の大きさを誇る青銅の仏像があるスワンドーク寺院などがある）。

昔、アユタヤのシャム軍に追われてきた日本人の侍達を、当時のチャイントンのソーボワ（藩王）が、手厚く保護したと伝えられているとのことだった。その侍達が現地の娘達と結婚して、その子孫が今でもチャイントンの、ゴンシャンの村に住んでいると言うのである。また、彼らの話す言葉もタイ北部のタイ語が混じっているようなのだ。

トンさんは「チャイントンの町は、ノントーン湖を中心にした盆地上にあり、小さな池や沼に囲まれていて、シャン州で一番美しい町だ」と言った。続いてホートンさんが「町は緑したたる庭園や瓦屋根の家々が連なっている。町中には、お寺が沢山あって、まるで、チェンマイの旧市内のようだ」と話してくれた（チェンマイ市内にあるシャン寺のワット・ラクラダは五〇〇年の歴史がある）。

ノックさんも「近隣には山岳民族も多く暮らしている。町の大きな市場は、朝早くから採りたての野菜や仏花用の花束、果実が並んでいて、大勢の人でいつも賑わっている。漆の生産が盛んで、チャイントンの漆はミャンマーでは最上品なのです。伝統工芸品の漆器なども高値で取引されてるわ」と故郷を懐かしがった。

三人の話を合わせると、そのチャイントンの侍達が日本人であるという特徴は、次のようなことである。

一、日本人の侍の子孫だと言っている人達は、ゴンシャン族と呼ばれている。
一、日本人の侍達は、皆、独身者ばかりだったそうで、シャム（タイ）のアユタヤから来たと伝えられている。
一、侍達は全部で六二人も居たと言われている。
一、侍達はソーボワ（藩王）に仕え、貴族の娘と結婚していった。
一、彼らは髪を長く垂らして頭の後ろで束ねていた。
一、侍達は木綿で作った上着と、少し大きめの裾を膨らませたようなズボンを穿いていた。
一、食事をする時、彼らは指を使わずに長い箸を用いていた。
一、侍達は村の人達に礼儀正しく接していた。
一、この辺りの挨拶は、先ず、合掌するのだが、日本人達は、出会うとお互いに頭を下げていた。
一、日本人の侍達は、ゴンシャン族から「ジップン」と呼ばれていた（タイでは日本人のことをジーブン「ジープン」、ラオスではギーブン「ギープン」と呼んでいる）。
一、彼らはお葬式の時には白い衣装を着ていた。

一、シャンの人達の死者の葬儀の仕方は、殆どが土葬で亡骸を甕に入れて原野に埋葬するのだが、ゴンシャンの人達の中には、その上に土を盛り上げ板を立てる人がいた。

一、シャン族の人々は、剣先が鋭く曲がった刀を使うが、侍達の刀剣は、真っ直ぐに伸びていて、そんなに長くはなかった。

一、侍達の子孫が持っている刀は、日本人から教わったと言っていた。

一、シャン人は片手で刀を振り回すが、彼らは刀を両手で持っていた。

一、彼らは長い槍を持っているが、その刃先は三つに分かれていた。

一、家の建て方も違っていて、シャン州の集落の普通の家は、軒先が低いココヤシの木肌葺きで、壁も竹やヤシの葉を組み合わせて作った簡単な住まいだそうだが、日本人の侍と結婚したゴンシャンの家は、松や竹などの材木を使って柱や屋根の一部を支えていた。

一、部屋の中に大きな太鼓を置いていた家もあった。

一、昔は、夜になると、割り木を打ち鳴らして集落を廻っていたらしいが、このような風習はシャンでは聞いたことがない。

一、侍の子孫の娘は、お客様に茶を出す時に膝を曲げて傅いていた。

一、ミャンマーでは、水浴をする時には、腰や胸に布を巻いて肌を隠すが、ゴンシャンの中には、布を脱いで全裸になる人がいたと言われている。

一、ゴンシャンの人達の顔は、日本人の顔に大変良く似ている。

などで、今日まで彼らは、この日本人の習慣や風俗を頑なに守っていて、自分達が日本人の侍の血を引いている部族であることを、誇りに思っていると言うのである。

これらの話をしているのは主にトンさんで、その眼は眩しいくらい大きく輝いて、真剣そのものだった。更に、彼女は続けて「チャイントンに行くには、飛行機もあるが機体が古く、整備も余り良くないと聞いている。しかも、殆どの便がヤンゴンから、マンダレー、ヘーホー、タチレクを経由するので、飛行時間が四時間以上も掛かってしまう」と言った。

ホートンさんも、この時横から口を挟んで、「ミャンマーの飛行機は、フライトキャンセルや航空会社の変更などが度々あるので、全く当てにならない」と言った。そして、彼女はノックさんに向かって、「あなた覚えているでしょう、この間乗ったミャンマー航空のチケットを見たら出発時間のところが空白だったのを……」と言って顔を顰めた。

私は、この彼女の最後のダメ押しの言葉で、飛行機を使うと何かよからぬことが起きそうな恐怖にかられた。それならば、陸路はと言うと、ホートンさんが「タイのメーサイから、サーイ川に架かる橋を渡ってミャンマーのタチレクに入り、ここからバスやタクシーを使ってチャイントンに行けるが、雨期になると道路が寸断されて通行止めになることがある。おまけに、タチレクからの道路の途中が、山岳地帯の急カーブの続く難所で、崖崩れの多い場所なのです。そこでは、トラックや軍隊の車がよく谷に落ちるの」と少し含み笑いをしながら話してくれた。

一般に、タイ北部のチェンマイ、チェンラーイ、メーサイ、ミャンマーのタチレクを含めて、この辺りに暮らす人々は、どちらかと言うと鷹揚で、過ぎ去った過去のことなどを、いちいち思い出すような面倒なことは好まない。バスが谷に落ちようが、国境が閉鎖されようが自分に関係ないことには無関心なのである。今が一番大事で、後のことなどは一切考えたりしない。昔ながらの自由でのんびりとした暮らしをしていて、毎日がサバーイ（元気）で、サヌック（楽しい）な生活を送れば満足なのだ。シャン人でありながら、彼女達みたいに、ミャンマーの奥地のことをあれこれと教えてくれるのは、珍しいことなのである。

私がタイ人に、数日前に起こった山火事のことを聞いても、煙がまだ町を覆っているのに彼らは全く覚えていない。また、テレビは好きな娯楽番組しか見ないようなのだ。このように、この地方の人達は他人のことには一切興味を示さないのである。そして、何時でも、「ウェラーパイ（時が経ってしまった）」「ローディアウ（ちょっと待ってね）」と言って考え込んでしまう。日中、国境を越えて毎日多くの人が移動しているので、時間や歴史の観念が実に曖昧なのである。

しつこく尋ねると彼らは決まってこう言う。

「アライ　コ　マイ　ルー（何のこと。まったく訳がわかんない～）」

そんな中で、ここよりも更に奥地の辺境の地で、何百年も自分達が日本人の侍の子孫であると言い続けている、ゴンシャンという部族の存在が素晴らしいと思った。私はこのような土地で、日本人の風俗や習慣が長く伝承されているとしたら、その真相の解明をしなければならないと考えた。また、侍達が落ち延びていった先が、北ラオスや北タイの山岳地帯ではなく、遥か遠いミャンマーのチャイントンであることも気にかかった。

北ラオスには、古都ルアンパバーンがあり、ポンサリー、ルアンナムターなどの山々にも多くの山岳民族が住んでいる。更に、北タイのメーホーンソーン、メーサローン、チェンラーイなどにも少数民族が暮らしている。これらの国境地帯の山々には、モン族、ミャオ族、タイ・ヤイ族、ラフ族、ユン族（ラオ）、アカ族、リス族、ヤオ族、ワ族、パダウン族、などの山の人々が住んでいて、彼らは、精霊や仏教、キリスト教などを信仰していて、日本人の侍達が逃げ込もうとすれば、絶好な隠れ家が幾つもあるはずだった。

一九四九年、中国に、毛沢東（中華人民共和国中央人民政府主席、一九四九〜一九五四）の共産党政権が樹立されると、内戦に破れた国民党軍は、大部分が蒋介石（中華民国初代総統、一八八七〜一九七五）に率いられて台湾に逃れた。だが、雲南省《ユンナンシェン》や四川省《シーチュアンシェン》に居た南方部隊は、取り残されてビルマのシャンやタイに逃れた。その時に、国民党軍と共に少数民族の一部がタイ北部に移住した。やがて、一九六〇年代に入ると、シャンに居た国民党軍もビルマ軍に追われてタイに逃れた。彼らは、麻薬取引などで巨額の資金を得ながら、大陸反抗を夢見ていたと言われている。しかし、一九七五年に蒋介石が亡くなり、その後、時代が変わり、共産党により、中国の政治や治安が回復してくると、一九八七年、タイ政府軍の武装解除の呼びかけに応じて部隊を解散した。それと同時に、彼らはタイ国籍を取得し、その末裔達が今でもチェンラーイ県のメーサローンに住んでいる。

また、ミャンマー国籍を持つ旧国民党軍の末裔の人達も一〇〇〇人程度がミャンマー国内の各地に住んでいると言われている。その頃にタイに移ってきた少数民族は、雲南の文化を今でも色濃く伝えていて、トムヤンクンなどに代表される、スパイスの織りなすタイ料理の味の中で、蕎麦を使った料理が出てくるのはタイ北部の山岳地帯だけである。

私には、どうして日本人の侍団が、タイのアユタヤからミャンマーのシャン州のチャイントンまで行ったのかが最大の謎だった。これらの謎を解き明かし、真実を見つける為に、チャイントンに行ってゴンシャンの人達に会って、自分の眼で確かめたい衝動にかられた。

長い時間をかけて話し終わった、トンさんやホートンさん、ノックさん達のシャイで優しい笑顔が印象的だった。この時、私は心の中で、密かにミャンマーのチャイントンに行く決心をしたのだ。

また、シャンという言葉にも懐かしさを感じるのだ。私が学生の頃に、大人は綺麗な女の人を見ると、「あいつはシャンだな」と言っていた。これは、シャン高原の女性に余りにも美人が多いからだと、ビルマ帰りの日本人から聞いたことがある。

実は、タイの最北端のメーサイや、サーイ川の国境の橋を渡ったミャンマーのタチレクには、既に何回も行っているので、その時の出来事や印象を少し話してみたい。

タイとミャンマーに架かる小さな橋を渡って、日中は多くの人々が往来する。タイ側の商店で働くミャンマー人、物価の安いミャンマーに買い物に行くタイ人、そして、もの珍しい外国人観光客などで、活気溢れるこの町は一日中ごった返している。ここに集まってくるのは、ミャンマーのルビーやサファイヤ、ヒスイなどの本物や偽物の宝石、金、銀製品など。中国で作られる骨董品や時計、タバコ、洋酒などの密輸品。山岳民族を始めとする辺境の出稼ぎの若い女性達。ミャンマー政府軍と休戦中の反政府部族、また、亡命を希望する学生や僧侶達も集まって来る。最近では、脱北者と言われる北朝鮮の人達、麻薬や売春業者など、ありとあらゆる物や人が、国境の双子の町と言われているタチレクとメーサイに流れ込んで来るのだ。

タチレクの町は特に見所はないが、きらびやかな仏教寺院（チャウン）のある中にイスラームの黒ずんだミナレットのあるモスクや、イギリス統治時代からの、菱形模様が組み合わさった、色鮮やかなステンドグラスのあるプロテスタント教会がある。

ここでは人々が活気に満ちていて、他のミャンマーの町の様子とはガラリと変わる、猥雑な迷宮（ラビリンス）のような雰囲気が味わえるのである。例えば、この町では、外国人がコーラの瓶一本買うのでもチャット札では受け取らない。タイのバーツ札しか使えないのだ。私も分厚いチャット札を抱えて、パン一個買うために、店を探して右往左往したが、屋台を含めて、結局誰も相手にしてくれなかった。日本円の両替はできず、ドルのチャットとの交換は闇の両替屋を通じて行うしかない。最近、メーサイ川の川岸に、ベージュ色の宮殿のような立派な建物ができたが、この館はカジノで、タイの中国系の資本で建設されて、タイ人と外人観光客で連日賑わっている（因みに、タイ国内では、カジノは仏教思想から全面的に禁止されている）。

ここでは、他のアジアののんびりとした町と違って、得たいの知れないパワーと、闇市場のような不気味さが味わえるのである。

ミャンマーの人々は、こちらが日本人だと分かると本当に親切で、東南アジアでは日本にかなり友好的であると言われているタイ人に勝るとも劣ることはない。旅行をしていると、ミャンマー人の皆から、あそこが良いとか、どこそこにいけと様々なアドバイスが飛んでくる。彼らは、スクラップのような、日本製のバスやトラックを、漢字の看板も消さないで、「かっこいい」と言って大事にそのまま使っているのである。タチレクの町中で「東名自動車学校」「富士通ゼネラル」「東海バス」など

タチレクの歓迎門とリバーサイドマーケット

の名前が入った車を見かけると、昭和四〇年代の、東海道の町にフラッシュバックしたような不思議な錯覚に陥るのだ。

世界広しと言えども、移民など、経済的に繋がりのあるブラジルを除けば、こんなに親日的な民族は他にはないだろう。

丁度、デジタルカメラが日本で出始めた頃だったと思うが、私がタチレクのマーケットの骨董店で、ミャンマーの小さな仏像のお守りを買う為に、店員と価格の交渉をしていた時、ふと、隣を見ると、小屋掛けの屋台のテーブルに置いたデジカメが消えていた。周りの人達に聞いても、全員が知らないと首を振るばかりであった。諦めて帰ろうとした時、路上で少し前に外国タバコを買ってあげた少年が、商品を入れた箱を肩から吊るした、三〇歳位の精悍そうな顔つきをした青年を連れて来た。茶の縦縞模様のパソウ姿の似合うこの人は、このマーケットの路上を取り仕切る、政府公認の物売りの親分だそうだ。彼が怒ったような顔で屋台のイスに座ると、まるで手品みたいにテーブルの上にデジカメが現れた。私は、お礼に、この親分や屋台の周りに居る人達に冷えたミャンマービールをご馳走した。親分は皆を代表して、はにかんだような笑みを浮かべて、片言の英語でお礼の言葉を言った。そして、この時私は、勝手に彼を〝タチレクの次郎長〟と命名したのである。

ミャンマーの日中は、身の置き所がない、うだるような暑さに苦しめられる。飲料水やビールなど水分ばかり取るので、体力を早く消耗するのだ。日中は軽く四〇度を超えて、座っているだけでも、首筋から玉のような汗が背中のシャツに滴り落ちる。

彼らが急に立ち上がって、涼やかな風にあたりに行くと言うので、私もバイクの後ろに乗せてもらい、郊外の森に出かけた。ギラつくばかりの午後の陽ざしが、森の林間越しに射し込んでくる。ミャンマーの起伏の激しい泥濘の道を、日本製のバイクが喘ぐように揺れて走った。その日、足を伸ばして遠くのアカ族の村まで行った帰り、夕暮れの谷底から、急に風が巻き上がりヘルメットが飛ばされそうになった。いきなり降りだした篠突く雨が背中を激しく叩き、ずぶ濡れになったバイクの前に、麓の方角から湧き上がった黒い雷雲が、薄墨色の閃光を放ちながら山脈の向こうに消えて行った。

雨で帰りが遅くなった為に、私達は、途中から車を猛烈に飛ばして、何とか、五時のタチレクの国境ゲート閉門までに町に戻って来た。

私は、彼らの名前や住所を慌しくメモすると、再会の約束をして閉まりかけたゲートを潜った。

橋を渡って振り返ると、少し前まで、あんなに賑やかだった往来は、ゲートが閉まった途端に人影が途絶えて、見送ってくれた友達や次郎長を始めとする物売り、簡易食堂の屋台が魔法にかかったように消えている。

タチレクの町は、一瞬水を打ったように静まり返り、橋の下のマーケット辺りが、果てのない寂漠とした重苦しい闇に呑み込まれたのを、今でも鮮明に覚えている。

メーサイのリバーサイドレストラン

チャイントンで侍の子孫を探す

始まりはソーボワ（藩王）の事務所

目覚めたのは夜中の二時頃だった。

この土地は、殆ど電気が来ない為なのか、月も星もびっくりするほど明るい。夥しいその青白い星たちは、澄み渡った天空にあるのではなく、目の前に大きく広がっていて、またたいている星明かりが窓から競うようにこぼれ落ちてくる。

今日は、この町の市役所か小学校に行ってみようかなどと考えたりして、頭が冴えてしまい眠れなくなった。まだ五時前だが、市場なら開いているかも知れないと考えて、懐中電灯を持って表に出た。

空から分厚い雲が垂れ下がってきて、いつの間にか月は雲間に隠れている。盆地の空気はカラッと乾いていたが、上着を着込まないと寒いくらい冷えていた。

ホテルの前には、灰色の靄を被った、白や薄紫の蓮の花で埋め尽くされた細長い沼が、黒々と遠くの集落にまで伸びている。沼の中央の島には、大理石の欄干のある橋が架かっていて、仏教寺院の本堂や僧院の回廊と繋がっていた。尖塔の頂上付近にある傘蓋に裸電球が無数に取り付けられていて、橙色の灯りの中で、太った瓢箪のようなパコダが薄闇の中に超然と浮かんでいる。

　東の空が菫色に染まり始めたばかりの早暁の道路に、ジョギングをしている中年の夫婦がやって来た。近くの市場に向かうおばさんが、小粒で太いナタプバナナを山積みしたリヤカーを重そうに押して通り過ぎた。

　丁字路の大きな菩提樹の下には、早くも中国製の赤いバイタクが客待ちをしている。一人は、二五歳位、もう一人は、五〇歳位のシャン人で、二人は暗闇の幌の下で、ひそひそと話しこんでいた。

　信号機や街灯はどこにも見当たらなくて、時折、通り過ぎるトラックのライトが道路の前方をかすかに照らすのだが、その灯りもぼんやりとしていて薄暗かった。全てが何かゆっくりと動いている。車のライトが歩いている人にあたると、そこだけ長い影が浮かび上がり、その動く様子は、豆電球の灯りの中で観たラオスの屋外の影絵芝居によく似ていた。

　若い運転手が私に向かって、もう一人の中年の運転手を指さして、「この人は中国人だ」と片言の英語で言った。彼は隣の中国、雲南省の東北にある、西双版納傣《シーサパンナータイ》族自治州、景洪《ジンボン》の蔓村の出身だと漢字で書いてくれた。そして、彼は「西双」は（シーサン）、または（シプソン）と発音し、一二のことであり、「版」は（パン）と言って千の田圃のことである」と、隣の若い運転手にシャン語で言って、彼がたどたどしい英語で私に伝えてくれた。

　しかし、発音が悪くてよく分からないので、私は中国人の彼と、漢字のやり取りの筆談で、何とか会話を続けた。

「故郷の村に小さな棚田を持っている。米は取れるが食べていくだけだ。水の管理のことで、隣の家

坂の多い町　チャイントン

と採めてこちらに来た」と言ってため息をついた。そして、「早いもので、チャイントンに出稼ぎに来て三年目になった。故郷には妻と子供が二人いるがもう直ぐ帰れる」と話して彼は嬉しそうに笑った。
もう一人の若い運転手が、「自分はタヨゥツ・シャンだ」とシャン語と英語を交えて言った。そして、中年の運転手のことを「ユンナン・シャンのタイ・ルウ」と呼んでから、今は国籍は違うが、二人とも雲南のタイ族なのだと話してくれた。
こんなに朝早くから客待ちをしている彼らは、顔馴染みのこの町の人々の手足となっているようで、その穏やかな表情からは、スキあらばぼったくろうとする、隣国、インドのコルカタの運転手のようなしたたかさは見受けられなかった。
遠くに見えるホテルの門から出てきたバマ

ー・シャン（ビルマ族系シャン）と言っていた浅黒い顔立ちの、ホテルの若い女子従業員が私を見つけて近づいてきた。彼女から渡されたマネージャーからのメモには、英語で「バイタクの運転手のモートゥから連絡が入り、ゴンシャンのことで話があるので、八時までにホテルに行くから、ロビーに居てください」と書かれてあった。

干からびた粘土状の広い街路に、白い靄がユラユラ揺れて、暖かい湿った空気が地べたを這うように流れ込んできた。

私は部屋に戻り、テレビを点けたら写らなかった。時計を見ると二四日の六時半で、電気が点くまで、まだ三〇分もあった。ベットでうつらうつらしていたら、いつの間にかぐっすりと寝込んでしまった。半開きのガラス窓から吹き込んできた、頬を叩くような乾いた風と、まばゆい陽射しの中で私は慌てて飛び起きた。腕時計は現地時間の八時を指していた。

私は庭のテーブルで、ミャンマー人の朝食の定番、『モヒンガー』緬とコーヒーのセットを頼んだ。宿泊客は他には見当たらなくて、辺りのひっそりとした雰囲気から、私一人だけだと思われた。緬は口当たりが柔らかく日本のそうめんにそっくりだった。米の粉で作られていて、茹でた緬の水気を切って小鉢に盛り付けてある。そこに、鯰などの川魚を丸ごと煮込んで、骨などを取り除いただし汁に、玉葱、ニンニク、きな粉、バナナの茎などを入れて、魚醤油《ガンピャーイ》を加えて、更にもう一度煮込んだつゆがかけられた（魚醤油とは、小魚や小海老を原料とした醤油の一種で、秋田の塩汁《しょっつる》に似ている）。

薬味や具も色々あって、魚のすり身の揚げ物、ラー油、コリアンダーの葉やアヒルの卵が添えられている。これだけの材料が、全て柔らかく溶け合っていて、濃厚なトロリとしたスープの味がした。

やがて、モートゥがやってきて「ソーボワの事務所が分かったから、直ぐに行きましょう、コーヒーなんか飲んでいる場合ではありません」と言って、強引に私をバイタクの後部座席に押し込んだ（親切な彼は、わざわざ家から、小さな乗降用の踏み台を持ってきてくれた。彼は私が乗り降りする時に、手を取って踏み台に誘導してくれたが、後で運賃を値切られた時は、わざと知らん顔をしてそっぽを向いていた）。

車は、赤茶色の土埃がうっすらと舞い上がる粘土の道を、市内に向かってゆっくりと走っている。

菩提樹《バンヤン》の太い幹に木製の祠が作られていて、近所のおばさんが、合掌しながら黄色い花を手向けている。隣のサルスベリの木陰には、水の入った素焼きの壷とプラスチックのコップがひっそりと置かれていた。入口に三日月のマークを掲げた中国モスクの前では、揚げ物屋の屋台

パレーン門

が出ていて、頭に椀子型の丸い帽子をかぶった数人の男性が紅茶《チャイ》を飲んで話し込んでいる。崩れかけた城壁の一部が深緑の林を囲んでいる。車が右に折れると、トラック用の広い道の端に、赤い煉瓦で造られた古めかしい小さなアーチ型の城門が現れた。

モートゥが「この城門は、九世紀頃に建てられたパレーン門だ」と言って、「昔はここから先がチャイントンの町だった。チャイントンは、大きな三つの丘を城壁で囲んだ町である。市内の城門は全部で一〇ヶ所もあった」と話してくれた。

門の中には祠のような台があったが、仏像らしいものは見当たらなかった。私がじっと見ていると、「ここには、この町を守っていた精霊《ナッ》の像が置かれていたが、いつの間にか壊されてしまった」とかすれ声でぼそっと言った。

そのパレーン門を潜ると、バイタクはスピードを挙げて、チャイントンの旧市街に入って行った。家の造りは軒の広い田舎風の木造建築で、屋根には細長い波を打ったような瓦が、幾重にも置かれて連なっている。草模様の彫刻の施した横嵌板の下は、薄茶色に塗ったヌキ板が、組み合わされて打ち付けられている。玄関前の道路では、長い柄の竹箒で門前を掃く人や、小さな鎌で庭先の草刈をしている子供が、のんびりとした動作を繰り返していた。

この古色蒼然とした瓦屋根が続く町並みは、運河《クリーク》や石畳はなかったが、私が、かって旅した中国、雲南の麗江（リージャン）や、北ラオスの山あいの古都ルアンパバーンにも似ていて、静かな田舎町を訪れたような素朴な郷愁を誘った。

立派な煉瓦の門構えの家の前で、水タンクを積んだトラクターが停まっていて、運転手がビニールホースでドラム管に水を入れている。

それを見たモートゥは「チャイントンには水道がない」と恥ずかしそうに言った。

塀際の井戸のある家から、水をたっぷり入れた桶を吊るした天秤棒を担いだ六〇歳位の老女がよろけるように出てきた。お婆さんの体が揺れるたびに、桶の水が零れてカンカン照りの乾いた道路に吸い込まれていった。

ソーボワ（藩王）の事務所は、チャイントンの町のシンボルで、金箔で縁取られた朱色の甍が幾層にも重なっているワット・パッチャルンが建っている坂の下にあった。長屋のような細長い木造の平屋の建物の内部を板壁で仕切ってある。一二畳位の部屋の中では、五〇歳位の男の人がイスに座り小机に置いた本を読んでいた。彼は糊のかかった白いシャツと、アイロンを当てた茶色のズボンを穿いている。飾り棚や書庫には古い経典や仏教の本が並んでいる。それを見た私は、ここで何か貴重な情報が飛び

ワット・パッチャルン

出してくる予感がした。

　私はモートゥに、これから、シャンの人達が話す言葉を一言毎にノートに英語で書き込んで、直ぐに私に見せるように頼んだ。そして、日本人の侍に関する人の名前や住所などは勿論、大事なことが出てきた時は声を掛けるから、ミャンマー語（ビルマ語）で記録をすることを忘れないようにと指示した。

　少し緊張して、耳をそばだてるようにモートゥの話を聞いていた彼は、表情を緩めて「私はライ・チュウです」と笑顔で挨拶して、「チャイントンの日本人のサムライの子孫のことは知っている」とはっきりとした口調のシャン語で言った。

　モートゥが英語で書いたそのメモを見て私の胸がざわついた。

「やっぱり日本の侍は、ここに来ていたんだ……」

　私は彼の顔をじっと見つめて、ほっと安堵して胸を撫で下ろした。

　以下、英語でモートゥが私に通訳しながら、ライ・チュウさんが言った事を書いていく。勢い込ん

ソーボア事務所のライ・チュウさん

だ私は、思わず、「彼らはこの町のどこに住んでいるのですか」と突っ込んでしまった。モートゥはゆっくり、ゆっくり話してくださいと私に注文して、今度はシャン語で話をする。

ライ・チュウさんは、心配そうに顔をこわばらせて、「これらのニホン人・サムライの末裔が、今、どこに住んでいるのか分からないのです」と言った。メモを見た私は、頭の中の血管が膨らんでいくのを必死でこらえて、「だってその人達は、ゴンシャンと言われている集落に住んでいるんでしょう」と呟き込んで尋ねた。

彼は更に難しい顔をして、「この人達はクン族だと言われているが、ビルマ族は彼らを総称してクンシャンとかゴンシャンと呼んでいる」とモートゥの顔を見ながら同意を求めるように言った。モートゥは頭を掻きながら、「実はクンシャンは知っていたのだが、ゴンシャンのことは、知らなかった」といともあっさりと言った。

「彼らは敬虔な仏教徒で、シャン語が話せます。シャン語の単語の半分位はタイ語と共通です」とライ・チュウさんがモートゥに話してくれた。

それをモートゥから聞いた私は、「彼らは同じシャンのタイ系の民族でも、チャイントンでの呼び方が違うんだ……」と思った。そして、「要するに、クンシャンとゴンシャンは同じ民族なんですね」と念を押した。

その話をモートゥから聞いた彼は、「そうです……クン族は、このチャイントンに少なくても一〇部族以上住んでいます。クン族の中に日本人のサムライと結婚した人達が居ると伝えられています」とモートゥに低く呟いた。

私は、チャイントンの町にタイ語を話す人が居たことを思い出した。「まだ、よく分からないのは、チャイントンには、中国の雲南から来たタイ・ルウ族も居ると聞きましたが……」とモートゥを通して尋ねると、彼は具体的な質問に吃驚していたが、気を取り直して話し始めた。

「この地には古くからタミール・ルア族やモン族が居たのだが、そのうち雲南のタイ族であるタイ・ルウがシャンに入って来た。一二世紀頃、彼らは更に南下して現在のタイ国に向かう途中で、北ラオスや北タイに住み着いた。そして時が経つとその集団は、色々な部族に分かれていった。彼らはタイ語を話すタイ・ルウ族、タイ・ヤイ族、タイ・ラーオ族などと同一の民族だった」と言った（タイ・ヤイとは、『大きなタイ人』という意味で、彼らはタイ王国に住む人をタイ・ノイ『小さなタイ人』と呼んでいる）。

更に彼は「現在のタイのチェンセンに居た部族が北タイを制圧して、その一部の人達が一三世紀頃にチェンマイからチャイントンにやって来て勢力を拡げたパヤ・マンライ（タイ・ルウ族系）で、クン族と言われている」と話した。また、「その当時、この町を支配していたソーボワ（藩王）は、タイのマンライ王の直系だと伝わっている」と言って、彼はシャンに於けるタイ族の歴史の蘊蓄を、あますところなく私達に披露した。

「それなら、そのチャイントンに住んでいるクンシャン（ゴンシャン）族やソーボワの子孫を探せば、日本人の侍と結婚した末裔の人達に出会えるのではないのですか」と私が言うと、彼は「それがそう簡単には行かないのです」と言って顔をゆがめた。そして、「この広大な土地のどこにクンシャン（ゴンシャン）が住んでいるのか、全く分からないのです」と言った。

通訳するモートゥの英語がだんだんと早口になってくる。

私は興奮して、「この町の地図があるでしょう。例えば、各部族の住み分けが分かるようなものはないのですか」と少し上ずった声で言った。

「そんなものはありません。第一、この町にまともな本屋がないのです、市役所にも地図はありません」と彼は深いため息をついた。

それでも納得しない私は、「しかし、この町を支配していたソーボワの子孫がいるでしょう」と言って迫った。

「ソーボワの子孫が今、どこに住んでいるのか、誰も知りません」と言って彼は突っぱねた。その理由は、一九六二年頃迄、チャイントンにソーボワは確かに居たのだが、その年の三月にミャンマー政府軍がこの町のソーボワを始め、シャン州の三三人のソーボワを一斉に逮捕して投獄したからだそうだ。

ここでライ・チュウさんは、ポットを引き寄せ、プラスチックのコップで水をおいしそうにごくごくと飲んだ。彼は一呼吸おいてまた話を始めた。

「それは、ソーボワ達が、何百年もこのシャン州の民衆を抑圧し、搾取して来た為だと言われている。だから、彼らが追放された後、この町のソーボワの子孫が今どこに住んでいるのか誰も分からないのです」と彼は顔を引き締めて言った。それから、彼は思い出したように、「二〇〇六年に、五〇歳位のニホン人の男性がこの事務所を訪ねて来た。彼はニホン人のサムライの子孫を探している、と言っていた。そして、その人はこの町に一週間ほど滞在していたが、何の成果もなくニホンへ帰って行った」と、更に私が落ち込むような話をした。

私は、日本人の侍による落人伝説に繋がる事実が、簡単には見つからないだろうとは考えていたが、ここで情報を仕入れることができなかったら、いったい、どこに行って聞けばいいのか途方にくれた。現地に行けばどうにかなるさと思っていた甘い考えはここで粉々に打ち砕かれたのだ。

「この事務所の人の誰かが、ゴンシャンの集落を知っているかもしれないので聞いておきます」とライ・チュウさんは、心配そうに慰めの言葉をかけてくれた。

これらのライ・チュウさんとのやりとりのすべてを、モートゥが英語でメモしてくれた。それをざっと読んだ私は、懐から一〇〇〇チャット札を二枚取り出して、「事務所の運営費に役立ててください」とライ・チュウさんの手に渡した。私は、モートゥに向かって、「今から町の有力者のところへ行って、何でもいいから、ゴンシャンや日本人の侍の情報を集めよう」と言って外に出た。

キーポイントはゴンシャン族だ

車の中でモートゥに「タイのチェンマイで、日本人の侍の子孫が居るのはゴンシャン村だと聞いてきたのだからゴンシャンを探そう。彼らは必ずどこかに住んでいるはずだ」と自分の考えを話した。

「うまく見つかりますかねえ」と彼の口ぶりはいかにも自信がなさそうだった。私は構わず、「この町で、あなたが知っている人達に、ゴンシャンの集落や日本人の侍の子孫のことを聞いてください」と声を張り上げた。

くねくねとした坂を下って、古ぼけた商店の並んでいる四つ角で彼は車を止めた。

「この地区の長老に聞いて来るから、ここで待っていてください」と彼は『GRAND ROYAL』と書かれたウイスキーの看板をかけている酒店に入って行った。

真昼の陽射しは、燦燦と盆地の底に降り注ぎ、商店の崩れそうな屋根に積もった落葉が赤く染まっている。道路には、人間はおろか犬、猫、そして、飛ぶ鳥さえも全く姿を見せない。沿道のおかず屋、駄菓子屋や果物屋などの店先には商品が見当たらなかった。薄暗い、うなぎの寝床みたいな店の奥にわずかな品物が置いてあり、そこに店の主人や売り子の子供達が暇を持て余してじっと座っているのだ。どの店にも、テレビなどは見当たらなかった。おまけに、ラジオやカラオケの音なども聞こえてこない。

ひっそりと固まったような店先に群がる人達も居なくて、もの寂しい静けさに包まれた町は、太陽の光をたっぷり浴びて、曲がりくねった乾いた道はどこまでも白かった。

モートゥが店から出てきて、道路の反対側の家を指さした。私は彼の後ろから付いて行き、天窓か

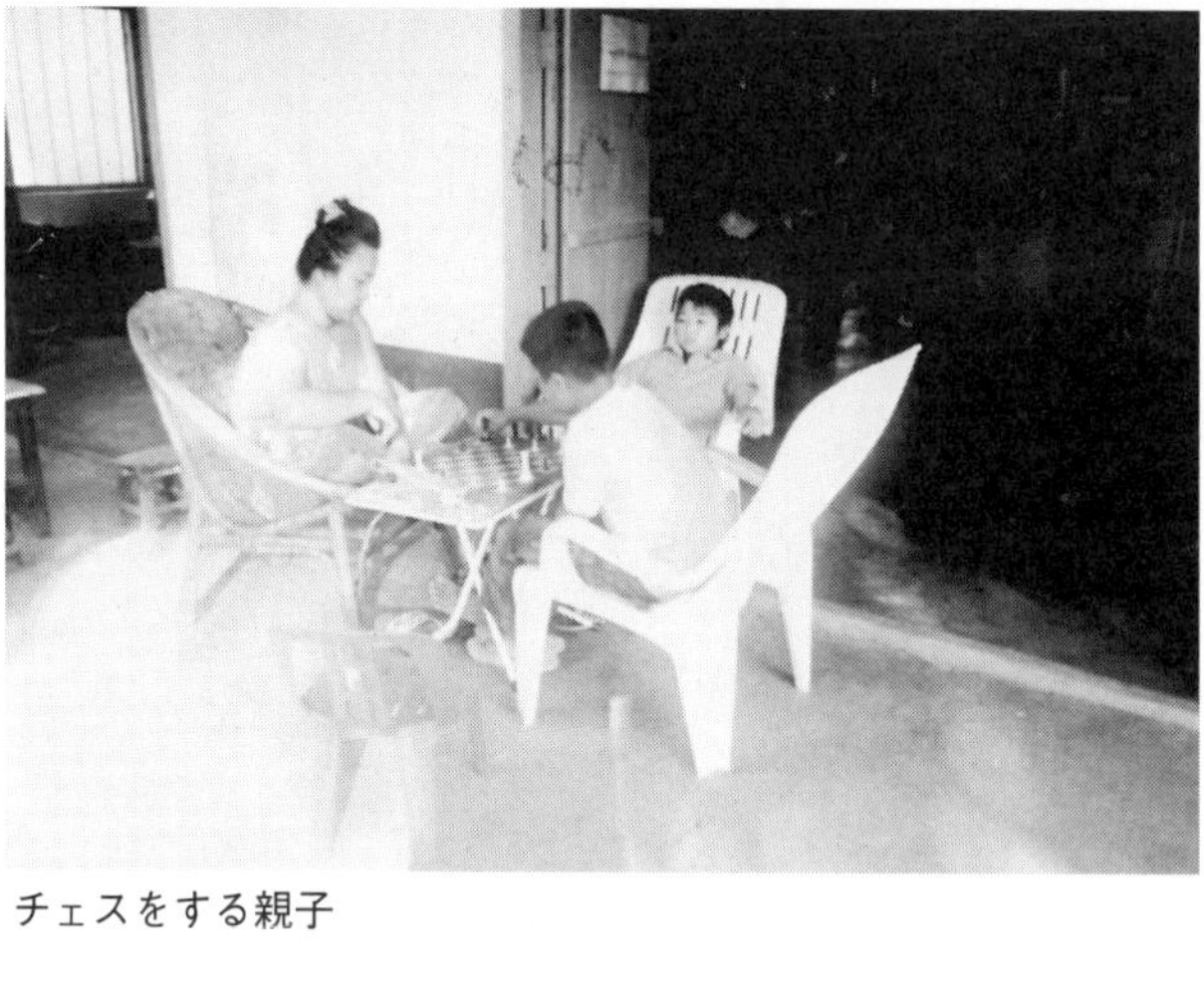

チェスをする親子

ら、仄かな明るさが差し込んでいる室内に入って行った。隅にはテーブルが置かれていて茶店のようだが、客は誰も居なかった。暗い通路では小さな机を挟んで若者がビールの空き栓でチェスをしている。奥の肘掛椅子に、五〇歳位のこげ茶色のタメイン（腰巻式筒型スカート）を着た短髪のお婆さんが俯いて座っていた。

モートゥは彼女に何事かシャン語で話しかけている。しばらくすると、彼は私に向かって、「彼女はクン族の出身で、先祖から聞いているニホン人のサムライのことを知っている」と、驚きの声をあげた。

モートゥの話によると、彼女は次のようなこと言っているらしかった。

「ニホン人のサムライ達がこの町に入ってきた時は、賑やかに太鼓を叩いてやって来た。太鼓は長い棒の真ん中に吊るされていて、その両端を若い男が担いでいた」

彼女は、身振り手振りで太鼓を打つ真似をした。だが、「それ以外は何も聞いていない」と言ってモートゥの顔をじっと見つめた。

モートゥが私に向かって話し始めると、お婆さんは、左手を伸ばして、イスの上に置いてある布袋を取りあげた。彼女はキセルを取り出し、きざみタバコを詰めると口に銜え短いマッチで火をつけ、大きく吸い込んでゆがんだ輪のような煙をうまそうに吐いた。吸い終わると、「前の戦争の時に、この町を大勢のニホン兵が自転車に乗って通り過ぎたのを覚えている」とシャン語でモートゥに言うと、「この人はニホン人なのか、タイ人だと思った」と言って不思議そうな顔をした。

それから、彼女は急に真顔になって「ゴンシヤンの人で、この町に住んでいるニホン人のサムライの末裔の人を知っている」と、人の目を気にしてか、声を低くして我々に貴重な情報を教えてくれた。その人の家は、ここから少し離れた場所らしくモートゥがしきりに住所を確認している。

後で、彼から聞いた話では、ミャンマー人の住所は必ず「○○通りの○番」と家の近くを通る大きな道路の名前と番号をつけるそうだ。

モートゥは「彼女にお礼のお金をあげてください」と言ってきた。私の気持ちの額でいいと言いながら、五〇〇チャットを渡すと彼は目を丸くして少ないと首を振った。今度は奮発して一〇〇〇チャットを渡すと、お婆さんは合掌して深々と頭を垂れた。

この辺りでは、初めて誰かの家を訪問する場合、お昼時は避けるしきたりになっているから、明日の朝に行きましょうと彼は車をホテルに向けた。

「ホテルの近くには、レストランがないけれど、ご飯はどうしますか」と彼が聞いてきた。私は、ホテルか近所で食べたかったのだが、近くにレストランがないのであれば仕方がないと思って、モートゥに「あなたの知っている所で、一緒に打ち合わせをしながら食べましょう」と言った。

中央市場の近くの中国料理のレストランに入り、ご飯とおかずのセットを頼むと、いつの間にか、「征火」という漢字のラベルの付いた中国ビールがテーブルに並んだ。続いて出てきたのは、赤い唐辛子の入った煮込みスープで、――テーブルの上には、これでもか、これでもかという風に小皿に盛った麻婆豆腐、海老カレー、など一〇種類以上の料理が運ばれてきた。

渋い顔をした私を見てモートゥは、「心配しないで、小皿は全部サービスなんだから……」と言って、取り皿を並べた。殆どの料理にニンニク、パプリカなどの香辛料が入っていて、油が染みてかなりスパイシーな味だった。

しばらく経って出てきたご飯は、見た目は日本のような白い米飯で、粘り気がなくてパサパサしていて、ちょっと香りがきつかったが、甘味はあった。モートゥは「この辺りでは、タイ人と同じ長粒のインディカ米を好んで食べます。ミャンマー人の炊き方は、炊飯中に沸騰したら、重湯を捨てて後は蒸らすだけです」と説明を加え、「この方法だと、粘りは少ないが、炊き上がった時に見た目の量が増える。つまり、ミャンマーは年中暑いから体力の消耗が激しく、沢山食べたいからこういう炊き方をします」と彼は愉快そうに言った（米の価格が上がっているので、現在ではこの重湯は捨てないで大事に食用にしている家庭が多い）。


スープは塩味で、ココナツの実や巨大な鯰の切り身が入っている。野菜は種類が多くて、菜種油で炒めた煮豆、こんにゃく煮が甘辛く、ゴマ入りのニガウリのサラダなどがさっぱりしていて美味しかった。

食事の後で、私はモートゥに「このチャイントンの町の面積はどの位ですか」と聞いてみた。

「……市役所に行って聞いてみないと分からない。ピンダヤという大きな鉄道の駅まで約三〇〇キロもある」と消え入りそうな声で言って小首をかしげた。

大きな盆地の中にこの町があるのだが、面積を調べようとしてもこの町には本屋がない。雑貨屋の片隅の台の上に黄ばんだ紙質の貸本が乱雑に山積みされているだけだ。私はヤンゴンの露店でシャン州の地図を購入したが、この町ではチャイントン市の地図は売られていないのだ。

また、彼らの住んでいる集落の情報が極端に少ない上に、電話などもあまり普及しておらず、各集落間の情報伝達の方法が殆どないに等しいと思った。どうも、人が集まったりすることは、政府から禁止されているような気もするし、横の連絡が取りにくいのが実情なのだ。町の人は他の集落や部族のことについては殆ど知らない。本当は知っていると思われるのだが、やけに口が重いのである。

ヤンゴンのホテルでは、何日か遅れた漢字や英字新聞が置いてあったが、ここではどこにも新聞は見当たらなかった。後日、ホテルの従業員から聞いた話では、この町で電話を設置するには何年も待たなくてはならないし、莫大な費用がかかるそうだ。従って、一般の人々の間にはアポイントを取ってから訪問するという習慣はないそうである。

私は、よく考えればゴンシャンの人達に会う方法が、必ずあるように思われた。

そこでまず、ゴンシャン族の人達がどの位この町に住んでいるのか気になったので、私はモートゥに「この町の人口はどの位ですか」と聞いた。すると彼は、また、ボソッと低く呟いて、うつろな目で天井を見上げた。やがて、私を見つめて「生活の為に、ヤンゴンやタウンジーなどの大都市に出稼ぎに行く人が多いから、何人位居るのか分からない」と言った。

私は、ガイドでもある彼がこの町の面積や人口も分からないのかと思ってがっかりした。しかし、色々考えてみて、日本人の侍の末裔を探すカギは、やはり、「ゴンシャン族」以外あり得なかった。そして、ゴンシャンの集落をひとつ探し出せば、芋蔓式に、次の仲間の集落が見つかる可能性が高いのではないのかと考えたのだった。

ニホン人のサムライの子孫

クン族のお婆さんから教えてもらったゴンシャンの家は、緩やかな坂の途中にあった。周囲に小さな家が多い中で、その大きな造りの民家は、天井が高く、一階には一五畳位の広い土間があり、光が満ちていて風通しが良かった。

家の中に入ると、五〇歳位の、緑色の格子柄のタメインを着た女の人が、モートゥと話をしている。ミャンマーの人達は、こうして見ず知らずの人がズカズカと家の中まで入ってきても、嫌な顔をせず、こぼれるような笑顔で応対してくれる。ヤンゴンでは、年配の僧侶や『ティラシン』と呼ばれているピンクの派手なワンピースに身を包んだ若い修道女が、托鉢のために鉢を抱えて個人の家の奥にまで入って行くのを見た。

クイーンズ・パーク・ホテルのフロントに勤めるエーミャさんは、小さな子供を含むこの国の僧（ポンジー）は、托鉢の為なら、家人が留守でも帰るまでじっと家の中で立っていることがあると言っていた（ティラシンとは頭を剃髪して、仏教の八戒を守

ロン・テッ・ライナイさん

る尼さんに近い修道女のことで、杏色やピンクの法衣を纏って日中に町中に出て堂々と托鉢を行っている。比丘尼ではないので授戒は受けない。修道女は、タイではメイチーと呼ばれていて白い法衣を着ている。昼は凄まじい暑さを避け、集団で暮らしている屋内で体を休め、夜はお寺の境内などで瞑想している）。

少しはらはらする。

このアカ族のモートゥも、どこに行っても物怖じしないで、どんどん家の奥まで入って行くので、

土間の端に腰掛けていた女の人と喋っていたモートゥは、「この人はゴンシャンで、確かにニホンジンのサムライと関係あると言っている」と私に話した。そして、彼女は、「今、この家の主人を連れて来ますから」と奥に消えた。

しばらくすると、白髪の頭の毛を短く刈り込んだ、七〇歳位の老人が、先ほどの女性に手を取られてよろよろしながら階段を下りてきた。しかし、彼はイスに座ると背筋をぴったりと伸ばした。白いシャツにズボンをきちんと着ている。小柄だが日本の好好爺にそっくりの顔をしていた。

私は、モートゥに通訳を頼むと同時に、肝心なことはミャンマー語でノートに書き留めるよう指示した。そして、モートゥの英語のメモを見ながら、たどたどしい会話が始まった。

彼は「私はロン・テッ・ライナイ、年は、八六歳でゴンシャンである。住所は、二〇、エー、エアーロードのパーマ区です」と落ち着いた口調でゆっくりと喋った。女性も合掌しながら、「ナン・ソッカン、娘です」と名乗った。二人の話す言葉はシャン語だった。

モートゥの通訳によると、ナン・ソッカンさんは「お祖父さんは、ミャンマー経済銀行に勤めてい

た。以前は高給の公務員だったのよ」と話してくれた。

私の質問を、モートゥがシャン語でご主人に伝えて、お互いが何度もやりとりを繰り返した。

「私の家は、先祖代々ニホン人のサムライの子孫であると言い伝えられている」と彼は言った。

私は眉の上の横皺を寄せて、「日本人から伝わっていることで何か聞いていますか。例えば、家の中に太鼓などはありますか」と尋ねてみた。

すると、テッ・ライナイさんは「太鼓はゴンシャンのどの家にもないが、市内の幾つかのお寺では台の上に置いてある。その他のサムライの話は何も聞いていない」と大きく首を振った。それから、私の顔をしげしげと見て、「ニホン人に会うのは久しぶりだ」と懐かしそうな表情をした。

彼は前の戦争の時に、一人の日本兵と友達になったようだ。その人の名前は「スズキ」と言って、とても親切な人だったので日本人は嫌いではないと話してくれた。

なごやかなムードになってきたところで、私は、「日本人の侍から伝わっている物は、何か残っていますか」と聞いてみた。

「それが何も残っていないのです」と彼は、また大きく首を振った。

私は少々がっかりしたが、すかさず、「それでは、他のゴンシャン人で日本人の侍の子孫を誰か知っていますか」とたたみ掛けて尋ねてみた。

しかし、彼は私を見据えて、「誰も知らない」と素っ気なく答えた。そして、「私の家が、ニホン人のサムライの子孫であるということについては、誇りを持っている。このことは、これからも子供達にしっかり伝えていく」とはっきりとした口調で言った。

これらのことを、聞いた私は、「この人が夢にまで見た日本人の侍の末裔なのか……」と、テッ・ライナイさんの顔をじっくりと見つめてしまった。温厚そうな顔だが、遠くを見つめているような細い目には、何でも見透かすような眼力が備わっている。だからと言って、目つきが鋭いわけでもなく気負いがない澄んだ目をしている。

私は写真を撮り終わり、「ありがとうございました、お二人ともお元気で、これからも益々幸せにお暮らしくださいまたお会いしましょう」と礼を言って握手を交わした。初めて笑った彼の黒い瞳は、ものに動じないシャン人の成功者の威厳に満ちていた。

私達がホテルに戻ると、オーナー氏と同年輩位の人が庭先の藤イスに座ってお喋りをしていた。オーナー氏はモートゥを呼び寄せて何か言っている。

私も呼ばれて彼らの所へ行ってみると、モートゥが、「オーナー氏の友達であるこの人が、ゴンシャンの集落を知っている」と言うのだ。私達は庭先のテーブルを囲んで、ウーロン茶を飲みながら彼の話を聞いた。

分け目がきちんと入った髪は、ふさふさとしていて、眉は太く、丸い右目の下に大きなほくろがあり、それが優しそうな雰囲気をかもしだしている。彼は英語で話を始めたが、モートゥよりも聞きやすいはっきりした発音だった。

「ゴンシャンの村は、ここから三五キロ位先の山の中にある——村の名はワンタゥンです」と言って、彼はオーナー氏からメモ用紙をもらって簡単な地図を書いてくれた。

しかし、ここで彼はまた問題があることも明らかにした。それは、山に住んでいるゴンシャン族は、チャイントン市内にいるゴンシャン族と話す言葉が少し違うようで、同じシャン語なのだが言葉の半分以上は分からないと言うのだ。また、彼らは知らない人を集落に入れないから、どうしても、山の言葉を話す通訳が必要になると言った。私も、せっかく訪ねて行っても何も聞き出せないのであればどうしようもないと言ってモートゥの顔を見た。

すると、彼はまたもや「ノー　プロブレム」と鼻を大きくうごめかして叫んだのである。よく聞いてみると、彼と同じ村に住んでいるアカ族の友達が山岳民族と話ができると言うのである。私は、山に住んでいるゴンシャンと話ができなければしようがないことを、モートゥによく言って聞かせてから急いで連れてくるように頼んだ。――私は時計に目を落として、「今日はまだ二五日だな」と日数を確認した。必要な経費はできるだけ抑えておきたいと思ったからだ。

ここで、オーナー氏は部屋に戻るとアルバムを持ってきた。それは、彼がミャンマー軍の兵隊と、ジャングルにトレッキングに出かけた時の写真集だった。

オーナー氏は「密林は一人や二人では行けない。草叢にはサソリや毒蛇がうじゃうじゃいるので注意して行動しなければ危険である」また、「車の故障だけでなく、密猟者や不穏な人達が隠れて居るかも知れない。万一、森であなたが行方不明になったら私が処罰される」と深い眉根の皺をますます厚くして、「ゴンシャンの集落に行って、日暮れになったら必ず戻ってくるように……」と言ってモートゥに念を押した。

彼との話し合いで、バイタクの運賃の目安は、市内で一〇ドル、郊外で一日五〇ドルと決めた。

話し合いが終わると、モートゥがそわそわしている。お昼は過ぎた頃かなと時計を見ると、ミャンマー時間で二時を指している。モートゥと二人で市内にある中国レストランで食事をすると、七〇〇〇チャット（約七〇〇円）も掛かってしまう。一人で食事をすれば三〇〇チャット（約三〇円）で済むが、モートゥがこのホテルの近くにレストランがないと言うので、前日は仕方なし彼の車に乗り運賃のお礼に市内の中国レストランで食事をご馳走したのだ。彼は身体が小さい割りには大変な大食いで、おまけに食事の時にビールの大瓶をがぶがぶと二、三本は飲むのである。

モートゥは「これからレストランに行くなら、市内までお乗せします」と、にわかづくりの笑顔で言った。私は隣の方角を指さして、「レストラン　ネックスト　ドア」と、オーナー氏がたまげるような大声で連呼した。

今朝の散歩の途中で、私はレストランが隣にあることや、このホテルが市内からかなり離れていることが分かっていたのだ。

サムライ達はチャムロンと呼ばれた

近くの市場や露店に並べられている赤茶色のドリアンの、玉葱が腐ったような臭いが乾いた風に乗り、なだらかな丘を越えてホテルの中庭にじんわりと漂ってきた。タイのドリアンよりもひときわ大きく臭いが強いので、私は思わず鼻をつまんで顔をしかめると、モートゥは「良い臭いじゃないですか。ミャンマーでは、このドリアンの臭いが、サワサワとした風に乗って町中に流れると本格的な雨期がやって来るのです」と言って、どんよりとした空を見上げた。

二六日の昼前に、風の収まるのを待って、我々は、ホテルを出てチャイントンの市役所に向かった。今日の午前中にモートゥは、彼の友人をホテルのロビーに連れてきた。その人は、「名前はヤーファ、五二歳、モートゥと同じチャイントンの郊外のライムエ通りに住んでいる」と名乗った。そして、「アカ族の出身だが山で暮すゴンシャンの言葉が理解できる」と言った。

モートゥは、シャン語、ミャンマー語（ビルマ語）や英語を話すトリリンガルだが、山で暮らすゴンシャンのシャン語は、さすがに理解できない。

ヤーファは「何世代も経つと、チャイントンの町の人達が話す言葉のいくつかは、シャン語などに変化している。町に住んで居る人は山岳地帯に住んでいるゴンシャンとは思うように話せないのです。私は若い頃に、森で仕事をしていたので山の人と友達になった。妻と子供達の五人家族で、郊外で細々と農業を営んでいる」と言った。

日焼けした小麦色の身体が、ロビーの明るい蛍光灯に照らされててかてか光っている。

私はモートゥに儲けられるのを恐れて、「一日一〇〇〇チャット（約一〇〇円）です」と、両手の指を広げて英語で言った。すると、彼はしおらしく何度も頷いた。

高い賃金を要求しなかったのと、口数は少ないが、笑うと白い歯がチラチラ見えて、清潔で実直そうな感じがしたので気に入って通訳として雇うことにした。この後で、すぐ頭に血が上る私が、モートゥと運賃のことを巡って何度か大喧嘩をするのだが、その都度、おとなしい彼が中に割って入って話を纏めてくれた。

また、モートゥも運賃のことでは頑なに自分の主張する金額を譲らないが、お金を誤魔化すようなことはしなかった。

三人の話し合いの結果、シャン語、ミャンマー語、英語、などを使って、メモによる筆談でお互いの意思を確認しあうことにした。

「ここでモートゥは、ヤーファを横目で見ながら私に、「可哀相だから二〇〇〇チャットに上げてください」とうつむきながら言った。

（ちょっと値切り過ぎたかな……）と思っていた私は、二人を見つめながら、わざと照れくさそうに笑って、「オーケーだよ」と大きな声で叫んだ。

打ち合わせが終わり、いよいよ山峡のワンタゥン村に出発することになった。我々は、先ず、中央市場の隣にある市役所に行ってこの町の情報を収集することにした。

チャイントンの町には平地は殆どない。小高い丘の間に迷路のようななだらかな坂がくねくねと続いている。その沿道に、火焔のような横板をめぐらした寺院や天に向かって傘を張る白や金色のパコダが点在している。

陽射しがじりじりと照りつける僧院の参道では、頭を僧衣の長い袖で覆った小坊主達がまぶしそうに目を細めて歩いている。この町の小塔や僧坊がある僧院はどれも小規模だが、寺院や家の門前には、守護神像の獅子に似た『チンテ』が対になってちょこんと座っている。ヤーファが、身振りで、「通常、パコダや寺院では、チンテの居る処から先は履物やソックスを脱がなければならない」と足に指を当てながら厳かに教えてくれた。

細長いくすんだ瓦屋根の木造の家がどこまでも連なっている。道路に面している家の二階の窓の鎧戸はピタリと閉じられていて、一階も、少し歪なラージ板（松）のような板壁で塞がれていた。日中の強い陽射しと道路の土埃を防ぐために家全体を閉じているのだ。この町の人は、朝夕に必ず窓や玄関戸を大きく開いて風を入れている。

歩行者がたまに通る道路には、歩道らしきものは見当たらない。よく見ると、表通りには、センターラインの白線が薄く浮き出ているが、それも、何十年も前に線を引いたようで殆ど消えかかっていた。信号機がない為なのであろうか、時折通る車やオートバイ、トラクターは、右折や左折をする時に、方向指示器を出さずにいきなり曲がってくるので一瞬ひやりとすることがある（ミャンマーでは車は右側通行である）。

市役所の隣には、この近辺で一番大きな中央市場があった。私は今までに、タイのチェンラーイやメーホーンソーンなどの山岳地帯の市場を見てきたが、ここはそれ以上に賑やかで、北タイ随一と言われているチェンマイのワーロット市場と同じ位の規模である。

色鮮やかなパラソルの下では、乾物類の食料品、お茶、漆、緑の濃い山菜やトマトやジャガイモ、トウガラシ、玉葱などの野菜、もぎたての果物、漢方薬草、竹篭に山のように積まれた細い米、色取り取りの香辛料や、雷魚、鯰、鯉のような川魚、荒縄で縛られたカニや貝類が木製の台だけではなく道端のゴザの上にまで並べられている。お客が指をさすと、おばさんは、身を寄せ合って、ゴニョゴニョと蠢いている金盥から鯰を一匹、素早く取り出すとまな板の上に置いた。そして、その大きな頭を押さえつけて、鉈のような包丁で叩き割り、あっという間に鱗や内臓を取ってしまった。

隣の仮設テントの天井から吊り下げられている、シャツやズボンは全て中国製だったが、ミカン箱の棚の上には、北朝鮮の赤い国旗が印刷された朝鮮人参の瓶や漢方薬の入った木箱も混じっている。驚いたことに、日本を出る時にテレビで今年の新商品として放送していた、テニスラケット型の電気蝿取り器が既にここで売られていた。――その製品は中国製だったのだ。

モートゥの通訳によると、太った女性が店先に並んでいる果物を指さして、ザボン、ドリアン、スイカ、リュウガン、バナナ、パパイヤ、ガバラーシー、シャカトウ、アボガドはミャンマーの各地から、マンゴー、ランプータン、リンチーはタイから、ブドウ、リンゴ、イチゴ、サクランボ、ミカンは中国から持ってくるとシャン語で言って、私を見ながらモートゥに「この人はタヨゥツ（中国人）か」と聞いてきた。

「ジャパン」と言うと、ここでもまた、どっと人が集まってきて、好奇な目を私に向けて、かわるがわるに「キンペイ、パンザイ、ヤマトタマシー、トヨダ」と言って、最後は、全員の大合唱となっていった。

役所の庭では、ペンキ塗りや草取りの老人が鍔の広い麦わら帽子を被って黙々と作業をしている。市役所の外観は、立派な白亜の建物だが中はがらんどうで人の気配が感じられなかった。ようやく見つけた部屋の隅で、彩りが華やかな原色のパソウやタメイン姿の四人の男女が詰襟の担当官と言い合って、何やら揉めている。この国もタイと同じく本当は女性の方が強いのか、元気溌剌として話すのは男よりおばさん達の方だった。

私は入口に居た白い制服の肩に金色の襟章をつけた若い女性に、「この町の地図が欲しいのですが……」と英語で尋ねた。彼女チラッと私を一瞥しただけで、直ぐにシャン語で奥の誰かを呼んでいる。

やがて、英語が話せそうな二五歳位の上司らしい人が出て来た。ミャンマーでは、ヤンゴンの空港で働いる官吏やチャイントン空港のイミグレの役人、この町の市役所の職員など、役人は全て若い人ばかりである。日本の町の役所はどこでも、管理職としておじさんが偉そうに奥に座っているのだが、ここでは、大学を出たばかりのような青年や女性が多く、私は何か不安な気持ちに襲われた。

「この町の地図は置いておりません。ホテルなどで独自で作っているから、そこでもらってください」と彼は申し訳なさそうに英語で話した。

「それならば、この町の人口や面積を教えてください。何か説明が書いてあるパンフレットをください」と私が言うと、慌てて「今、聞いてきますから、ここでお待ちください」と、奥に座っている男性と何か話している。そのうちどこかに出て行ったが、五分位で戻ってくると、私に、わら半紙を破いたメモをくれた。

そこには、「人口、八万人、面積、一万六〇一九マイル（約四万一〇一四平方キロ）」と書かれてあった。

私は、小田原市の『かもめ図書館』で、ミャンマーを紹介する本を読んだり、インターネットで、人口や面積などを調べてきたのだが、チャイントンの人口は、一六万人から二〇万人と、色々に書かれてあって、面積も、五万平方キロから八万平方キロになっていてよく分からなかった。

このメモに書かれてある数字を見て、その場で私はしばらく考えこんでしまった。――何故こんなに差があるのだろうか。確認のため、「チャイントン　エリア?」と問うと彼は軽く頷いた。

いずれにしても、彼のメモの数字によれば、チャイントンの面積（約四万一〇一四平方キロ）は北海道の半分位の大きさなのだ。

私達は、いよいよゴンシャンの最初の村であるワンタゥン村に向かった。モートゥは、「そこまでおよそ三〇キロだ」と言った。

かんかん照りの陽光が垂直に緑の台地に射しこんでくる。とうもろこしが植えられている猫の額ほどの段々畑が、重なり合うように山腹にへばりついている。

赤い粘土の乾いた道は、凹凸のがたがた状態で、タイヤが泥濘に嵌ると、ヤーファと私が後ろから車を押したり、持ち上げたりする。急な下り坂で車が窪地に落ち込むと、背中や尻が、幌の支柱や硬い座席に打ちつけられて、手摺などに捕まっていないと振り落とされそうになる。

深い樹林の中で、紅白に塗られた一本の遮断機が道を塞いでいた。

タマリンドの大木の下に立っていた、薄い緑色の迷彩服を着た二人の兵士とモートゥが親しそうに話をしている。ヤーファの話によると、この近くにミャンマー陸軍の露営地があって、三〇〇人位の兵隊がここに駐屯しているらしい。彼らはジャングルを切り開いて開墾地を作っているのだそうだ。

本当は、格闘技の訓練でもしているのではと思って、私はその姿を見ようと、車の幌から顔を出したのだが、生い茂る雑草の中に兵士は隠れていて、垂れ下がった木の枝に止まっている尾の長い黄色いインコの他には生き物の姿は見当たらなかった。

モートゥが戻ってくると、我々は更に険しい山の奥深くに向かって進んだ。道は周囲の藪で次第に狭くなって、バイタクは、様々な形や色の潅木に覆われている谷地に降りていった。がなりたてるような中国製のバイクの爆音が、谷間を突きぬけて遠くの崖で木霊する。

ひとつ峠を越すと、上り坂になり少し拓けた場所にでた。ここで私は車を止めてもらい辺りを歩いてみた。モートゥが森を指さして、「あまり奥には行かないように……」と強い調子で言った。

遠くに青黒く見えていた山々が、いつの間にか鮮やかな濃緑色に変わっている。樹木に蔓や蔦が絡みついた、鬱蒼とした森林がどこまでも続いていて、背丈ほどもある長い羊歯の葉の陰で、銀色の蜘蛛の糸が光っている。落葉の発酵するような甘酸っぱい匂いが、苔や腐葉土が堆積する薄暗い獣道に充満していた。

ヤーファやモートゥは、車の後部座席で寝転んでいる。風が黄色や少し赤色に熟したイヌナツメの実を揺らしている。私は緑の濃い空気を思う存分吸って、背伸びをしながら身体を軽く動かした。

ほんの一〇分位森林にいたのだが、とても長くいたように感じられた。雑草が生い茂る葉影の下で、薄紫と黄色のまだら模様の蜥蜴が左から右に素早く横切った。葉がサラサラと揺れている暗い地面には、まだ何かが潜んでいる気がして私は慌てて車に戻った。

しばらく走ると、バイタクは小さな集落が見えるなだらかな坂をゆっくりと下りて行った。ワンタゥン村はヤシ、ガジュマル、チーク、竹などの樹木が茂る窪地にあった。

我々の車が集落に入って行っても物音ひとつしなかった。目が痛くなるような強い陽射しが真っ直ぐに落ちてくる。複雑に絡み合った樹冠に囲まれた集落は、緑の地の底に閉じ込められて、熱い空気の中で息を殺して佇んでいた。

竹の垣根に囲まれた集落の屋根は芭蕉の葉で葺いてある。泥壁は竹を編んで柱を組み合わせ、継ぎ

ワンタゥン村の人々

目に細い木やヤシの葉を重ねている。入口の間口は、二メートル位で扉はなく、室の中は風通しの良い吹き抜けの二〇畳位の板の間になっていた。モートゥとヤーファが、声を掛けながら部屋の中に入って行く、少し遅れた私は慌てて彼らの後を追った。

部屋の隅で寝ていた、五〇歳位の男の人が飛び起きて、目をこすりながら我々に、入口に近い風の通る場所に座るように言った。出された麦茶のような水が、ほてった私の身体の中を冷たく流れて行った。ミャンマーでは、どこの家に行っても水甕やポットに入れた水の接待を受ける。客人を、先ず、冷たい水で迎えるのがミャンマー流のもてなし方なのだ(水甕とコップは、屋外でも、陽のあたらない木陰や暗い所にひっそりと置かれてあるので、旅人などは冷たい水が何時でも自由に飲める)。

ヤーファが話を始めモートゥが英語で通訳する。聞きたいことは、モートゥに指示してあり、日本人の侍に関することなどは、ミャンマー語でメモするように言った。

この男は、「サイ・ダー・リッ。五〇歳、生粋のゴンシャンだ」とシャン語で名乗った。そして、「村の名は、ワンタゥン村で、住所は、第一ライマウイ・ロードだ」と、聞き取れるぎりぎりの低い声で言った。

半袖シャツに、短めのズボン姿で、身体が引き締まっている。細い顔の、愛くるしいクリッとした目が印象的だ。彼が戸口に立って大きな声で誰かを呼ぶと、しばらくして、彼と同じ年頃の二人の男がモソッと入ってきた。

一人は、面長の顔で目が少し窪んでいるが、シャンの血を引いているのか、色白でがっしりした体だった。「サイ・チェイー・リー、五二歳だ」と言った。濃い黄色の丸首のシャツと、紺色の作業衣みたいな細いズボンを穿いていた。わりと早口で、「我々はゴンシャンである。この村は全部で二五戸、一〇〇人が住んでいる」と話した。

もう一人は、彼の弟のようで「サイ・チェイー・サン、四二歳」と名乗った。鼠色のズボンを穿いた、丸顔で鼻が低く、垂れ目で優しそうな感じだった。兄に代わって、「ニホン人のサムライのことは、先祖から聞いている。彼らはチャムロンと呼ばれていた」と途切れ途切れに言った。

私はモートゥから、侍達のことを『チャムロン』と呼んでいたことを聞かされて驚いた。その言葉の響きは、シャン語で聞いても、日本語の『侍』の発音にどことなく似ていたからだ。

「サムライ達は、長い髪を頭の後ろで束ねていたようだ」と彼はひとしきり喋って、ポットの先を上に持ちあげ、上手に口をつけて、水をうまそうに飲んだ。

今度は、ダー・リッさんが「我々の伝統的な服は、ニホンのサムライから教わった」と言った。そして、「今では、普段着もあり、一色の服もあれば、カラフルな色合いの服もある」と話してくれたが、肝心の「あなた達は、日本人の侍の末裔であるか」との質問には、「この集落の人達が、ニホン人のサムライの子孫であるということは、はっきりとは伝承されていない」と言った。

私は、日本人の侍の情報が沢山出てきたので、喜びのあまりかなり頬がゆるんだ。特に、侍の集団のことを、タイ語の「ジップン」ではなく、「チャムロン」と呼んでいたことがはっきり分かって興奮した。

やがて、五〇歳位の、ダー・リッさんの奥さんが現れて、ゴンシャン（クンシャン）の民族衣装を、大きなシャン袋から取り出した。サイ・チェイー兄弟も、各々自分の家から、奥さんに服を持ってこさせ三人が着用して見せてくれた。

服は木綿で作られていた。上着は襟が左前で、三つのボタンで止めるようになっている。ズボンは裾が広く、日本の鳶職が着るニッカボッカにそっくりだった（ビルマでは、この服のことを、「シャン・ペン」と呼んでいる。シャン州の腰巻という意味だが、だぶだぶのズボンは、日本の袴に似ていると言われている）。

私は彼らが話す言葉をじっと聞いていたが、数字を表す言葉が、タイ語と全く同じ発音なのに驚いた。例えば二五のことを、イーシップス　ハーと言った（タイ語では、イースィッ（プ）ハーと発音するが、殆どイーシップと聞こえる）。たぶん、タイ語が分かる人なら、もっと沢山の言葉が理解できたのにと歯がゆい思いだった（少し前までは、北タイ語とシャン語の語差は北タイ語とタイ語の差異より小さいと言われていた)。

突然の訪問だったにもかかわらず、彼らは嫌な顔も見せず色々な質問に答えてくれた。また、ゴンシャンの民族衣装を着た撮影にも快く応じてくれた。撮りおわる頃には、大勢の村人達が集まって来て、一五人位の人達が隣の家の土間や道端に腰を下ろして、時々、上目遣いでこちらを見ていた。

チェイー・リーさんは、「初めてニホン人がこの村に来たので、興味しんしんなのですよ」と照れ笑いをした。モートゥが、「他のゴンシャン族を知りませんか」と聞いたのだが、彼は私の方を見て、「私達は、他のゴンシャンとは全く付き合いがないのです」と済まなそうな顔をして言った。私は三〇〇〇チャットを渡して、彼らの労をねぎらった。

軒先に吊るされた風鈴が、高く伸びている緑の竹林から吹いてくる薫風に揺れて、「チャラーン、チャラーン」と妙なる音を響かせ、その音色は、蒼く澄みきった天空に向かってゆったりと流れていった。

ヤマダナガマサがチャイントンに来た

その吉報は、やはり、ソーボワの事務所からだった。

モートゥがやって来て、「ソーボワの事務所のライ・チュウさんから連絡が入り、事務所に出入りしている人の中に、市内に住んでいるクンシャンのソーボワの親族が居て、その人が会っても良いと言っている」とのことだった。

二七日の朝、一〇時頃に私とモートゥがその家に向かった。彼の家はソーボワの事務所から少し離れたところにあった。

幹線道路のエアポート・ロードから赤土の坂を下ると、大きな敷地の中に、日本の農家を思わせる入母屋造り風の母屋と副屋が建っていた。

庭先でモートゥが声を掛けると、四〇歳位の、腰まで長く垂らした髪にジャスミンの花を飾っている、ほっそりとした面立ちの奥さんと思える人が出てきて家の中に通された。窓から吹き込んでくる風で、彼女の黒髪に挿している純白の花びらがかすかに揺れると、居間に強くて甘い香りがしっとりと広がった。

一〇畳ほどの板の間の奥には大きな仏壇が置かれていて、艶っぽい切れ長の目をした仏像の金箔の衣の襞が光り輝いている。

居間に置かれたソファーに、どっしりと腰を下ろしたこの家の主人は、緊張した面持ちで「サイ・ロン・センナン、五二歳。住まいは、第三クォーター・エアポート・ロード」とシャン語のはきはきした口調で言った。

その姿は恰幅が良く見映えがする。穏やかな表情の中にも毅然とした学究肌のような気品が漂っている。そして、お茶を入れてくれた奥様の振る舞いも洗練されていてかなり優雅だった。

二人とも本当に日本人の顔に良く似ている。

――モートゥの話を聞くと、彼は零れるような笑顔で、「自分はクンシャンである。私の家はソーボワの親族の家系で、この町にニホン人のサムライが来たことは昔から伝わっている」と話して、体を大きくそらして胸を張った。

正装姿のサイ・ロン・センナンさんご夫妻

私はモートゥに、英語とミャンマー語でメモをするように声をかけた。そして、ロン・センナンさんに、今までに、日本人の取材を受けたことがあるかどうか、たずねた。

「チャイントンに来た、サムライのことを調べてきたが、ニホン人と話すのは初めてです」と彼は言って感激したように目を潤ませた。

私は、ロン・センナンさんが歴史学者かと思って良く聞いたところ、彼は、今まで一人でチャイントンの日本人の侍のことを研究してきたそうで、この町の有名な郷土史研究家なのだそうだ。

「ニホン人のサムライのことを色々と調べている。ナガマサが、サムライ達と、このチャイントンにやってきた」と淡々と話した。

私はいきなり〝長政〟の名が出てきたことにびっくりして、慌てて「ちょっと待ってください、長政って、あのシャム（タイ）の山田長政のことですか……」と、モートゥを眺めながら咳き込んで尋ねた。

彼は私の目をじっと見て、「ナガマサは、六二人のサムライ達を引き連れて、シャムから、この地にやって来たと言われているのです」と言って口を結び困ったような顔をした。

「ウーン」と私はうなって、「今まで聞いているチャイントンの日本人のことは、全て侍のことばかりで、山田長政の話は全くありませんでした。第一に、タイで死んだ長政がビルマに行ったなんてことは考えられないのです……」と少し興奮気味にロン・センナンさんに言った（この場のやりとりは、モートゥのシャン語から英語への通訳により、実際は要領が悪く、お互いが理解するまでにはかなり時間が掛かっている）。

「ニホンのことはよく分かりません、でも、クンシャン族の中では、確かに、サムライ達と一緒にナガマサが来たと伝わっているのです」と、彼はあくまでも冷静な話し方だった。

「それでは、いつ頃、彼らはこの地に来たのですか」と言うと、「それは、はっきり分かりませんが、調べてあげましょうか……」と話した。

私は「え、分かるんですか……」と驚いて言った。

「私の家系に、代々伝わっている、クンシャンの歴史書があるのですが、それで調べてみましょう」と彼が言ったので、私は「よろしくお願いします」と頭をさげた。うれしさの余り小さな目を更に細めて、「クンシャンというのは、ゴンシャンのことですね……」と訊ねると「クンというのはビルマ語でゴンと発音しますが、長い間にクンシャンとゴンシャンが混ざってしまったようだ」と話してくれた。

そのことをモートゥから聞いた私は、「よく分かりました」「この地方では、クンシャンやタイ・ルウ、などタイ語を話す人が多く居るようですが、チャイントンに住んで居る人達のことを、もう少し分かりやすく説明してください」と拝むように頼んだ。

しばらく考え込んでいたロン・センナンさんがモートゥに言ったことを纏めると、次のようなことだった。

「シャン州に住む多くのシャン族は、バマー・シャンと呼ばれている人達（ビルマ族系シャン人）で、ビルマ語の他にタイ語、ラーオ語と同系のシャンの言葉を話します。次にカレン族が大勢住んでいますが、彼らはタイ・ルウ族より先んじて、中国西南部からこの地にやってきたと言われています。その後、一二世紀頃、雲南から南下して来たのがモン族やタイ・ルウ族だと言われており、彼らは主にタイ語を話していました。そして、彼らの一部の人達が、シャム（タイ）に向かったと言われています。その部族は、ラーオ（ラオス）にも渡ってラーンサーン王国を造ったのです」と話してくれた。

ラーオの主要な民族はタイ語系ラーオ族である。ラーオ族の統一国家、ラーンサーン王国は、一三五三年にファーグム王が建国したと言われている。サワーを都としたその領域は、メコン川中流域から、現在のタイ北部にも渡っていた。

ラーンサーンとは、一〇〇万の象という意味である。この国にはクメール（カンボジア）から南方上座仏教が伝えられていた。

しかし、一六世紀になると、セタティラート王はビルマの脅威に対抗して都をビエンチャンに移した。そして旧都サワーをルアンパバーンと改称した。「ルアン」とは大きい、「パバーン」とは仏像の意味である。

スルニャウォン王（一六三七〜一六九〇）の時代に国が最も栄えたが、一八世紀に入るとメコン川沿いのラーオは、ルアンパバーン、ビエンチャン、チャンパサク、の三王国に分裂して、最後はルアンパバーン王国が残ったが、やがて遅れてインドシナにやって来たフランスの侵攻によって滅亡した。この時、フランス人は「Lao（ラーオ）」に複数の s をつけて、「Laos（ラオス）」と呼んだ。日本ではラオスと呼んでいるが、タイやカンボジアなどでは、ラーオと呼んでいる。

彼は口を突きだして、私とモートゥを交互に見つめなら話を続けた。

「その後、シャンの一部はビルマ族に支配されます。やがて、一二世紀の末にビルマの強大なパガン王朝が崩壊して、一三世紀頃にチャイントンに、チェンマイ（北タイ）からタイ・ルウ族が入って来ました。この部族がクンシャン（ゴンシャン）と名乗ったのです。クン族というのは、ミャンマーのシャン州に居住するタイ語系民族のことです。クンシャンとか、ゴンシャンという部族の名称も、タイ（Tai）族を指した言葉で、ビルマではシャン州に住むタイ語系部族を纏めてシャン族と呼んでいるのです」と言って一息ついた。

これらのことをモートゥが、ゆっくり、ゆっくり翻訳しながら私に英語で話してくれた。

更に彼は「シャン州に住むアカ族、ラフ族は、チベット、ビルマ語系の言葉を話します」と言った。だから、アカ族のモートゥは、クンシャンを知っていても、ゴンシャンのことは分からなかったのだ。

ミャンマーには、多くの民族がいて、これが複雑に絡み合って、各部族が共通語を含めた色々な言葉を話す。チン州やヤカイン州のチン族は、峻険なヤカイン（アラカン）山脈に遮られて各地に散らばって住んで居るが、互いに話す言葉が全く理解できない集落もある。

ヤンゴンに居た時に、国立博物館に行ってみたのだが、三階にミャンマーの民族ごとの文化を伝える広いコーナーがあり、そこには、民族衣装を着た各部族の等身大の人形が、室内や回廊にまで賑やかに飾られていた。

だが、シャン州のコーナーでは、主要な民族としてシャン（Shan）族、少数民族としてワ、ヤオ、インダー、パオ、パダウン族などが紹介されていたが、どこを探しても、ゴンシャン（クンシャン族）の民族人形は見当たらなかったのである。

私は、ここで、おかしいと思ったことをモートゥに英語で話して、ロン・センナンさんに聞くように指示した。

私から聞いたモートゥはメモを見ながら、「日本では、長政がビルマに行ったことは誰も知らないことなのです。長政は一六三〇年に、タイの南部のナコーン・シー・タンマラートで死亡したと言われています。このことはどう思われますか？」とロン・センナンさんに尋ねた。

彼は頭を小さく振って、少し考えてから口を開いた。「私はニホンの歴史のことはまったく知りません。クン族は文字を持ちませんでしたが、文化の歴史はあります。クンシャンは、最初、クン語で口から口へ、この国で起こった重大なことを伝えてきましたが、次第にタイ語の混じった言葉が母体語として使われるようになったのです。だから、その長い過程の間に、年号や名前が変化して伝わったかも知れません」と声を落として言って、「クンシャン（ゴンシャン）は、クン語の口語や文語を長い間使ってきました。そして、ミャンマーでは、一九六二年頃までクン語の使用を許されていたのですが、今は、ミャンマー語（ビルマ語）が公用語として使われ、クン語は寺院の法会や法要の時を除いて使うことが禁じられているのです。クン文字は寺院で僧侶が仏教の経典を書き写すために使われてきた独特の文字です。私の親族の家に、クン（ゴンシャン）族の口述伝書があり我々はこれを大事に守ってきたのです」と囁くような声で言った。

「クン語のことは分かりましたが、では、シャン語とクン語は、同じ言葉で、文字も一緒なのですか」とモートゥを通して、センナンさんに質問をすると、彼は即座に、「シャン語とクン語の言葉や文字は多少異なります」と言って話を続けた。

「シャン文字と言われていますが、この文字はモン族のモン文字を改良して作られました。雲南のタイ・ルー族やラオスのタイ・ラオ族、北タイのタイ・ヤイ族も、最初は同じような文字を使っていました。クン文字は、標準のタイ文字よりもかなり丸っこく、ビルマの文字よりは角ばっているのです。シャン語の殆どの言葉は母体語がタイ語なのです」と目を見開いて言った（シャン州、北部のカチン州西部から、フーコン渓谷に至る地域に居住するシャン族は、カムティー・シャンとか、カムティー・ロンと呼ばれていて、タイ族の領域は、遠くインドのアッサム州のアホム族まで及ぶとされている）。

そして、「チャイントンに来たナガマサやサムライのことを調べて、文書にして差し上げましょう。五日後にまた来てください」と言って、「ちょっとここで待っていてください、箪笥置き場に行って、夫婦でゴンシャンの伝統的な民族衣装を着て参ります」と、私の顔をじっと見た。

私が喜んで「お願いします」と言うと彼らは直ぐに奥の部屋に消えた。

サイ・ロンご夫婦が着替える間に色々と考えてみたが、彼が書いてくれるレポートというのは、きっと、元ビルマ大使であった鈴木孝氏が書いた「ケントン州（チャイントン）の侍達」のことを、参考にしたものだろうと早合点した。私は、それまでクン文化やクン語の存在を知らず、彼らがこの辺りの山岳民族と同様に口述のみで歴史を伝えてきたのだから、あまり、新しいことは出てこないのではないかと勝手に判断していたからである。ましてや、クン語で書かれたクン（ゴンシャン）族の『歴史の古文書』があること事態、予想だにしていなかったのである。

やがて、髪もきちんと結い上げて、奥の部屋から出てきたご夫婦の着ている服装は、先のワンタゥン村で見た日本人から伝えられたゴンシャンの民族衣装と全く同じものであった。

私は、クンシャンの色々な情報を話してくれたロン・センナンさんに、明日のお昼にご家族と一緒にこの町のレストランで食事でもしましょうと誘った。彼は奥様と相談して、「分かりましたお受けします」と合掌した。

私達は礼を言って、ロン・センナンさんの家を後にしたのだが、車の前でモートゥが怒った顔をしているのに気がついた。よくよく聞いてみると、こういう場合は、ミャンマーではお金をあげるのが礼儀であると言うのである。ミャンマー人は気位が高いから、自分からは絶対にお金などは要求しない。しかも、ロン・センナンさんの家はこの町でも裕福な家庭であると言われているので、かなりのお金をあげなければ自分の面目が立たないと泣きそうな顔をした。

私は彼の言い分も最もなことだと思って、モートゥに一〇ドル渡して、今すぐ持って行くように頼んだ。やがて、この話が町中に広がり、結果的には、モートゥのこの場の機転は、後日、素晴らしい効果をあげたのであるが、この時の私は、モートゥばかりがかっこをつけて良い思いをしていると、ふて腐れていたのである。

私は、チャイントンの日本人の落人伝説の謎への突破口が、ようやく見つかったことに気を良くした。特に、侍達だけでなく、長政がこのチャイントンに来たという話が飛び出してきたので、嬉しいやら困惑するやら、もう何がなんだか分からなくなってしまったが、心の奥では、これからこの町で起こることが、全て『吉』と出るような予感がして、ワクワクしてきたのである。

揺れる座席でこまどり姉妹の『ソーラン渡り鳥』などを口ずさんでご機嫌だったが、バイタクは、しばらく走って、町外れの大通りの端で突然止まった。モートゥが「あれが、チャイントン名物の置屋、——姑娘（グーニャン）ふれあい広場です」と右手で指さして私の顔色を窺った。

小さなあばら家が連なる塀の前で、手ぐすね引いて見張りをしていたやりて婆さんが、私達を見つけて大声をあげると、中から、赤や緑のチャイナドレスで着飾った、背の高い中国娘が数人、鉄砲玉のように飛び出して来た。

そして、道路の端に立つと、手のひらを上に向け指を曲げて、盛んに「おいで　おいで」をしている。私は体が熱くなりふあ～っと浮き上がるように、一、二歩前に進んだのだが、はっとして、「こんなところで遊んでいる場合ではない。お願いだから、もっと真剣に、ゴンシャンの人達を探してください」と思わず大声を出してしまった。少し気を許せば、モートゥの商魂はすぐ頭をもたげてくる。

彼は「仕事が終わっても、ゴンシャンのことを、あっちこっちで聞いて歩いているのです。そんなに怒らないでください」と言って、口をへの字に曲げて、プイと横を向いてしまった。

私は、「しまった。しくじった。もう少しやさしく言うべきだった」と思って顔をしかめた。そして、案の定、私達はその後、ゴンシャンの侍の末裔探しの壁にぶつかってしまったのだ。モートゥは、確かに、町の人からゴンシャンに関する色々な情報を聞き出してくる。しかし、ゴンシャンの集落に辿り着くまでが難儀するのである。

先ず地図がない上に、当たり前のことだが地番の標識もない。ましてや、各家が、住居表示などをしていない。「○○通りの、どこそこの辺りに住んでいるらしい」と言うだけで、細かな住所などは殆ど知らなかった。おまけに幹線道路であっても、道路標識がどこにも見つからなかった。

郊外に出ると、モートゥとヤーファは何回も車から降りて、誰彼なく捕まえて「ゴンシャン、ゴンシャン」と叫んでいる。車を止めて歩き出しても、くねくねと曲がった細い坂の奥は殆んど行き止まりだった。

我々は、なだらかな丘を何度となく上り下りして、畦道のような農道を歩き、やっとゴンシャンの集落に辿り着いても、彼らは日中、田んぼや畑に出ているのか、どの家も老人と子供しか居なかった。そして、皆申し合わせたように、「ニホン人のサムライのことなんて、聞いたことがない」と言うばかりだった。

たまに、「ニホン人を知っている」という年寄りがいるが、よく聞いてみると、「全て、前の戦争の時の日本の兵隊のこと」だった。

我々は三日間で四ヶ所のゴンシャンの小さな集落を訪ねたが、何の成果も得られなかった。そして疲れて帰ってきた三〇日の夕方、私はホテルのロビーで、運賃のことをめぐってモートゥと大喧嘩をしてしまった。

彼は、「三日間で八〇ドル」を要求してきたのである。

その言葉を受け流すと、「郊外と言っても、意外と市内に近かったから、全部で五〇ドルしか払わない」と私は言ったのだ。

すると、モートゥは「市内だけでなく郊外まで行った。しかも、ぐるぐる回ってガソリンをだいぶ使った」と、えらい剣幕で怒り出したのである。

私は「だいたい運賃が高すぎる、チャイントンの空港から、このホテルまでだって三ドルで来れる」と言って、ますます彼を逆上させてしまった。ヤーファがおろおろして、モートゥに駆け寄り何か言っている。

騒ぎを聞きつけて、ホテルのマネージャーが飛んできた。彼は私達を引き離して別々に話を聞き、「オーナーに相談してくる」と足早に裏の農場に消えた。やがて、やってきたオーナー氏は、ヤーファから話を聞いてから、私の顔をじっと見て、「七〇ドルで手を打ってください」とマネージャーを通じて懇願した。彼の話では、「モートゥは毎日、一生懸命に、ゴンシャン族を探しているのだから、少しは色をつけて欲しい」というようなことだった。

それを聞いた私は、自分の愚かさに気づき、モートゥに平謝りして気持ち良く七〇ドルを渡した。私は不確実な情報に振り回されてこのところかなりイラついていたのだ。

その場の空気が少し和らいだので、私はモートゥとヤーファに「このままでは経費ばかりかかるので、もっと確実なゴンシャンの情報が早く欲しい」とせかした。

ゴンシャン族が住んでいる場所

六月一日の朝、モートゥとヤーファが、息せき切ってホテルに飛び込んできた。前の日の夕方、モートゥの家に、ソーボワの事務所に出入りしている人が訪ねて来たと言うのだ。その人は、「名前は勘弁してほしい。六七歳で、ウインマイン第三区、空港通り、チャン・トンに住んでいる。ここにゴンシャンの村のことが書いてあります」と言って、一枚のメモ用紙をモートゥに渡したそうだ。

モートゥは声を弾ませて、「それを英語に直してきました」と言って、丸い顔を大きく膨らませて私に得意そうに見せた。

「何事か……」そのメモを手にとって見ると、私が小躍りしたくなるようなゴンシャンの情報が書かれていたのだ。そのレポートの題名は次の通りである。その地図にモートゥが英語を、私が日本語を書き加えた。

【チャイントン市のゴンシャン族が住んでいる場所】
マイレーグループ／マイリングループ／カッパグループ／カッハングループ／カッタイグループ／
チンパオングループ／ヤンコァイグループ／マイクックグループ／ヤンロングループ

と列記してあり、ヤンコァイ村をはじめ、集落の地図が書かれてあった。

このレポートを見た私は、まだまだ、大勢のゴンシャン族がチャイントン近郊には居るのだと思って感激した。

私は、とうとう、チャイントンの日本人の侍の末裔を見つける旅の戸口に立ったのだ。

我々はお互いに顔を見合わせて喜びに沸いた。

私は急に低姿勢になって、「二人には苦労をかけました」とねぎらいの言葉をかけた。

この時、超、単細胞の私は勝手に良い方向だと判断したようで、すぐに有頂天になってしまった。

「これでへこみもとれるぞ、ぱーっとハデにいくぞ～」と言って、言葉遣いも丁寧な、いかにもお坊ちゃんという顔立ちのオーナー氏の息子さんを呼び出し、夕方から開店すると言う彼を無理やり説き伏せて、このホテルの棟続きの屋台から、ビールや焼き鳥をどんどん持ってこさせ庭先でささやかな酒宴を開いた。

やがて、お酒がまわり、炭坑節を歌ったり踊ったりして、ハイになった私は、懐からなけなしの一〇〇〇チャット札を二枚取り出し、呆気にとられた顔で私を見ている二人に分け与えたのである。

ニホン人から教えてもらった服や刀

あくる日、私達は一転して旧知の友達のように、ワイワイ騒ぎながらヤンコァイ村に向かった。剥き出しの地肌が見えるテラコッタの山を若い男達の集団が崩している。中国製の五トントラックの荷台には、真っ赤に変色した藤籠が重なりあって高く積まれている。男の殆どは上半身が裸で、パソウをめくりあげた太い腿の下は裸足だった。その逞しい褐色の背中から、ほとばしるように黒い汗の筋が何本も流れ落ちている。

「これらの粘土は家の壁に使う煉瓦になる」とヤーファが教えてくれた。

山腹を照り返す陽射しはますます強くなって、光が窪地の水溜りに反射して、錫を溶かしたような銀色の煌きを真紅の台地に投げかけている。

かなりの重労働なのに、帽子も被らずに、黙々とシャベルで籠に土を入れているパソウ姿の人達に混じってパンツ姿の子供がいた。そのしなやかな赤銅色の体が、もうもうたる土埃の中で躍動するのを見ていると、「シャン人は本当に逞しい人達なのだ」と思わず感動した。

バイタクは相変わらず、泥や砂利、牛糞を避けて道路の固い場所を選んで走っている。私も車の揺れにだいぶ慣れてきて、揺れる方向にうまく身体を預けられるようになってきた。

砂埃を巻き上げていた風が勢いよくぶつかる二股に分かれた道で、車が突然停車した。モートゥは前を見てじっと考え事をしている。ヤーファが目配せをして、何も言うなと手を口の中央にたてた。

こんな山の中では、道を聞こうにも誰も見つからない。辺りは、緑の寂しい光景が茫洋として広がっているだけだ。モートゥの気持ちが手に取るように分かる。ここでは、地図やケータイもなければナビもない、おまけに、目標になるものが何もないのだ。

左側の道を選びしばらく走ると、モートゥは、しかめ面をして、狭くなった道の直前で車を無理矢理にUターンさせた。彼は何も言わないが道を間違えたのだ。

今度は、先ほどの二股の右側の道を一時間位走ると、背の高さほどある草叢の中に人家が見え隠れしてきた。

黄色い泥濘の道の中央に、丸々と太った豚が泥水のなかで体をぬたくっている。クラックションを鳴らしても、車に慣れていないのか、相変わらず泥の中で転がっていたが、轢かれる寸前で慌てて路肩に躍り出た。

ヤンコァイ村も無人のようで人影は全くなかった。村に入ると、広場で餌を啄ばんでいた鶏たちがけたたましい声をあげて我々の到着を知らせた。そして、好奇心旺盛な鶏が数羽こちらにやってきて私のズボンの裾を突っ突き始めた。

モートゥは相変わらずずかずかと階段を上っている。この集落の家は屋根をヤシの葉で葺いている。壁は板と煉瓦や粘土を混ぜたもので造られていて、全戸が高床式の二階建てだった。一階の柱の下に束石が置かれている。

一二畳位のベランダの茣蓙の上で寝ていた男がむっくりと起き上がり、上って来いと手で合図をした。私とヤーファが階段に向かうと鶏たちもぞろぞろと付いてきた。ヤーファがそれを見て、「ここの鶏は人間を親だと思っている」と笑いながら呟いた。

モートゥが、先ほどの男の人に話をするが全く通じない、苛立った私は、すばやくヤーファに目配せをして早く交代

束柱の下の束石　ヤンコァイ村の人家

するように促した。ようやくモートゥによる通訳が始まる。

「私はサイ・サン・ヌアイ、五〇歳」そして、「この村の名前はヤンコァイで、ゴンシャン族の村だ。住所はマイラングループ、ガバエ通り……。今、仲間を呼んできますから……」と言って階段を足早に降りていった。

やって来たのは二人の男の人で、この村の長老のライ・チュウさん（七五歳）とサイ・サン・ゴンさんで、彼の方はまだ若くて、四四歳だと言った。

二階まで上がってきた彼らは、それぞれ、手に藁草履を持っていた。この三人はどこか顔立ちが日本人に似ている。肌も白くて目元がどことなく優しいのだ。そして、作業着のような、紺や茶色のTシャツとカーキ色のズボンを着ていた。長老は話をする前に、やや茶色がかった細長い瞳をやたらキョロキョロと動かした。

ここでも、モートゥのメモによるシャン語から英語への通訳が始まった。

ライ・チュウさんは「ヤンコァイはゴンシャンの村で、昔の村の名は〝シャ〟である。村人は一四

ヤンコァイ村の長老　ライ・チュウさん

サイ・サン・ヌアイさん

四名で家は四〇戸ある」と言って周りを見渡した。

そして、モートゥが伝えたヤーファの話を聞くと、「古老から聞いた話だと、我々はシャムのチェンセンからここ（チャイントン）にやって来たと伝わっている。そのうちに、サムライ達がアユディア（アユタヤ）からこの土地にやって来て、彼らは〈チャムリン〉と呼ばれていた」と言ってから、「ニホン人たちは長い髪を頭の後ろで束ねていたようだ」と髪の毛を集めて手振りで示してくれた。

私は、ワンタゥン村では侍のことを『チャムロン』と呼んでいたことを思い出して、モートゥに、もう一度、侍達は『チャムリン』と呼ばれていたことや『アユタヤ』から来たこと、また、この集落の先祖の人達が、タイ北部の『チェンセーン』から来たことなどを再度、確認してもらった。更に、モートゥに、このことは大変重要なことなので、必ず英語でメモをするように指示した。

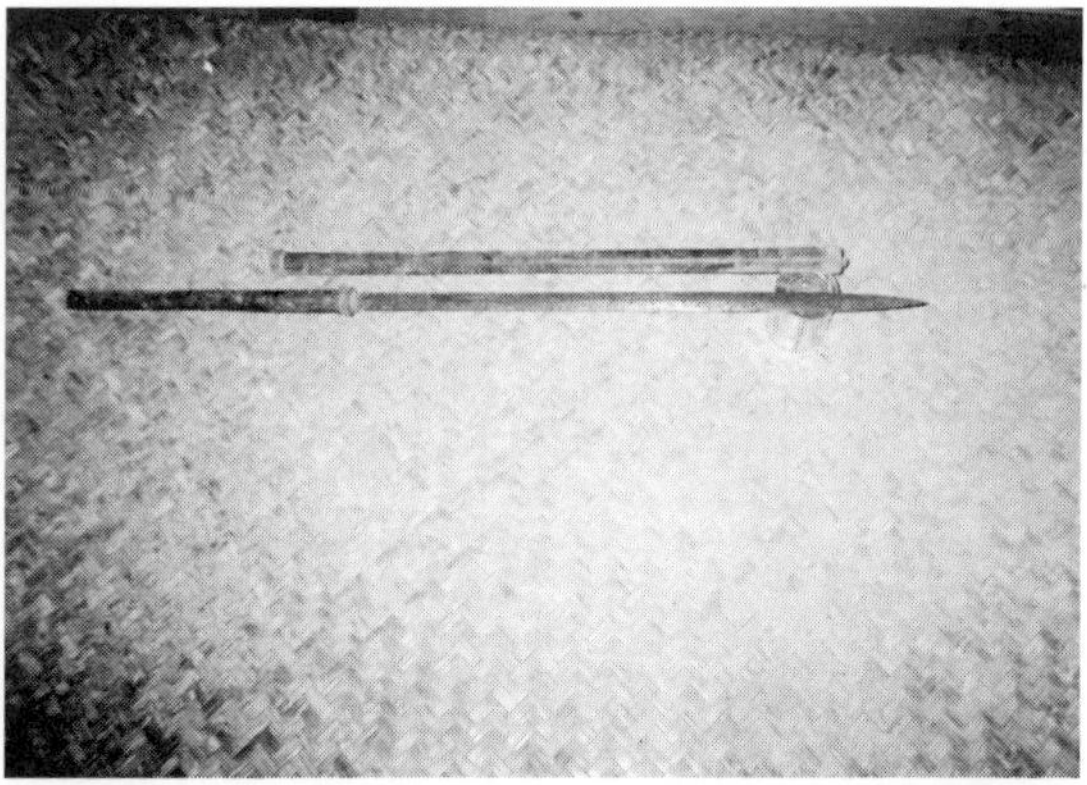

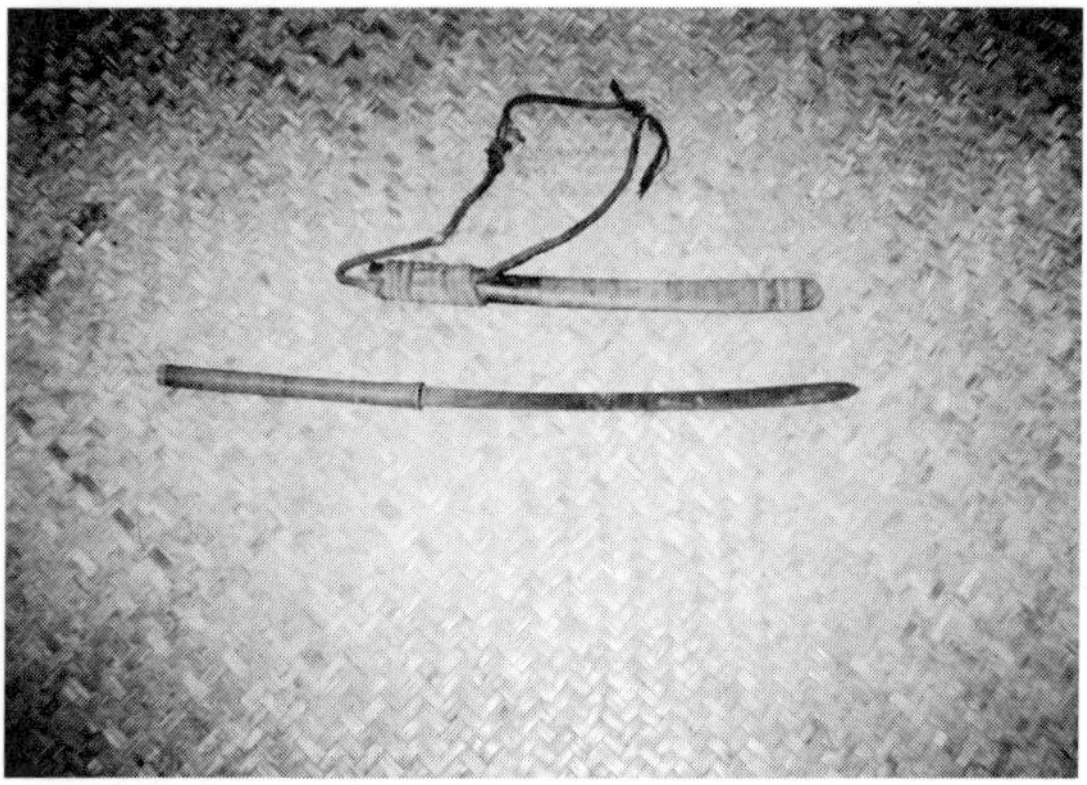

サムライから伝えられたとされる刀

そして、ライ・チュウさんは「先祖は沢山のことを、ニホン人から教わったようだ」と言って、「この高床式の家の一階の柱の下に石の土台を使っているが、この方法もニホン人から教わった。この石は雨や白蟻から家を守っている。その他に、ニホン人から伝えられている刀や服もある」と言った。私がぜひ見てみたいと言うと、今度はサン・ヌアイさんが奥さんを呼んで、奥の部屋から服や刀を持ってくるように指図した。

服は先のワンタゥン村で見たものと全く同じだったが、良く調べてみると、女性の上着は、絹のブラウスで、ボタンは四つで丈は短めだった。麻のスカートは少し長めで、ところどころにギザギザの刺繍がしてあった。

男性の木綿の上着は、少し厚手の五つボタンで、ズボンはやはり腰まわりがだぶだぶしていた。上着の襟は男女とも左前の着方になっている。服の色は、女性用は白、男性用は青だと言っていたが青は濃い紺に近かった。

刀は少し錆びていたが、刀身が真っ直ぐに伸びていて、一メートル位でそんなに長くはない。柄の鞘の部分に木の枝や草模様の図柄が入っていた。

彼らが言うのには、もっと北に居るシャン州のワ族は中国から伝わっている青竜刀のような剣先が鋭く曲がった長い刀を持っているらしい。また、戦いをする時は、ワ族は刀を片手で構えて敵をなぎ倒すのだと言って、刀を持って大きく振り回した。しかも、このワ族は昔、首狩族だったと言われているそうだ（ワ族は中国の雲南にも多く住んでいる。カワ族とも呼ばれていて、新中国が成立する頃まで、豊年を祈るために、他部族の首を狩って、穀物と一緒に祭壇に飾る宗教儀式が残っていたと言われている）。

そして、刀を両手で持って構えるのは、我々ゴンシャンだけだと話してくれた。だが、この集落の人達も、日本人の侍の子孫であるという確かなことは伝わっていないということだった。

チャイントンの市内では、ゴンシャンの中から日本人の侍の末裔が見つかったのだが、山に住むゴンシャン族の村の人は、先祖から自分達が日本人の侍の子孫だとは聞かされていなかった。

彼らに礼を言って、集落を出る時に山に向かう農民と出会ったのだが、彼は菅笠を被り、長袖シャツに股引掛け腰には短刀を差している。おまけに、足には脚絆を巻いていて、地下足袋のような指のでた長靴を履いている。

背中の背負子は空で、鉄砲は持っていなかったが、山に向かう秋田県の阿仁町のマタギそっくりの姿だったので、驚いて、モートゥに呼び止めるように叫んだ。

彼は山に薬草を採りに行く途中であったが、ヤーファが交渉して写真を何枚か撮らせてもらった。

ナガマサのことを聞いたことがある

峰を越えるたびに山は高度を増してくる。中国製のバイクが絡み合った棘の茂みを縫うように走っている。ヤンコァイ村を出たのは昼過ぎだった。いよいよ、我々は更に奥地のゴンシャンの村に向うのだ。

峠にさしかかると峡谷の狭間に小さな棚田が広がっていて、農夫が牛牽きの鋤で田を起こしている。水牛は少し歩いたかと思うと直ぐに立ち止まって、なかなか農夫の言うことを聞かない。それを見たモートゥが言うのには、この辺りの水牛は『ギョロ目の水牛』と呼ばれていて、その鈍重さは並大抵なものではなく、一度座り込んだら梃子でも動かず『百姓泣かせの荒牛』として特に有名なのだそうだ。

ヤンコァイ村近くの農民

空はどこまでも蒼かったが、ミルク色に染まった雲があちらこちらに浮いている。そのムクムクとしきた上の部分は全て明るく輝いていたが、下の部分は強い陽光で溶けるかのように消えかけていた。コジュケイなのだろうか、山鳩より少し大きな鳥が木から木へバサッと飛び移った。モートゥに「あの沿道に咲く赤い花は何という名前ですか」と聞いても彼は分からなかった。ミャンマーの人達は、私が植物や花の名前などを聞いても、殆どの人がシドロモドロで返答につまり、薄ら笑いを浮かべるだけなのである。ヤーファなどは、農民のくせに自分の家の周りに生えている草木や大木の名前も知らなかった。

チャイントンの人達は生きていくことに精一杯で、食料となる野菜や果物以外の物には何の関心も示さないようだ。デジタルカメラで撮って、後から、ホテルの従業員に花や木の名前を聞くのだが分からないことの方が多かった。

車は小刻みに車体を振りながら、やっと峠を上りきると、折れ曲がるように長く伸びた竹林がぶつかり合う牛車道に出た。しかし、道はどこまでもくねっていて、轍の跡が泥濘の中に埋まっている。しばらく走ると、道の両側に、ハミルトンチーク、フトモモ、タン、ガジュマルなどの大木が重なりあっている森にでた。そして、車はそこで突然止まってしまった。前を見ると、細い根や蔦が絡みついた大きなフタバガキの朽ちた倒木が数本散乱して道を塞いでいた。

枝葉の間から射し込んでくる柔らかな陽を背中に浴びながら、私達はこれらの横倒しになった大木をどけにかかった。最初は先を急いでいたので夢中になって作業をしたのだが、意外と手間がかかり、全部を片付けるのに小一時間もかかってしまった。

私とヤーファはぐったりして、座席の下の床に口も聞かず眠るように横たわっていた。

森の中を三〇分程度走ると、「ワンウー村はあそこです」とモートゥが指差しながら満面の笑みを浮かべた。

切り開いた窪地に高床式の家屋が散在している。さほど大きな村ではないが、竹垣で家々が囲まれている。見上げると、青空の間にマンゴーの葉で葺いた屋根が浮きあがるように並んでいた。

村人は山や畑に出かけているのか、強い陽光を避けて寝ているのか、この集落も無人と思われるほど静寂で鳥の鳴く声も聞かれなかった。モートゥは構わず村の入口の大きな民家の階段を上っていった。

家の構造は二階建てで、一階は家畜小屋兼飼料小屋だった。此の集落にも、畑や花壇らしいものは何もなかった。

私がモートゥに、「何故、どの村にもお花畑がないんだろうか」と聞いたところ、モートゥが遠くを指さして、「谷あいの川に水汲みに行くのにも、一時間位かかるだろう……」と呆れ顔で言った。農民のヤーファが横から口を挟んで、「毎日、遠くに汲みに行く貴重な飲み水を、花や水はけの悪い畑になんかに

ワンウー村

は絶対に使わない」と口を尖らせて話した。その言い方が、やけに真面目くさっていたので、それをまた、モートゥが面白がって、真似をして口をへの字に大きく曲げて英語で私に伝える。このやりとりで、ここでは、水は一滴でもおろそかにしない、貴重なものなのだということがはっきりと分かった。

何本も割れ目の入った干からびた道路は、綺麗に清掃されていて、水牛や馬の糞などは見当たらなかった。

モートゥと四〇歳位の男性がベランダから我々を呼んでいる。二階に上がると、居間の端には、煤けて黒くなった鉄板に三個の石が置かれた小さな囲炉裏があり、竹でできた壁の上部に煙をだす隙間があった。

私達が一五畳位のベランダの板の間に陣取ると、やがて、誰も居ないと思われていた集落の奥から、長老を始め中年の女性やお爺さんまで次々と集まって来た。——全部で一〇人位の人達が遠巻きに我々を囲んだ。

女性は上半身は白か黄色の長袖か半袖の麻のブラウスで、下は、くるぶしまでの、派手な色の巻きスカートを着ている。髪は、丸髷に結いあげて、貝のかんざしをさしている娘もいた。ゴンシャンの集落で若い女性を見たのは初めてだった。小柄だが、肌も白く、黒ずんだ大きな目が印象的だった。

男性は灰色のシャツか淡い草色のジャケットを着て、少し長めの緩いズボンを穿いている。中には、ターバンのように布を巻いた帽子を被っている人も居た。

ヤーファが話を始めると、モートゥに今までと同じように通訳の指示をする。

左から、ワンウー村の長老ローサン、サン・ノー、ロンタン

目や眉が大きく、鼻筋の通った長老は「ローサン、六五歳。このワンウー村はガバエ通りにある」とシャン語で言ってから、茣蓙の上の竹のコップに注いである水を、ゴボゴボと音をたてて飲んだ。そして、「この村は、チャイントン市から約八〇マイル（約一二・八キロ）ほどの山奥にある。村人は、二〇〇人で家は五〇戸ある」と野太い声で言った。

続いて、前に出てきたむっつりした表情の男が、「ロンタン、四〇歳。」と言って、肩をすくめた。そして、後ろに居た、少しずんぐりしているが、顎が少ししゃくれた男が、「自分はサン・ノー、五二歳だ」と名乗った。

彼らは私の質問に、モートゥや私をじっと見つめて目を輝かせながら答えてくれた。

「昔のことであるが、ニホン人のサムライがゴンシャンの村にやってきた。彼らはチャムロンと呼ばれていた。ニホン人から教わった伝統的な財産は、長刀であり、お祭りの時に着る服であるサムライの服は、現在、ゴンシャンの服になっている」と話してくれた。

しかし、「日本人の侍の伝来については、殆どの人が正確なことを知らない」、ということであった。

――モートゥがここからは新しいことですと声を張り上げた。長老が「先祖から、サムライのナガマサについて聞いたことがある」と言うのである。だが、詳しく聞こうとしても、彼らからこれ以上の長政の話は出てこなかった。

私は、ゴンシャンの人達が、サムライのことを『チャムロン』と言うことと、「長政がチャイントンに来た話はこれで二度目になる」ということをモートゥに記録するように頼んだ。そして、こ

日本人から伝わる刀

れから他の集落で、どの位長政の話が出てくるかに拠って、チャイントンの長政伝説の真実が分かってくるのではないかと考えて思わず、にっとして、歯を剥きだしてしまった。

ここでも民族衣装や紐を持ってきてもらったのだが、今まで見たゴンシャンの服と全く同じものだった。紐は幅が二センチ位で、色は紺に近い黒だった。また刀は、日本刀のようにまっすぐ伸びていて、これまで見てきたものよりやや長くて、刀身は一メートルを越す位だが、手入れがされず少し錆びていた。柄や鞘は草模様のような簡単な柄が多く見られた。刀の中には、刃先が日本の槍のように三つ股に分かれているものもあった。

ここで、私は、刀の先を指差して、モートゥに「このような槍を持っていないか」聞いてもらったのだが、「槍なんか持っていない、こんな山の中では槍なんか邪魔でしょうがない。ゴンシャンの集落では使っているのを見たことがない。刀は、時々、護身用に持ち歩いている」と言って、彼らはまた刀を大きく振り翳した。

この人達の肌や顔つきは日本人に良く似ている。少し黄色がかった健康的な色合いで、丸い顔がどこかのっぺりしている。そしてなによりも、綺麗好きで、優しい穏やかな性格がとても好感が持てるのだ。

私が刀や民族衣装の写真を撮り終わる頃に、長身で中肉中背のボサッとした風貌の男が、ベランダに出てきた。彼は「ロン・トゥエです」と、聞き取れないほどのか細い声で名乗った。

私は、ヤーファとモートゥに助けを借りてメモを試みると、彼はワンサイ村に居た時に、「チャムロンのナガマサのことを聞いた」と言うのである（ワンサイ村とワンウー村は隣同士で、兄弟のような村らしい)。

私は、また、長政の話が出てきたので、心が高ぶって、モートゥに「これから、直ぐにワンサイ村に行こう。夜道は危険だから、余り遅くならないうちにチャイントンに戻らなければならない」と語尾をふるわせて叫んだ。

帰りがけに、柱の下に入れてある、四〇センチ位の長方形の束石をよく観察したのだが、表面が綺麗にカットされていて、この石はコンクリートでできているのではないかと思った。

そして、彼らに謝礼として三〇〇〇チャットを渡して、私達は急いでワンサイ村に向かった。

サムライを知っている人は全て亡くなった

先日、モートゥから貰った手書きの地図を見ていたヤーファの話では、ワンサイ村の先にもゴンシャンの村があると言う。

山は次第に深くなって背の高い潅木が多くなり、絡み合った枝や重なり合った葉の間から黄色の木漏れ日が漏れてくる。濃い緑の林冠を作っている暗い森の気温も急激に下がってきて、半袖だと少し肌寒くなってきた。

突然、ヤシの葉と棕櫚の木々の間から、眩しさで目もくらむような白いサオピャロン(パコダ)が現れた。その基壇には複雑な形のゼディ(小仏塔)が並んでいる。小さな寺院は、松やタマリンドの聳える鬱蒼とした崖の上にひっそりと建っていた。

朽ちかけた小屋の屋根に止まっているぶどう色の、大きなキジ鳩のギィーギィーと突き刺すような声が僧坊の壁で木霊する。ザワザワと低く絡み合った小枝がゆれて、底冷えのする薄暗い森がかすかに震えている。蔦が絡まっている崩れた泥壁の塀の横を通り、黄色い朽ちた葉が重なる参道をすべるように下ると、遠くの淡い霞の中に、小さな集落が肩を寄せ合うように固まっているのが見えた。

車を降りて、畦道を縦になって歩いて行くと、村の入り口に小川が流れていて、玉石、竹、泥で堰が造られている。その道のどん詰まりにある溜池に、上流から、長く繋がった竹樋に運ばれてきた清流が滝のように勢いよく落下していた。

この集落は戸数が少なくこじんまりと纏まっている。個々の民家は立派な造りで、茅葺の屋根の中にトタンやコンクリート、煉瓦を使った頑丈そうな建物が混じっている。

一番奥の、屋根に波板トタンを使った民家を訪ねると、背の高いひょろりとした三〇代の青年が、竹の葉で仕切られた居間から顔を出した。ヤーファが来訪の目的を告げると、「父は近くのお寺に行っている」と竹林の方を指さした。しばらくの間、彼らはシャン語でやり取りをしていたが、青年は「今すぐ呼びに行ってきます」と慌しく階段を下りて行った。

この家は梁や柱を使って、全体的にがっしりした構造でベランダを広く取っている。

疲れてきたのか、私達三人は何も言わず無言でベランダの手摺りに寄りかかっていた。遠くの山々はぼんやりとしていたが、目の前には濃い緑の谷が迫っている。

突然、隙間のある床板の間から豚のけたたましい声が響いた。下を見ると、小さな三人の女の子達が大きな黒豚を捕まえて、竹のブラシを使って豚の体をシャッシャッと洗っている。豚が激しく左右に動くので、彼女達の方があちこちに強く引っ張られてしまい、木桶がぶつかり合って水は半分位になっていた。黒豚は大きく足を広げながらブヒョ、ブヒョと言って沢山の乳房を揺らしている。その格好が余りにも威張っているようなので、モートゥに聞いてみると、彼は山岳民族の出身なので、豚の気持ちが良く分かると言った。

梁や柱を使った民家　ワンサイ村

そして、豚をじっと見ながら、「あの黒豚は、沢山の子供を生むので、きっと、自分がこの集落一番の稼ぎ頭だということを良く知っているのです」と言った。「集落の女の子達よりも豚の方が偉いのか」と私は少し調子を上げて呟いた（三年前にラオスの北部のムアンシンで、山に住む少数民族のヤオ族の長老から、男の子が生まれると赤飯を炊いてお祝いするが、女の子だと何の祝いもしないと聞いたことがある。それは、過酷な山の労働に女の子が向かないことが原因であると思われる。しかし、最近では、若い女性が都会に出て働き、家族に送金するので、集落の暮らしが良くなり、少しずつ事情が変わってきている）。

犬がキャーン、キャーンと甘ったれた鳴き声を出しながら、大きく尻尾をふって男の子達と村の広場をピョンピョン飛び跳ねている。

そして、放し飼いにされている鶏たちも、コッコ　コッコー（俺達はここにいるぞー）と、集落の外れまで聞こえるような騒々しい声を張り上げて、納戸にいる山羊までも、メンメエー　メンメエーと調子を合わせて、自分達の存在をアピールしている。

この村は動物と人間が仲良く共存しているのだ。

山から吹き渡ってくる風が運ぶ、新芽の甘い匂いに包まれて、心がゴンシャンの里山のような原風景の中に溶け込んでいった。

そんな集落の竹垣の角から、六〇歳位の老人が急ぎ足でこちらに向かってくる。長老は、息を切らせながら階段を上ってきて、ヤーファの話を聞くと、モートゥは直ぐに私に英語で通訳する。

彼は「この村は確かにワンサイ村だ。戸数は三七戸、村人は一五〇人です」とシャン語で話してくれた。そして、モートゥを通して、「ニホン人のサムライのことを、何か知っていますか」と聞いてもらうと、「サムライのことを知っている人は全て亡くなって、この村にはもう誰も居ない」と申し訳なさそうに話した。だが、「この先にも、同じようなゴンシャンの村があるから、ニホン人のサムライのことについて、何か分かるかも知れない。その村の名はワンロー村だ」と言って略図まで書いてくれた。

奥の部屋から長老の奥さんがやってきて、何かボソボソと呟いていたが、急に難しい顔をして、陽だまりのベランダの隅に静かに座った。

今、何時になるのかと気になって時計を見ると午後三時を廻っていた。

私は長老に、お礼の三〇〇〇チャットを渡して、ヤーファに「何でもいいから、何か腹ごしらえのできるものを貰ってください」と手でお腹を指さして、彼に伝えるように頼んだ。

私達は輪になって座り、先に出された煎ったヒマワリの種などをポリポリと音を立てて食べていたが、しばらくして、少し顔を赤らめた奥さんが持ってきた二段の木の盆には、水の入ったプラスチックのポットや竹のカップ、輪切りのバナナ、竹筒に詰めて蒸した糯米が入っていた。そして、竹の笊には納豆が置かれていて、木の椀には柔らかく茹でられたおしんこのような青菜がきちんと並べられていた。おしんこは、見た目は信州の高菜漬けそっくりの漬物のだった。

私は、箸が付いていないのに気がついて、モートゥに「ゴンシャンの人たちは、食事をする時に箸を使わないのか」と聞いてもらったところ、彼女は「箸なんて使わない、手で食べたほうが旨いから」とシャン語で言った。

そう言われて、なんとなく納得した私は、冷たい水を飲み、ご飯の上に納豆をかけて右手を使って食べた。指の間から飯粒がポロポロと床に落ちる。鶏肉の炒めご飯はパリパリしていたが味は濃かった。青菜は少しすっぱかったが、シコシコして歯ごたえがあった。大粒の納豆も、日本の納豆と同じ味で美味しかった（作る時の納豆の菌が違っているのか、この納豆には全くネバリがなかった。この辺りに住んでいる山岳民族は大豆を発酵させて味噌、醤油、納豆などを作っている）。

モートゥとヤーファは、この糯米飯を年中食べているのか、右手の人さし、中、親指をうまく使って、美味そうに黙々とパクついている。この山の料理は、決して豪華ではないけれど、奥さんの優しい愛情がいっぱい詰まっている。山深いこの土地で生まれたこれらの素朴な食べ物は、小学生の時に疎開したことのある私の故郷、東北の宮城県涌谷町の料理の味とよく似ていた。

そうだ、彼女は先ほど「ご飯の用意ができているよ」と心配して言ってくれたのだ。また、お金で物事を簡単に解決しようとした――救いようのない曇っている心を持っている自分がほとほと嫌になってしまった。

食べ終わって時間を見ると三時過ぎだった。私達は急いで車に乗り込み、私はモートゥに「どんなに揺れても構わないから、全速力で次のワンロー村に向かってください」と一段と大きな声をかけた。

シャム（タイ）のニホン人達がケントンに来た

ワンロー村は、竹を組み合わせたボート小屋が浮いている大きな池の縁にあった。傾きかけた赤い陽が山腹を放射状に照らしている。急勾配の山から勢いよく下りてくる旋風で、水面がほのかに揺れている。さざなみは緩やかに岸辺に打ち寄せて、落葉や小花が笹舟のように池の窪みに集まっていた。

ワンロー村の民家もゴンシャンの典型的な高床式の建物だった。ベランダの肘掛イスで、七〇歳位の老人が涼風に吹かれていた。その隣で、白髪を丸髷のように結っている奥さんらしい人が、細い手で花莫蓙の漢方薬草を集めている。ご主人さんは小太りだが、肌はツヤツヤしていて、きりっとした切れ長の目で笑うと笑窪がこぼれる。

我々は彼を取り囲むように板の間に胡座を組んだ。また、通訳が始まる。彼は、モートゥの話を聞くと「名前はロン・センで、年は七五歳。ここはゴンシャンの村です、戸数は二二戸あり、住民は八〇人位である。この辺りは、水はけが良いので主にお米を作っている。山間の小村なのですが住民はとても仲が良い」とシャン語で言って、大きな耳を立ててじっと私を見た。

ワンロー村

私は、それらをモートゥから英語で聞くと、ヤーファを手招きして、「肝心な日本人の侍のことについて、何か知っているか聞いてください」と頼んだ。

ロン・センさんは、少し考えてから話し出した。「昔、先祖から、シャムのニホン人達が、ケントンに来たことがあると聞いた」と言った。しかし、「それ以外は、何もニホン人のことについては分からない」と言って静かに頭を振った。

私は「それだけで十分です」と言って、「今までに、日本人には会ったことがありますか」とモートゥを通して尋ねたところ、彼は「ニホン人に会ったのは初めてなので喜んでいます」と二つも笑窪をつくって言った。

考えてみると、この山間地のゴンシャンでは、今までに、日本人に会ったことのある人は一人も居なかった。

私はモートゥをそばに呼んで、気にかかっていた事を彼に聞いてもらった。それはゴンシャンの村では、「割り木を打ち鳴らして集落を巡回している」とチェンマイに居たシャンの女性達から聞かされていたことについてであった。モートゥからその話を聞いたロン・センさんは、「そのような話は聞いたことがありません」と言って話を続けた。「この集落は小さいけれど遠くの山や田んぼ、畑などもこの村の財産なのです。ですから、それらを守るためにゴンシャンの集落では、昔から数匹の犬を周辺に巡回させています。犬は放し飼いですが、集落の中には入ってきません。小さい頃からそういう風にしつけて育てているのです。犬達には食事を与えますが、そのぶん、仕事をしてもらっているのです。見知らぬ人や、何か異常なことがあれば犬達が吼えるので直ぐに分かります」

と言ってから、イスの位置を前に出して、訝しげに私を見つめた。

　私はモートゥから彼の話したことを聞いて、住んでいる人も少ないから、こんな広い山の中で、集落を人間が見廻るのは危険だし、大変なことなのだと考えて、ウンウンとおおきく頷いた。

　しばらく黙っていた彼は、突然、話題を変えて、自分の子供達は、今、シャン北部のタウンジーや

ダブダブズボン姿のロン・センさん

カローの町に居ると言って、家族の写真を、壁際にある机の引き出しから大事そうに取り出してきた。そして、「ゴンシャンの人は元来、正直者で争いごとを好まない。穏やかな性格が特徴です」と言って、柔和に笑っている子供達の写真を指さした。私も「今までに会ったゴンシャンの人達は、皆、礼儀正しくて品が良く、優しい性格の人が多かった」と話して、ロン・センさんの手を握った。

その手のぬくもりは、ごわごわした感じではなく、遠い昔を思い出させるような、赤児のようなふわふわとした柔らかな感触だった。

外に出ると、遥かな山々の上は、紫、黄、赤などの色が混じり合ったあざやかな夕焼空だった。

少し走るとモートゥは、急に車を止めて、ミャンマー語で書いたメモ用紙を忘れたと言い出した。私とヤーファは、岩盤が露出している、切通しのような崖沿いの坂の中腹にある東屋で待つことにした。その真向かいには、真っ黒な黴で覆われた漆喰壁の二階家があったが、庭に農機具などは見当たらなかった。

坂の下から、四〇代位のおばさんが、天秤棒に吊るした桶の水を担いで坂を上ってきた。額から大粒の汗が流れ落ちている。彼女は、時々止まっては溜息をつきながら、首に巻いたタオルで汗を拭き、また、少し歩いて立ち止まる。

私は、身振りでヤーファに、「この国の大人の男は何故、水汲みの仕事をしないのか」「見ていると皆、子供か女性ばかりで可哀相ではないですか」と怒ったような口調で言った。おとなしい彼は「男は他に大事な仕事がある」と言って、最後には目を伏せて黙ってしまった。

空がいちだんと暗くなって、少し黒ずんだ危なっかしい天気になってきた。ヤーファがすかさず、

「雨が降ってくる」と言って空を指さした。もやもやとたちこめた、重たそうな黒雲が大きな民家にかぶさるように低く広がってきた。

モートゥが戻って来て、車が平地に出るか出ないかというところで、ボツ、ボツ、と地面に穴をあけるような大粒の雨が落ちてきた。そのうちに、ザ、ザ、ザアーッという音が響いたら、あっという間に前が見えないほどの土砂降りとなった。

座席の幌の隙間から流れ込んでくる水で、上半身がびしょ濡れになり、シャツから雫が垂れだした。モートゥは私に「傘を持っていないか」とあせって尋ねてくる。私が差し出した、折りたたみの小さい傘では、バイクのモートゥを強い雨から守れなかった。斜めに吹き上げてくる風と雨で、直ぐに傘の骨が折れてしまったのだ。それでも、ないよりましだとモートゥは、バイクのポールに挿した破れ傘の下から、前を睨んで車をゆっくりと進めた。

農道は見る間に水嵩を増して、崖から落ちてくる水で、路肩も水没して既に茶色の小川となっている。バイタクはノロノロどころか全く進めなくなった。モートゥは「もうこれ以上は走れない」と言って車を止めた。

三人は降りて、泥だけになりながらバイタクを安全な高台に押し上げた。雨が更に勢いを増して、今度は垂直に叩きつけるように落ちてくる。坂下の畦道は、休耕田の乾いた泥を巻き込んで勢いよく流れている。

「これじゃ帰れない、もう直ぐ夜になってしまう」と言って私はモートゥの顔色を窺った。モートゥとヤーファは、「大丈夫、すぐ小降りになり止むから……」とやけに落ちついた物腰である。

私達は、しばらく、座席の幌の下で雨の勢いおさまるのを待った。

やがて、一時間も経つと雨が小降りになったが、赤土の泥の道はすっかりぬかるんで、到る所に大小の池ができていた。

どんよりとした空は相変わらずだが、辺りはいちだんと暗さを強めてきた。

まだ、走れないのは分かっていたのだが、それでも帰りたい一心の私は、モートゥに、早く出発するように無理やりお願いした。渋い顔をした彼は、ようやく頷いてエンジンをかけた。しかし、車は走り出すと直ぐに水底の泥にタイヤを取られて動けなくなった。

ヤーファが板や石を見つけて、タイヤの下に差込んでいるが一向に車は動かない。私も慌てて飛び降りて、ヤーファと車を押すのだがタイヤが空回りするばかりだった。おまけに、車輪のはね上げる泥水が二人の顔に飛んできて、あっという間に二人は顔だけでなく、全身が泥だけになってしまった。

私達は車を押すのを諦めて座席に戻り、床にへなへなと座り込んでしまった。

だけど、どういうわけなのか、モートゥは平然としていて、「それ見たことか」というような顔をして、それほど慌てていないのである。

「こんな山の中で野宿することになりそうだ……今日は無理をしてしまった……途中で余り遅くならないうちに引き返すべきだった……モタモタしていると、また、スコールが襲ってくる」とぶつぶつ言って、私は座り込んだまま一人でじくじくと悔やんだのである。ヤーファが目を広げて私の顔を覗き込んでいる。

「あなたが何歳なのか、ヤーファが聞いているんだけど……」とモートゥが訊ねた。「六四歳だよ」

と私が答え、モートゥがそれをヤーファに伝えた途端、二人で顔を見合わせ、「信じられない、五〇歳位にしか見えない」と口を揃えて叫んだ。

彼らがお世辞を言っていると思った私は、顔を歪めながら、英語で「日本で皆から七色カメレオンと呼ばれているからさ、だから若く見えるんだろう。信じないないだろうが、仕事中に他のことに夢中になってしまい、いつも上司から注意を受け叱責されるダメ男なのです。前の職業までは、一応、会社員をしていたのだけれど、どういうわけか、どの会社も、それまでどんなに好調でも、私が入社すると途端に業績不振になり、あの変奇人が入ったためだと後ろ指をさされるんだ。それに、可哀相な人だと思って助けるために近づいてくる人を全てどん底に突き落としても、何とも感じない冷血動物なんですよ」と言うと、モートゥからその話を聞いた、人の良いヤーファが、何を勘違いしたのか、気の毒そうに目を潤ませて言った。「それはきっと体の中に悪い霊が取り憑いて病を起こしているからです」

「失礼だけど、オキタァは何曜日生まれですか」と今度はモートゥが眉を上に上げて言った。

「いや、知らないんだ。日本では何曜日に生まれたかなんて誰も訊かないんだよ」

「それじゃ、今度こちらに来る時までに調べておいてください」

「よく当たると評判の村の占い師に、ハーブの油をお腹に塗って悪い霊を取り除くお祓いを頼んであげます」

「いいよ、体中をオイルまみれにされて、荒療治なんかされたら、ますます悪くなってしまうから」

「いいえ、この村の占い師は奉仕団の団長も兼ねているので、お祓いが終わった後、あなたがパコダの広い境内を心を込めて掃き清めれば必ず治ります」

――そう言われれば、日本でも、社長さんから、君はボランティアをしなさいと言われたことがあるんだ。だから今度は真剣に考えてみようかな……

「仏陀に何もかも打ち明けておすがりなさい。どんな病気でもミャンマーにくれば治ります」

「分かった、何曜日に生まれたか調べてくるよ。そしたら占い師のところに行くようにする」

そう言うなり私は岩棚の上に寝転び、亜鉛を溶かしてばら撒いたような曇天を仰いだ。なんでこんな話になってしまったのだろうかと、ひどく憂鬱な気分になってしまった。モートゥは何も言わないが、何かをじっと待っている様子でもやもやと暗くなった前方を睨んでいる。

すると、黄色い泥濘の彼方から、黒い煙を高く揚げて何かが近づいてくる。「おお、あれは何だ……」とモートゥに向かって叫ぶと、彼は「助人です」と済ました顔で言った。膝まである、大きな長靴を履いた男の運転する大型のトラクターがやって来たのだ。

良く聞いてみると、彼はこの近在の農民で、このような雨が降ると自分の仕事を放り出して小遣い稼ぎでやって来ると言うのだ。

モートゥは彼に五ドルをやってくれと言う。私はこんなところで野宿は御免だから安いものだと思った。

トラクターの三〇歳位の農民は手慣れたもので、鎖を固くバイタクに結びつけた。モートゥはバイタクに乗り私とヤーファはトラクターに乗り換えた。

平地まで降りると、辺り一面は遠浅の海のように水没していた。バイタクはトラクターにゆっくりと引っ張られて、真っ暗な幹線道路まで出てようやく泥の海を脱出した。

結局、我々はその日の夜の七時になって、チャイントンのホテルへ、全身、泥まみれで、ひきつるような顔して戻ってきたのである。

ニホンの兵隊のことは知らない

空が見たこともない色で広がっている。

山腹に近い部分は、金色の帯、天に向かって橙色が濃くなり、ところどころにクリーム色が混じっている。そして、空全体が萌黄色に染まっているのだ。目の前に浮かんでいる白い綿菓子のようなちぎれ雲は、手を伸ばせば届きそうな距離にある。だだっ広い、光があふれるチャイントン郊外の空は、フランスのブルゴーニュ地方を描いた力強いタッチの三岸節子画伯の風景画のようだ。

下草を刈り取った田圃を切り抜いて、どこまでも伸びている細い道を、バイクは時たま、横に大きく揺れながら郊外の集落に向って進んでいる。

我々は七月三日の朝一〇時頃、ホテルを出た。モートゥとヤーファが珍しく九時頃にホテルに現れたので、私は今朝の出発を少し遅らせた。彼らは疲れきった顔をしているが、口に出して愚痴を言うことはなかった。

いよいよ、我々は近郊の穀倉地帯にある平地のゴンシャン族を訪ねるのだ。今までのゴンシャンの集落は全て山の中にあった。そこでは水の確保が難しく、山の斜面を利用した狭い棚田や段々畑しかできない。

モートゥが「そんな場所では、三〇人から一〇〇人位しか暮らしていけない。ゴンシャンは、最初は平地に住んでいて、段々と山の方へ追い詰められて行ったのではないか」とヤーファの顔を見て言った。

「まだ、平地に住んでいるゴンシャンが居るのではないか」とヤーファが言ったので、我々は町を駆け巡り、モートゥが平地に住んでいる大家族のゴンシャンの集落を知っていると言う人を探し出した。

その人は、スタジアムの近くの総菜屋さんの五〇代の女性で、「そこの水田で、農業をしているゴンシャンの人達は、確か、四〇〇人から五〇〇人の大家族の集落だ」と言った。

私は、そんなに大勢のゴンシャンの人達が居るのであれば、日本人の侍に纏わる、何か貴重な情報や特別な品物が見つかるのではないかと考えたのだ。

車はガタガタと軋む音を響かせ、揺れながら狭い農道を走っている。

手摺につかまって居眠りをしていると、車が突然止まり、前を見ると畦に繋がれた二頭の水牛が道を塞いでいた。繋いであるロープが長いので、道の真ん中で太い足をのばして寝転んでいるのだ。私は「これは厄介なことになった」と思ったのだが、ヤーファは牛の前に立ち、脇道の雑草から毟った草で草笛を作り、おもむろに吹きはじめた。その音色は、「ピーコウ　ピーコウ」という、おかしな間の抜けた音だったのだが、水牛には耳障りな音に感じられたらしく、牛達は口からよだれを垂らし、目をギョロつかせながら、のっそりと、稲の刈り取ったひび割れた田んぼに移動した。

しばらく走ると前方で車が列をつくり人が群がっている。「何があったんだろう……」と、私とモートゥが車を降りて先頭車両のトラクターの前に出た。ここに掛けられていた橋が昨日の大雨で流されていたのだ。モートゥは「いつもは小さな川なのに、水が増えて濁流になっている」と私に説明した。黄濁色の川の水がごおごおと音をたてて川原を呑み込んで渦を巻いて流れている。しかし、皆、じっと川を見つめるだけで話もしない、それだけでなく、誰一人動こうとしないのだ。

私はモートゥに、「この近くに橋はないのですか」尋ねたところ、「ここしか橋はないから、水が引くまでここで待つしかない」と言って、喜んでいるような薄ら笑いをした。

こんな所で時間を無駄にしたくない私は、思わずかっとなって、「廻り道をして、何が何でも、ゴンシャン村に行ってください」と年甲斐もなく、またもや怒鳴ってしまった。だが、彼は今度もやけに冷静で、頷きながらひそひそとヤーファと相談している。

仏教国のタイやミャンマーでは、怒りの感情を表に出すことは、はしたないことだと考えられている。特に大声を出すことは、みっともない行いだと分かっているのだが、余りのスローペースに、人間ができていない私は、こうして、つい怒りを爆発させてしまうのである。

やがて、話がついたのか、ヤーファが私の前に座り、モートゥが運転する車は、この川を大きく迂回して、何キロも農道を走り、小高い丘を超えて高い喬木が茂る隘路に入って行った。蔓が絡まった薄暗いトンネルのような森を抜けて、バイタクは、高さが一メートル以上もある葦の群生地の中をよろけながら進んでいる。そして、車は湿地帯や草叢を抜けて、田圃を二つに分ける広い農道に入って行った。

「ようやく、ゴンシャンの村に行く道に戻った」とモートゥが安堵の笑みを見せた。

沿道の赤茶色の小川はくねくねと曲がりながらゆっくりりと流れている。赤や桃色の岸辺の花や薄緑色の雑草が、焼け付くような陽光を受けて首を傾げるように萎れている。ひび割れた田圃には脱穀が終わった稲藁が束ねられて、長く繋がった竹竿に並べて干されていた。遠くには、水を張った小さな池がなだらかな丘の間に幾つも散在している。そこに通じる手前の用水路では、大勢の人達が灌漑用の為に水路を拡げていた。

ほおかぶりをした編笠姿の女性が、赤褐色の泥土の入った籠を天秤棒で担いで、段々のところに座って待っている上半身裸の男の背中にある大きな藤籠に入れている。顔や鼻に日焼け止め用のタナカーを塗った、赤色の短いタメイン姿の若い女が裾をたくしあげて、柄の長いツルハシで穴底を掘っていた（ミャンマーでは、女性や子供が、顔や腕、鼻筋に白い粉状のものを塗っているのをよく目にする。これらは、タナカーまたはタナッカーと呼ばれるミカン科の植物が原料となっているおしろいである。樹皮をすり鉢に入れ、水を少々混ぜて摩り下ろして顔に塗る。タナカーは、ミャンマー女性愛用の化粧品で、汗疹予防、虫除け、日焼けや肌荒れを防ぐ効果がある。塗ると、ひんやりとして、清涼感があるために女性に人気があると言われている。健康的な赤い頬や鼻すじに、白いタナカーで、輪型、丸型、縞模様、動物の形や蝶の模様などを描いている若い女性が多く見られる）。

男も女も、頭からつま先まで、真っ黒になりながら黙々と作業を続けている。車を走らせながらモートゥは、「この人達は、奉仕活動をしている連中だ」と、やんわりと言った。

肌に絡み付いてくる、ねばっこい陽射しの中で、空ろな目で作業をする人、積み上げた泥の山に勝手に座って休んでいる人、空き籠を集めている人などが居て、まるで統制が取れていない。

今度はヤーファが「国に対する労働奉仕だから、監督官も無理は言わないのだ」と話してくれた

（帰国後、新大久保にあるビルマ料理のレストランでこの話をすると、「農家の人達の中には、年間に割り与えられるこのような無報酬の強制労働を嫌がって、ヤンゴンなどの大都市に勝手に出稼ぎに行ってしまうので、軍事政府は、最近、いくらかの日当を払っているようだ」と店で働いているカチン州出身のヤン・モンシュさんが言っていた）。

前方から、中国製の『労力』という漢字のプレートを付けた五屯トラックがやって来る。道が細くて、どう見ても二台の車は交差ができそうもない。二台の車は少し広がった場所で、鉢合わせしたかのように止まると、モートゥが車から降りて、棒で車幅を計っている。トラックの運転手や助手は、窓から顔をだしてじっとその様子を見ているだけだ。

どうするのかと私が思い悩んでいると、ここでもモートゥは素晴らしい活躍をしたのである。やがて、彼はヤーファと二人で小さな板を集めてくると、道路の端に柵を建て、そこに小石や泥、小枝を投げ込こみ足で押し固めてあっという間に、幅三〇センチ、長さ二メートルの簡易道路を造ってしまったのだ。二台の車が交差した時、モートゥは私を見て「ミャンマー陸軍で、川に簡単な橋を作る訓練をしてきたからこんなことは朝飯前である」と自慢げに話して、鼻をピクピクと動かした。

水路に沿って、盛り上がった土手の道を、山岳民族のような浅黒い顔をした物売りの若い男女が歩いて来る。若い男は、二五歳位、漢字の「熱烈」とプリントされたシャツを腕まくりして、かなり短めの黒い縦縞のパソゥ姿だった。肩に大きな背負子の木枠を当てている。そして見上げるように積まれた、赤いランプータンの籠を板で抑えていて、その板の穴に通した細いロープを胸で結んできつく縛っている。相当に遠くの山から、長い時間を掛けて降りてきたと思えるような疲れた感じで、足取りはひどく重かった。

　少し遅れて歩く女の子は、二〇歳位で、頭にピンクのバンダナのような布を巻いて肩まで垂らしている。下の部分が紫色のタメインで、上の部分が青や黄色の横縞が入った広めの丸首のシャツを着ている。落花生の入った荷物は、頭からロープで吊った背中の竹籠に入っている。その中に、長い柄の黒いこうもり傘が無理やり押し込められていて、その柄は半分ほど外に飛び出していた。

　二人とも、タイヤで作ったゴムのサンダルを履いていた。すれ違う我々の車に目もくれず、二人はまっすぐに前を見て黙々と歩いて行った。

　カッタイ村は平坦な道沿いに集落が細長く連なっている。

　この村は新しい建材を使った板壁や屋根がトタン板の民家が多かった。道路の中央付近の広場に、飲料水や食品、雑貨を売るテント掛けの小さな売店があった。その軒下には、強い陽射しを避けるように、

カッタイ村の束石

青いビニールシートをかけた中古のホンダのバイクが数台並んで置かれている。長老の家はパインツリーの巨木の木陰にあった。屋根を椰子の葉で葺いた高床式の家の周囲はナツメの木で垣根が作られていた。

私達は二階の風通しの良い一二畳位のベランダに上がった。内壁は細い木と泥を組み合わせてできている。長イスに座っていた頬が少し下膨れした長老と話をすることができた。

少し背を丸めている奥さんは、我々に冷たい茶を出すと、ベランダの陽だまりで、足を使って糸車を回し麻の織物を始めた。腰にあて木をした彼女が突き出した足を上下させると、木製の簡単な織機から、まるで生き物のようにスルスルと亜麻色に輝いた糸が繰りだされてきた。

モートゥがメモを取り出してシャン語の通訳の準備をする。

その男の人はヤーファの話を聞くと、「サイ・スーで、年齢は五五歳。この村には私の他に頭領が五人居るが、村の人達は全員草刈りに出ていて、今、村に居るのは、たまに町に働きに行っている人だけだ」と、くぐもった声のシャン語で話し出した。そして、「カッタイ村はゴンシャンの村である。この村は、チャイントンの町から七マイル（約一七キロ）離れている。家は合計九六戸あって、村人は四〇〇人以上住んでいる。シャン州にクン族の集落は、一五くらいある」と近隣の村の説明までしてくれた。

せっかちな私は、モートゥに「日本人の侍のことについて」早く聞くようにせきたてた。モートゥから、そのことを聞いた彼は、「この村の高齢者が、昔、ニホンのヘイタイが、チャイントンに来たことがあると話していた」と言った。しかし、「ニホン人のことは、それ以外何も伝わっていない」

また、「それに纏わる物も今まで見たことがない」と申し訳なさそうに話した。更に彼は「村に住んでいた、ゴンシャンのある一部の人は、他のシャン州の部族と結婚して行った。お互いの伝統的な文化が混ざり合ってしまい、古くからの習慣が、すっかり変わってしまった」と目を伏せながらため息を漏らした。

「この村で、長政や侍に関する新しい情報が得られるのではないか」と私は勝手にぬか喜びをしていたのだが、何にも出てこなくてがっかりした。だが、良く考えてみると、このゴンシャンの集落が、チャイントンの町に近いということは、他の部族と同化する機会が多くなり、純粋なゴンシャンの文化を守っていくことは、難しいのではなかったかと思われた。

そして、サイ・スーさんが、日本人の侍達のことを「ニホンのヘイタイ」と呼んだ時には、内心どきどきした。何故なら、前の大戦時に、このシャン州に日本軍がやって来た時の悪い噂を、ホテルの従業員から聞かされていたからである。

一九四二年三月、日本軍は、ビルマのラングーン（ヤンゴン）を占領して、マンダレー、ラーショー、ミッチーナーやトングー、メークティラ、タウンジーを攻略して、更に米、英の援将ルートに依る、中国への補給を断とうとして、中国領の雲南の西部に侵攻し、竜陵《ロン・リン》を占領したのだ。一九三七年に起こった中国の盧溝橋事件をきっかけに、日中が戦争状態に入ったが、其の時に中国を支配していた蔣介石に率いられた国民党軍は、首都の南京を日本軍に占領されて、内陸の重慶に逃れ臨時政府を樹立した。米、英の連合軍は、蔣介石総統を援助する為に、ビルマから雲南を経由して、大量の軍需物質を滇緬公路《てんめんこうろ》を使って輸送していた。滇とは雲南のことである。この公路は、中国の昆明とビルマのラーショーを結ぶ通商道路で全長約一一四五キロある。古くからあるシルクロードのひとつで、一九三九年に軍需物資を運ぶために再整備された。この町は中国のガイドブックでは龍陵と記されている。

しかし、実際の状況は、小型の自動車がやっと通れる急峻な崖の側道や細く険しい山道が延々と通じていたのである。

日本軍はこのルートを遮断する為に、ラーショーを経て中国の雲南まで侵攻した。そして、日本軍はシャン州の西部にあるロックソックの町にも駐屯していた。

日本兵は、この辺りの村に突然やってきては鶏や豚を追い廻し、勝手に農家に侵入しては、米や金銭、農民の大事な水牛まで食料として徴発したと言われている。

中には村の女性達に売春を強要した兵隊も居たと言われている。おまけに、川で水浴をする時に素っ裸になる者もいたので、行水や水浴でも、裸になる習慣のないビルマ人の顰蹙を買った（ミャンマーでは、人前で全裸になることはきわめて野蛮な行為だと考えられている）。

このような話は表立って伝わってこないけれど、日本人の侍のことを聞いて歩けば、必ず出てくる話だった。

私は、モートゥを呼んで「ゴンシャンの人達の中には、水浴する時、全裸になる人がいると聞いてきたのだが本当なのか」と尋ねてもらうように話したのだが、彼はそのことを聞くと「彼らは敬虔な仏教徒なので、絶対にそのような姿で水浴はしない」と呟いて、目をひきつらせ怒ったような顔をした。私は、慌てて「日本の兵隊さんのことですよ……」と言って話を戻した。

山田長政が死亡したと言われている、タイのリゴール（ナコーン・シー・タンマラート）では、アユタヤ時代の長政や日本の義勇兵達は、その強さ故に大変恐れられていて、子供が愚図っていつまでも泣いていると町の人は次のようにあやした。

坊やよく聞け
ねんねしながら
アユタヤ下りの日本の殿が
わがもの顔で人の国荒らし
子どもをつかまえ
女子も若い衆も
町中さらって
思うがままにするんだよ（略）

『暮らしがわかるアジア読本　タイ（南タイの長政観）』岩城雄次郎他著（河出書房新社、一九九四年）より。

一九八六年八月、岩城雄次郎氏がナコーン・シー・タンマラートへ取材の旅に行った時に、南タイ文化研究所で、当地に残る子守歌の歌詞を見出したのだが、なんとも衝撃的な出来事であったと述べている。その子守歌は、ナコーン・シー・タンマラートを支配しにきた日本の殿（長政）への恐怖を表したもので、彼は、後にまた当地へ行って、直接二人の老人からその子守歌を唄ってもらうことができた。その一人はブリークさんという文盲の婦人（八五歳）で、彼の携行したテープレコーダーに歌を吹き込んでくれたと書かれている。

だが、このチャイントンでは長政や日本人の侍達の悪口は聞こえてこなかった。それどころか、彼らはこのチャイントンで、ゴンシャンの集落の人に、服や刀、住まいの作り方、礼儀作法など、日本人の良い風習や文化を伝えたのだ。

リゴールでは、日本人の侍は侵略者と思われていたかも知れないが、この地では難民であり、良き亡命者だったのだ。

この違いはあるにせよ、とかく、日本人は昔から武力にものを言わせる傾向が強いので、私は、日本人の侍達のチャイントンでの振る舞いに、ほっと胸を撫で下ろしたのである。

この時期、陸軍と共に日本の軍属の民間人もやって来て、シャンに工場を建設し操業していたが、戦況は日本軍にとって次第に敗色が濃厚となっていった。日本軍が中国の雲南の拉孟《ラモウ》、騰衝《トンチョン》を占領したのが一九四二年の五月、怒涛の如く進軍していた日本軍は、怒江《ヌージャン》に架かる鉄製の吊橋の恵通橋《ホイトンチョ》を国民党軍に爆破され、それ以上の侵攻を諦めて主要な町に守備隊を置いていた。しかし、連合国軍戦闘機による爆撃や国民党軍の反撃を受けて補給路を断たれて、実際は各地で孤立していたのである。

邦題、「消え去った世界あるシャン藩王女の個人史」(My Vanished World by Nel Adams) 著者ネル・アダムズ、(現在ロンドン在住)、シャン名 (サオ・ノン・ウゥ)、訳者、森博行氏——この本の中で、日本人の商社に勤める亀井氏と思われる人物について記述している。

(略)「一九四五年五月、日本軍がロックソックから敗走する時、ロックソック (藩) のソーボワの、サオ・クン・サー (一九四三〜一九五八) 及びその家族の前に、日本人が経営する会社の亀井氏の部下である朝鮮人のリヤマさんが突然現れた。

彼は亀井氏からの伝言であると言って、ロックソック藩に差し迫った敵軍の展開を警告するために来たと話しはじめた。

日本軍が戦争に負けていて、アメリカ軍が急速にシャン州の各地に侵攻しているということのようで、アメリカ軍は、ロックソックの東側に接するライカ藩をカチン族とカレン族の支援を受けて奪取し、軍事キャンプを設営しているようだと言った。

親しくしていた亀井さんからの伝言は、ロックソックが、おそらく、カチン族とカレン族を加えたアメリカ軍と日本軍との主要な戦場になると言って、ソーボワと家族達にロックソックをひそかに離れるように言ってきたのだ。

ロックソック藩のソーボワのサオ・クン・サーは、それまで家族ぐるみの交際で、日本人の亀井氏や朝鮮人のマルオカ氏と付き合っていて、特に亀井氏には友情のようなものを感じていた。

その後、ロックソックをめぐる悲惨な争いで、カチン族の四〇〇名と日本兵七〇〇名が、一二時間の熾烈な戦闘を戦い、多くの死傷者を特に日本側に出した。

ロックソックは、一九四五年六月一日、アメリカ軍一〇一分遣隊が奪取した。（略）

（この年の約一年前、一九四四年、〈昭和一九年〉九月には、中国領、雲南の拉孟《ラモウ》の日本軍守備隊、約四〇〇名が抗日国民党軍と激しい戦いを繰り広げ、玉砕、全滅した。また、騰超《トンチャオ》の守備隊、約二〇〇〇名も同じように全滅した。この方面での戦闘で日中合わせて四万人以上の死者が出たと言われている）。

そして、サオ・クン・サーは日本人と交流があったことで、戦後、英軍から日本のスパイであったという嫌疑を受け、厳しい取調べを受けた。

ロックソック藩のソーボワの妻で、ネル・アダムズさんの母であるサオ・ヴェン・キヤオ王妃（一九四三～一九四七）は、『パンロン協定』が結ばれて、シャン州がビルマ連邦の一部となった後、前途を悲観して自殺したことなどがこの本に書かれている。

サムライの刀は我が家の家宝です

私はゴンシャンの村から、「何か日本人の侍に纏わる物は出てこないか」と考えていたのだが、彼らが先祖から聞いていた侍の話は出てくるが、今のところ「これはそうだ」という確固たる物は出てこなかった。

日本人から伝わったものには、民族服や長刀、住まいの柱の下の束石などは見てきたが、集団で伝わっているものばかりなのである。

日本人の末裔の個人の家から、「これは、日本人のサムライから伝わっているもので、家宝です」という物が出てきて欲しかったのだが、しかし、事はなかなか思うようには進まなかった。

「まだこれからですよ」とモートゥがやる気満々なのが救いだった。

我々は、また、町中で、モートゥの知り合いや友達からゴンシャンの情報を集めていた。そして、独立記念碑の近くの床屋のおやじさんから、郊外に住んでいるゴンシャンの人の住まいを聞き出した。

七月四日、今日はヤーファが畑の雑草取りで休むことになった。モートゥと二人だけだが、私達は昼過ぎに、いよいよ、その家に向かった。

ノントーン湖は町の中心部の北にある。湖を囲む緑の丘には、赤や青、こげ茶などのカラフルな色の瓦屋根がスイカズラの茂みの間に隠れるように建っている。中には、パラボラアンテナがある大きなコンクリートの家もあったので、私が不思議そうに見ていると、モートゥが「あの丘にある家は中国系の人の別荘だ」と羨ましそうに言った。

丘の上には、マントのような釣鐘状の衣を黄金色に輝かせている大きな仏像が立っている。彼は車を止めて「あのお寺はワット・ジョン・インです。あそこから仏陀の六本の毛を祀っている由緒あるワット・ジョン・カムが眺められます」と言って手を合わせた。

湖の畔の樹木や煉瓦色の建物が濃い緑の水面に映り込んで、大きな影をつくり黒く霞んでいる。湖を巡る小さな遊歩道の外側に広い道路が通っている。そこには、こじんまりとした食堂や喫茶店が数軒並んでいるが、静まり返った湖畔に人影は見当たらなかった。

盆地の底にひっそりと沈んでいる湖を後にして、車はスピードを挙げてだらだら坂を上って行った。郊外に出ると、隘路のような曲がりくねった乾いた道が森に続いている。どこまでも見渡せるなだらかな丘には、手前に白いプルメリア、その向こうには、背の高い黄色や赤のカンナの花が寄せ合って咲いている。

狭い農道の両脇の赤いブーゲンベリアの花々が左右に大きく揺れるほどの、草原の強い風が吹いてきた。太陽は遠い山々の尾根をゆっくり移動している。そして、いきなり、ひょっこりと現れた大きな岩嶺に沈んだ。起伏のある草原の間を縫って、遠くに流れる川が散りばめられた宝石のように光っている。川岸には、丈の長い萱のような穂が銀色の帯のようにどこまでも続いていた。

しばらく走ると、長く伸びた稜線の上に、橙色の火の玉となった太陽がまたゆっくりと昇ってきた。これから、ミャンマーの、あの身の置き所がないような灼熱の一日が始まるのだ。

モートゥは車を途中で何回も止めて、例によって、勝手に民家の庭の奥まで入って、これから訪問する家の場所を聞いている。近所の暇そうな女性達が何事かと集まって来て、モートゥを見ると「アカ、アカ」と蔑んだように言い合っている。

やがて、強烈な湿気の漂う沼地を抜けると、バイタクは、乾燥でひび割れした道の脇に建つ、大きな高床式の家の前で止まった。

入母屋のような屋根は長いヤシの葉で葺いてあった。壁は竹と小枝でできていて、庇が大きく張り

ロン・ナン・サン宅の構造

出している。この家も外階段で客間に上がれるようになっている。ベランダの軒先には、濃い紫の花が咲く蘭の鉢が吊るされていた。

モートゥは真っ先に車を降りると、私を見て一階の土間を指さした。束柱の土台にひときわ大きな石が使われている。私は、何か新しい情報が出そうな期待に胸を躍らせながら二階に上がって行った。

この家の主人は、両手の拳をひざにきちんと当てて、背中を長イスに押し当てて座っていた。年齢は六〇歳位で、体は引き締まっていて眉毛が濃く目鼻だちがはっきりしている。

モートゥがメモを取り出して私と英語の通訳を始めた。

ご主人はモートゥの話を聞くと「私はロン・ナン・サンで、六九歳。妻はサン・マリ・グルップと言って、年は六二歳。私達は、クンシャンで、ニホン人のサムライの子孫である。サムライ達は、シャム国のアユディア（アユタヤ）からやって来たと伝わっている」とシャン語で話して私を見つめた。

私はモートゥに「今までに、日本人から取材を受けたことがあるかどうか」の確認をしてもらった。「ニホン人に会うのは初めてだが、先祖からニホン人のサムライの末裔だと聞かされてきたので、今は複雑な気持ちである。私の先祖はクン族で、ソーボワ（藩王）の親族でした」とシャン語で言って、照れたように笑った。

私はモートゥから英語で書いたメモを渡され、それを読み直して二人の会話の内容を確認した。それから、彼は大きな声で奥の部屋に居る奥さんを呼んだ。

ゆっくりと歩いてきた彼女は、私達の前に来ると膝を突いて手を合わせた。上は半袖の白の長めのブラウスで、下は縦縞の茶色のタメイン姿だった。彼女は微笑みながら傅いて、我々に錫製の水差しで冷茶を入れてくれた。ナン・サンさんは笑いながら、「この作法は、ニホン人のサムライから教わった。ニホン人は女性に対して礼儀正しかったので、クンシャンの女性は、男性に対して、とても慎み深く優しいのです」と言って目を細めた。

また、「我々クンシャン族にはニホン人から伝わった伝統的な服がある」と話してくれた。服を見せてもらったが、今まで見てきた服と全く同じものだった。

ナン・サンさんは上を見上げてこの家の天井を指さした。そして、「この家は松や竹を使って、屋根を大きめに取って部屋を広くしている」と言った。更に、今度は床下を指さして、「一階の柱の下に敷く石は長方形の四角い石を使っている。これらも、ニホン人から伝えられていることだ」とシャン語で話した。

モートゥの通訳でこれらのことを聞いた私は、まだ何か出て気そうな予感がしたので、念のために「この家に日本人の侍から伝わる、何か大事なものはありませんか」とモートゥに聞いてもらった。するると彼は「ニホン人のサムライから受け継いだと伝わる刀がある」と言ったのである。モートゥからそのことを聞いた私は、その刀を見たくなり、「直ぐに持ってきて、見せてください」と英語で叫んでしまった。

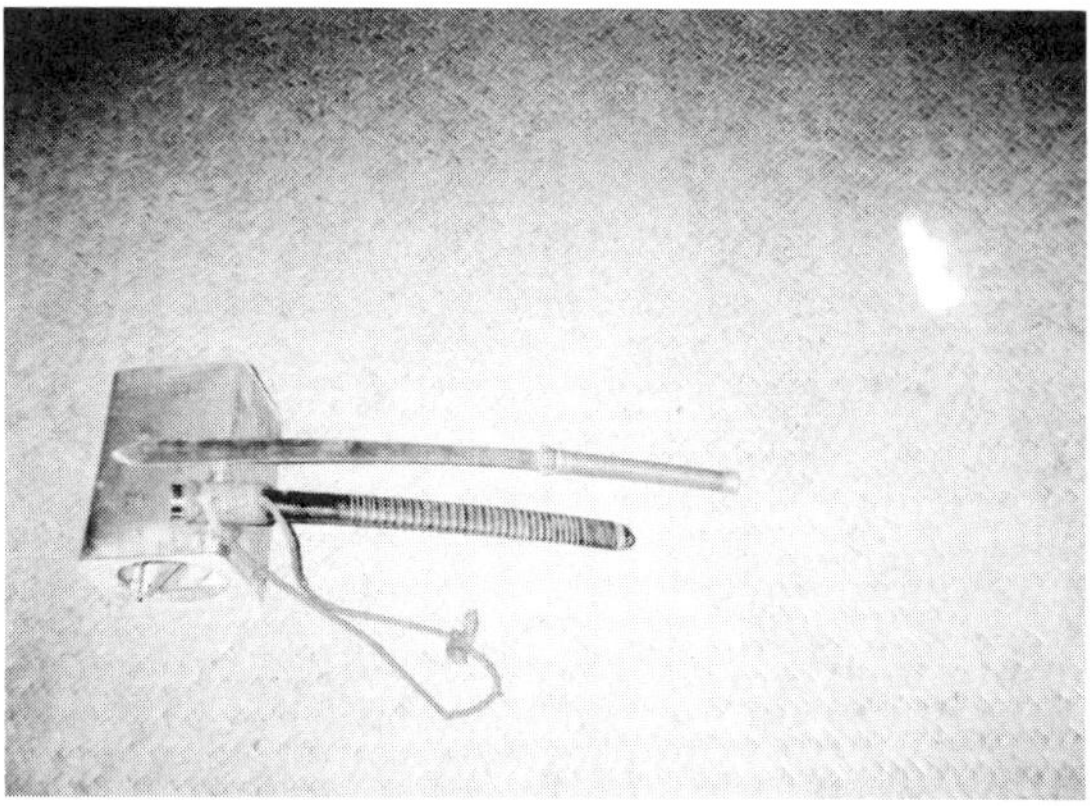
家宝のサムライの刀

モートゥからシャン語でそれを聞いたナン・サンさんは、大きく頷くと、奥の部屋に行き、黄色い布袋に包まれた刀を持ってきた。刀は油が塗ってあって、良く手入れがされており、刀身は、一メートル位あった。柄は、蔓草の模様が入っていて、かなり丁寧な飾りが施されている。その刀を、手に取って翳して見ていると、ズシンと重くて、今まで見てきたゴンシャンの刀とはどこか違う。

私は、以前、タイの北部メーホーンソーンで、山岳民族から、前の大戦の時にその付近で死亡した日本兵の刀を慰霊の為に買ったことがあるが、その時と同じ何か霊感に打たれたような気がした（現在その刀は、タイのバンコクの日本人納骨堂にある。知り合いの日本人のタイ僧に慰霊祭をしてもらい守ってもらっている）。

私は急にこの刀が欲しくなり、モートゥにそれとなく売値を聞きだすように耳打ちした。日本人の侍から伝わった刀のようだから、少しは高く買うことも考えていた。

しかし、しばらく経って出てきた答えは、私の想定外の言葉だったのである。彼は「あなたに、この刀をお譲りすることはできません」ときっぱり言って、「この刀は、ニホン人のサムライの刀として、先祖代々受け継いてきた。この長刀は我が家の家宝である。ですから、この刀は私の家の息子に譲ることになっているのです」と申し訳なそうに話した。

私はモートゥから英語で彼の答えを再確認すると、大変に驚いて、家宝であるこの刀をお金で買おうとした自分の愚かさにまたもや気づいてその非礼を詫びた。

そして、彼は私と目が合うと、首をちょっと傾けて、朴訥と次のようなことを言ったのである。モートゥが速記した英語のメモには、「これからも、ニホン人のサムライの魂であるこの刀を、私は大事に守っていきます」と書かれてあった。

大きく背筋を伸ばして話している彼の姿勢から、私は日本人と同じ文化を守る使命感のような気概を感じた。

それを読んだ私は、思わず胸がつまり、ナン・サンさんの手を握り、「これからも、この刀をよろしくお願い致します」と深々と頭を下げた。「この刀の保存の為に使ってください」と私は三〇〇〇チャットを彼に渡して、取材の礼を言ってこの家を後にした。

ご夫婦は、二階のベランダから降りて門の前に立ち私達の車が見えなくなるまで手を振ってくれた。車がスピードを上げ、豆粒のようになってみるみる遠ざかっていく二人の姿を見ていると、不意に悲しみが襲ってきて涙がぽろぽろ頬を伝わった。

ナガマサとサムライ達がやって来た

七月五日の昼過ぎに、私達は郊外のエアポート・ロード沿いの中国レストランに入った。店は木造の大型屋根付き駐車場のような雰囲気で、床はコンクリートの三和土《タタキ》だった。この店は、私の泊まっているホテルから一〇メートルほど市内に向かった所にあった。右側の隅にテーブルやイスがきちんと並べられて置かれている。

日本製のランドクルーザーや乗用車、ホンダのオートバイなどが次々と店に入って来ては、お尻をテーブルに向けて駐車している。要するに、お客さんはもうもうと上がる排気ガスの中で食事をするのである。

正面の厨房以外に壁や窓はないから排気ガスはこもらないが、あのムッとするガソリンの臭気が鼻を突いて屋内を流れていく。この店は、日本なら間違いなく営業停止になること請け合いであるが、ミャンマー人は一向に気にしないで食べている。

むしろ、金持ちはここに車を止めて、エンジンをガンガン吹かして、これみよがしに自分達の車を見せびらかしている。車はピカピカの新車なのだが、不思議なことにナンバープレートは、黒いブリキ板のようなものが取り付けられていた（ここに駐車している車のことではないが、タイのチェンライでは、最近、警察が大掛かりな自動車窃盗団を捕らえた。彼らの自白によると、ミャンマーからの注文主は、日本製の人気のある車種を細かく指定してきたと言われている）。

まだ、いたいけな幼い子供たちが注文を取りに来る。新車に乗った家族連れの中には小さな子供も居る。働いている子供達は何にも感じないのだろうか、この金持ちの人達は前世で良い事をしたのだから、富や幸福を得るのは当たり前だとあきらめてしまうのか、などと考えていると、子供が英語で書かれたメニューをそっとテーブルに差し出した。

モートゥとヤーファが余り辛くない料理を選んで注文してくれた。久しぶりの中国料理のスープは、豚のモツと竹の子入りで、少し辛い塩味だったが旨かった。チキンのフライも、バラチャンや各種の香辛料で巧みに味が調えられていた。日本の旅館の和室での食事時みたいに、白米の御櫃が置いてあり、モートゥやヤーファは、小ぶりな茶碗で軽く三、四杯はお代わりをする。しかし、ここで驚いたのは、モートゥが食後にまたもやビールを注文したことだった。

出てきたのは、中国製の『陽光』『陽明』という名前の大瓶のビールだったが、モートゥはそのビールを、あっという間に三本も飲んでしまったのだ。

一般に、ミャンマーでは、酒を飲む習慣は殆どなかったと言われている。ミャンマー人は、戒律の厳しい上座仏教の影響で、ビルマ族を始めとして、各民族は酒を飲む習慣はなかった。一般の仏教徒が守るべき戒めとして、仏教の五戒の五番目に「酒を飲むなかれ（不飲酒戒）」という戒律があり、出家者は、むろん、一滴も酒を飲まない（ミャンマー人なら誰でも知っている仏教の「五戒」とは、命を奪わないこと、自分のものでないものを盗らないこと、性的不品行を慎むこと、嘘をつかないこと、思慮を失わせ、過度に酔わせる飲み物を飲まないことの五つである）。ミャンマー人は東南アジアでは、最も酒を飲まない民族だと言われている。若い女性は殆ど酒を飲まないから、アルコールの匂いをプンプンさせていると嫌われる。

英国の統治時代にビールやスコッチウイスキーなどが入ってきたが、一般の人々はそのような高価な酒を飲む機会は少なかったのだ。その代わり、お茶を飲む習慣が昔からあり町中の至る所に茶店があった。

しかし、山岳民族の人達は例外で、アカ族は、原料が米で造られた強い地酒を飲むと言われている。また、この部族の特徴として、女性が一段と華やかで、頭に、じゃらじゃらと金属の装身具をつけている。

ヤーファは、コーラの大瓶を頼んだが飲まないで自分の前に置いている。子供に持っていってやりたいのだ。私は、気をまわして彼に家に持って帰るように言ってあげた。

モートゥの顔は、みるみるうちに、火照ったような赤黒い顔になっていった。これでは、強い酒を好むアカ族でも酔わないはずはない。

「そんなに飲んだら、酒酔い運転でポリスに捕まるぞ」と言ったらモートゥは頭を強く振って、「シャンでは、酒酔い運転の取締りなど、聞いたことがない」と、とぼけた顔で言ったのである。

この男は真面目なのだが、良く分からないところがある。チャイントンに着いた時も、私が指示したホテルと違っていたことを思い出した私は、良い機会だと思って、彼の人間性を試すことにした。

私は、自分のホテルの位置を確認してあったので、彼に、『地球の歩き方』のチャイントン市内の地図を見せて、「私の泊まっているホテルがどこにあるのか」地図上に印を付けさせたのである。彼は地図をじっと見つめてから、何と一・五キロも市内近くの地点に印をつけのだ。私は顔をしかめて、

「私の泊まっているホテルはそこではない、ここです」と言って正確な場所を指さした。

モートゥは何も言い訳をせず、赤い顔のまま黙っている。そして、私が大声で、「何故、今のホテルに連れてきたのか」と詰問したところ、彼はいけしゃあしゃあと、「ノイイー・モーテルはサービスが悪い」とかすれるような低い声で言った。

「どうして、最初にそれを言わないのか」と言っても知らん顔をしておどけている。

ヤーファが心配そうな顔をしているので、私も彼をこれ以上追い込むことをやめて黙ってしまった。彼は、この町のどこからか、ゴンシャン族のいる場所を探してきて、貴重な情報を持って来るので、私は我慢しているのだ。

ヤーファの方は、真面目でおとなしいのだが、英語がほとんどできなくて、バイタリティがなかった。モートゥのようなタイプの人は、謙虚な人が多いチャイントンでは珍しく、彼はお金のためなら、夜遅くまで働くので、「この町の他のシャンの人は誰も彼にかなわない」と密かには思った。

念の為に言っておくと、近所の話では、ノイイー・モーテルのサービスはすこぶる評判が良いとのこと、――したがってこのことはモートゥの営業政策から出た言葉である。

午前中に、モートゥの家に人伝てで連絡があったそうで、我々は午後から、先日、訪問したサイ・ロン・センナンさんの家に出かけた。

ご夫婦はゴンシャンの伝統的な民族衣装を着て、居間で待っていてくれた。長い髪を後頭部にまとめて櫛をさしていた。そして、体にぴったりした、金色の刺繍の入った絹のエインジーに、薄茶色の横縞模様の付いたタメインを着ていた。うっすらと唇にぬった紅がひときわ艶やかだった（エインジーとは、身体の腰までぴったりとフィットした形のビルマ（ミャンマー）式ブラウスのことである）。ご主人は、ゆったりとした麻の上着と、袴だと思うほどの麻のだぶだぶのズボンを優雅に着こなしている。

モートゥは、メモを出してシャン語から英語への通訳を始めた。

「私の家系はソーボワの文書を取り扱う官吏だったので、親戚の家にある古文書を調べておきました」と言ってレポート用紙を差し出した。それはＰＣのワープロソフトで打たれたミャンマー語の文書だった。

彼は瞼をしばたきながら、「ナガマサやニホン人のサムライ達は、シャム（タイ）から間違いなくチャイントンに来ています」と言った。そして直ぐに日本の元ビルマ大使で、その後メキシコ大使になった鈴木孝氏の話を持ち出してきた。――私はこの侍の報告書というのは、日本の文献を参考にしたものだろうと思ってしまった。

その上、ロン・センナンさんは、この文書の内容について特に説明をしなかったので、何の古文書を見て書いたものなのか、重要なことを聞き漏らしてしまった。

そして、この文章はミャンマー語で書かれてあり、はなから解読できないことが分かったので、私は日本に帰ってから知り合いのミャンマー人に翻訳を頼もうと、このレポートをそそくさとバックに閉まってしまった。

クンシャン（ゴンシャン）のクン語に依る民族の歴史書があることや、そこに、長政や日本人の侍団のことが書かれてあったなどとは思いもしなかったのである。

ကျိုင်းတုံရောက် **SAMURAI** အကြောင်း

ကျိုင်းတုံသမိုင်းအရ စဝ်နမ့်ထွမ့် (Sao Nam Toom) ကျိုင်းတုံမြို့အုပ်စိုးနေစဉ် သက္ကရာဇ်(၆၃၅– AD1153)(Lords of Life စာအုပ်ထဲတွင် AD1607-) Yamada Nagamasa ခေါင်းဆောင်သော Samurai အဖွဲ့(၆၉)ဦးသို့မဟုတ်(၆၂)ဦးသို့ကရောက်ရှိလာပြီး ကျိုင်းတုံစော်ဘွား Sao Nam Toom ထံစစ်ပြေးဒုက္ခသည်အဖြစ်လာရောက်မှီခိုကြသည်၊ ကျိုင်းတုံစော်ဘွားလည်းပရောဟိတ်ပုဏ္ဏားကိုခေါ်ပြီးတွက်ချက်ကြည့်ရာ ထို Samurai အဖွဲ့သည်–ကျိုင်းတုံနေ့နာမ်(တနင်္လာနာမ်)ကို အင်မတန်သင့်တော်တယ်ဟုပြောကြားသည်၊ ကျိုင်းတုံစော်ဘွားလည်းဝမ်းမြောက်ဝမ်းသာဖြင့် ၎င်း Samurai အဖွဲ့ကို လက်ခံယူပြီးအမှုထမ်းစေသည်၊ဒါတင်မကဘဲဂျပန်ဆာမူရိုင်း (Samurai) အဖွဲ့ကဲ့သို့ဓလေ့ထုံးတမ်းကိုလိုက်နာစေ၍ ကျိုင်းတုံတိုင်းရင်းသားများ ရှေးလိုဆံထုံးမထားတော့ဘဲ စတောက်ပုံစံဆံပင်ကို ညှပ်ခိုင်းသည်၊ အချိန်ကာလကြာမြင့်လာသောအခါ– ကျိုင်းတုံဒေသတိုင်းရင်းသူအချို့တို့က Samurai အဖွဲ့ကို အိမ်ထောင်ပြုခဲ့၍ သားသမီးထွန်းကားလာကြသည်၊ ဝတ်စားဆင်ယဉ်မှုမှာလည်း ရှေးဟောင်းဂျပန်နှင့်တူနေကြသည်၊ ဥပမာ ယောကျာ်းဘောင်းဘီပွ၊ မိန်းမရင်ဖုံးအင်္ကျီ၊ သစ်သား သို့မဟုတ် ဝါးခုံဘိနပ်၊အိမ်ပုံစံများ၊ ဟင်းလျာပိုင်းဆိုင်ရာဂုံရှမ်းအခေါ် (ဖတ်စောအွဲ့) မုံညင်းနှင့် ကြံသကာချက်ဟင်းသည်၊ ကျိုင်းတုံရောက်အနောက်နိုင်ငံသားများက ဂျပန်ဟင်း နှင့် တူတယ်လို့မှတ်တမ်းတင်သွားခဲ့သည်၊နောက်တခုကအိမ်သစ်တက်မင်္ဂလာဆုတောင်းပေးတဲ့သီချင်းကြီးဂုံရှမ်းအခေါ်(အီမတ်)ရဲအသံနေအသံထားဂျပန်နှင့်တူတယ်လို့ဂျပန်သံအမတ် Mr Suzuki ကမှတ်တမ်းတင်သွားခဲ့သည်။

အထောက်အထားနောက်တခုက ဂျပန်သံအမှတ် Mr Suzuki ဂျပန်ဘာသာဖြင့်ရေးသားထားသော " Acountry Called Biruma (Burma) "စာအုပ်အရ Nagamasa နှင့်အဖွဲ့တို့သည် ဂျပန်ရေတပ်အကူအညီဖြင့် ဂျပန်ပြည် ဂျိုတိုမှတဆင့် ရေကြောင်းခရီးဖြင့် ပထမဦးစွာထိုင်ဝမ်ကျွန်းသို့ရောက်ရှိပြီး အဆင်မပြေကြပါ ထိုမှတဆင့်ဖေါင်ဖွဲ့ပြီး အယုဒယားနိုင်ငံသို့ရောက်ရှိပြန်သည်၊ ထိုအချိန်တွင်အယုဒယားပြည်က အိမ်နီးခြင်း

ロン・センナンさんからもらったレポート（翻訳文はＰ188）

また、後日にソーボワの事務所で、日本人の侍について、ミャンマー語で書かれたレポートを事務所の人から頂くのだが、この書類をくれた人が、ロン・センナンさんの親戚のサイ・ロン・センリさんだったこと、そしてそのレポートが、ロン・センナンさんの署名入りのこのレポートと、全く同じものであると分かったのは日本へ帰国してからだった（ロン・センリさんから頂いたロン・センナンさんの署名入りのレポートは、ワープロで打たれたものではなくミャンマー語で書かれた手書きのコピー文書だった）。

私は、ご夫婦の着ている素晴らしいゴンシャンの民族衣装に気を取られて、撮影に時間をかけてしまい、慌ててモートゥとヤーファを連れて次の目的地に向かったのだった。

ナガマサは一六五三年に死んだ

タチレクに向かう幹線道路で、手押しの紅白の棒の遮断機が道を塞いでいた。

こんもりと茂る大きな菩提樹の陰で、金ピカの襟章をつけたミャンマー軍の制服を着た将校らしい人がこちらをじっと見ている。その周りは食物屋の屋台が並んでいて、珍しく人々はがやがやとお喋りをしながら食事をしていた。

しかし、どうも軍の検問の緊迫感に欠けている。タイでは、例えば、ミャンマーの国境に近い、チエンラーイでの検問の場合は、封鎖した道路の両側に兵士が並んでいる。そして、バスを止めると、銃を持った兵士がどやどやと車内に入ってきて、厳しい目を乗客に向けて顔を覗き込むのである。更に、時と場合によっては、乗客の手荷物検査を行い、タイ国民の登録カードを持っていない者や疑いのある者は、その場で下ろされて警察署に連行される（ミャンマーでは、総背番号制が施行され、一五歳以上の国民全員に番号入りの国民登録証が発行される。国民は、長期距離バスのキップを買う時も映画館に入る時も、この登録証を必ず提示しなければならない。この国民登録証〈ＮＲＣ〉をなくすと、再発行がかなり難しいと言われている）。

ここでは、兵士はお役所の役人みたいに、涼しい木陰の下にあるイスに座っている。モートゥは小走りにそこに歩み寄り、そこで、恭しく通行許可についての指示を仰ぐのだ。

見ていると、チェックされているのは車だけで、通行人は勝手に遮断機を持ち上げて出入りしている。ヤーファが「幹線道路やミャンマー軍の基地のある近くには必ず検問所がある」と言って森の方角を指差した。

そして、首を強く振って、「お役人さんは、いつもにこにこしているが、規則にはかなりうるさくて、細かいことでも厳格に対応している。勿論、彼らは袖の下などは一切受け取らない」と言って、誇らしげな顔をした。

モートゥが帰って来て、「ロイモエ山の近くにある、ゴンシャンの集落に行こうと思ったが、通行証がないのでどうしても通れない。明日の七時に、市内にあるイミグレーションに行って、通行証を貰えば何の問題もない」と、目を上に向けて、飄々とした態度で言った。

私が良く聞いてみると、何日か前にも外国人が、通行証なしで無理やりこの検問所を通り抜けようとしたので、警戒がいっそう厳しくなったらしいのだ。

「明日、出直すなんてとんでもない、ここまで来たのだから、脇道を通っても、目的地まで行ってください。はっきり言って、検問所があるのは分かっていたはずでしょう。何故、事前にイミグレに通行証を取りに行かなかったのか」と言って私は厳しくモートゥを責めた。

二人はしばらく話しあっていたが、やがて、私のところへやってきて「これから、ソーボワ（藩王）の直系の人の家へ行きましょうか」とモートゥは声を低くして言った。彼らは、このソーボワの直系の人の家に行くことを最初は嫌がっていたのだ。その理由は、「このソーボワの子孫の人達は、何百年もこの町の人を苦しめてきた人間だから、この人達に接触すると公安に睨まれる」と言うことだった。

私はタイのチェンマイで、シャンの女の子達から、約三五〇年前に日本人の侍達が、チャイントンのソーボワに保護されたことを聞いていたので、どうしてもこのソーボワの直系の子孫の居る家に行きたかったので、七月六日の今朝、彼がこの情報をもたらした時に、危険手当として割り増し料金を払うからその家に直ぐに行ってくださいと強く言ったのだった。

その時、彼は先ほどの理由を挙げて、しばらく考え込んでいて返事をしなかったのだ。モートゥは機嫌が悪い時は口を利かない。ヤーファもそれを知っているので、私の顔を見て直ぐ目で合図をして黙ってしまった。

その時、私は、ソーボワの直系の家に行くのは次の機会にしようと考えた。

ここで、また、モートゥが頭を突きだして、嫌な顔をしているヤーファとひそひそと何事か相談をしている。

モートゥがヤーファを説得したらしく、ようやく話がまとまると、それぞれの思惑が外れて、シャボン玉のようにパンパンに頬を膨らませて、怒ったような顔をした三人は、押し黙ってソーボワの直系の家に向かったのである。

車はノントーン湖を左に見て、マイヤン・ロードをタウンジーの方に向かって進んで行った。私が地図を見て、水牛市場の方に向かっているのかとヤーファに聞いても、めずらしく彼は知らないと素っ気なく手を振っている。

やがて、車は右に折れてノントーン湖の脇を通り、工事をしている城壁の間の道を抜けるとようやく市外に出た（ノンパー門跡やチャイントン市内のこのような古い城壁では、遺跡の保存のために煉瓦の壁などを修復している）。

広い道路から急勾配の砂利道の坂を下ると、モートゥは、行き止まりのような傾斜地で車を止めた。我々は更にここから狭い路地を歩いて、黒い倉庫のような棟続きの長屋の前に出た。流れでる汗をタオルで拭きながら、モートゥが「ここがソーボワの直系の家です」と言った。

枯れた黄色い落ち葉でうず高く積もった瓦屋根が波を打っている。

ひっそりとした部屋の中は少し暗かったが、一〇畳位の土間の正面に祭壇が飾られていて、シャン語で書かれた家訓のような額、頭にターバンを被った王様らしい人や王族達の写真が、恭しく立てかけられている。しかし、何よりも目を引いたのは、この祭壇を守るかのように、その周囲をぐるりと囲んで、赤や青の長い布を垂れ下げた青竜刀や、穂先の長い槍が立てかけられていることだった。

目を凝らすと、部屋の中から、六〇歳位の長い顎鬚をはやした老人がじっとこちらを見ている。緑の開襟シャツに縞の黒ズボンを着ている。ゴムの突っかけ草履を無造作に穿いていた。スラッとした長身で、目をかなりしばたいて、威厳はあるがどこか神経質そうな印象を受けた。

郵便はがき

112-8790

料金受取人払郵便

小石川支店承認

5815

差出有効期間
平成23年5月
31日まで

東京都文京区関口1-23-6
東洋出版 編集部
「ご愛読者係」行

ご提供いただいた個人情報は、今後の出版活動の参考にさせていただきます。それ以外の目的に使用することはございません。

お名前《ふりがな》		歳	男・女
ご住所	〒　　－		
e-mail	@		
ご職業	1. 会社員　2. 経営者　3. 公務員　4. 教育関係者　5. 自営業 6. 主婦　7. 学生　8. アルバイト　9. その他(　　)		
ご購入のきっかけ	1. 新聞広告(　　新聞) 2. 雑誌広告(　　) 3. その他の広告(　　) 4. 書店店頭で見て　5.人にすすめられて 6. その他(　　)		
ご購入店	市・区　書店名(　　)		

東洋出版の書籍をご購読いただき、誠にありがとうございます。今後の出版活動の参考とさせていただきますので、アンケートにご協力いただきますよう、よろしくお願い申し上げます。

2010年10月の新刊　※ご購入の書籍をお教えください

- □ 早駆け前へ　生徒隊の青春
- □ 青春随想録　南アメリカの街角にて
- □ ミャンマーの侍　山田長政

●本書をお読みになったご感想をお書きください

●本のデザイン(カバーや本文のレイアウト)についてご意見をお書きください

●今後読んでみたい書籍のテーマ・分野などありましたらお書きください

ご協力ありがとうございました

社用欄

私はモートゥに、メモを見せて英語で話すように促した。モートゥがヤーファに聞きながらシャン語で喋りだした。

私達に座るように言って、彼はしばらくの間、白い顎鬚を撫でながら頷いていたが、やがて、祭壇の前から家族や宮殿の写真などを取り出してきた。それらを我々に見せながら、「チャイントンで、ニホン人に会うのは久しぶりです。私の前の名前は、チョウ・ミュウです。一九四六年生まれの六二歳。クンシャンである」と、ゆっくりと話し出した。

「私は、ケントン（チャイントン）の第四三代ソーボワ（藩王）のサオ・ディラージ（サオ・サイ・ロン）の息子である。住まいは、第四クォーター、ナンファー・マイヤン通りにあります」とシャン語で言って顔をこわばらせた。

モートゥは英語でこれらのことをメモして、私に読んで聞かせてくれた。そして、チョウ・ミュウさんは、少し英語が喋れるようだと言った。

更に、チョウ・ミュウさんは「シャン州のチャイントンは、つい最近までケントンと呼ばれていた。この地域には、ビルマ族がクンシャンまたはゴンシャンと呼んでいるクン族が住んでいる」と話し出し、「かって、シャン州には三三人のソーボワが居て、藩王として世襲制で各地域を支配していた。そのうちのケントンは、特に領地が広くて、比較的大きな力を持っていた」とむせながら喋った。

私は、一言毎にモートゥの英語での通訳を確認しながら彼の話を聞いた。

チョウ・ミュウさんは「ビルマは、一八八六年からイギリスの支配を受けた。シャンのソーボワ達は、イギリスの統治下に置かれて、その下でこれらの地域を治め続けた」と言って目を左右にすばやく動かした。

そして、「一九四二年にイギリスが撤退すると、日本軍がこのシャンも支配した。その時もソーボワ達は、日本軍の占領下に組み込まれながら、ソーボワ制度を維持していた。また、一九四七年に日本軍が敗走して、再びイギリスの統治となったが、前の時と同じように、ソーボワがシャンの治政を任された。その後、一九六二年迄、ソーボワ制度を維持してきた」と、ソーボワの歴史を詳しく聞かせてくれた。

私はモートゥの英語のメモを見ながら、彼の話を理解しようと何度も読み返した（一九四七年二月、アウン・サン将軍〈一九一六～一九四七〉グループと、シャン州のソーボワ達が集まって、ビルマの統一を討議するパンロン会議が、シャン州のパンロン〈ピンロン〉という場所で開かれた。アウン・サン将軍はミャンマー独立の父と言われている。アウンとは『勝利、成功』、サンは『驚くべき、珍しい』という意味で、軍人名は『ボ・テーザ』、現在、ヤンゴンで自宅軟禁中のノーベル平和賞受賞者、アウン・サン・スー・チー女史の父親である。パンロンはロイエムの北、一〇キロの所にあり、タウンジーからは東に数十キロ離れた小さな村である。この会議の席上、アウン・サン将軍は、ビルマの全民族を結集した独立を熱く語り、演説に感動したシャンのソーボワ達が、広範な自治権の獲得を条件にしてビルマの統一に同意したと言われている。英国からそれまで、自治権を認められてきたシャンのソーボワ達は、この時に藩籍を奉還して、正式な独立ビルマ連邦の一員となる決議をしたのである。だが、この後、アウン・サン将軍達は、同年七月一九日、狂信的な右翼民族活動家ウー・ソーの命令を受けた部下らにラングーンのビルマ政庁で閣議中に暗殺された。この時からビルマの悲劇が始まったという人がいる)。

ここで、彼は写真を取り出して、我々に見せながら「この人が私の祖父で、これが父である」と言って指をさし、口に手をやり、咳き込みながら話を続けた。

「自分の祖父のソーボワは、一八六五年に、ケントンで生まれた。祖父の名前は、チョー・チャイ・チョウと言って、一九三五年に死んだ、享年七〇歳だった」このソーボワは博学多才な人だったようで、「その在位している時に、近代的な西洋風の宮殿を建築した」と言って、我々にその宮殿の写真をみせた。

そして、「その跡を継いだ、父の時代の一九六二年頃に、突然、軍事政府により、ソーボワ制度が完全に解体されてしまった。父は、直ぐに逮捕されて投獄された。この時には、他のシャン州のソーボワも多数捕まって、中には殺されたり、自殺したりした人がいた。ケントンの、五〇〇年余り続いたソーボワの家系も、そこで途絶えた」と言って、彼は長い顎鬚を撫でながら目をうるませた。

私も通訳のメモを見て、分からないところを何度も英語でモートゥに質問した。

この頃の時代を描いている本が出ている。『消え去った世界——あるシャン藩王女の個人史』(ネル・アダムズ著/森　博行訳、文芸社、二〇〇二年)という本で、著者であるネル・アダムズさんは、シャン名、サオ・ノン・ウゥといい、彼女の父はシャン州のロックソック藩ソーボワ(藩王)で、王妃である母は、チェントゥン(チャイントン)のソーボワの娘であった。

この王妃の祖父が、宮殿を建てたチョー・チャイ・チョウ(第四〇代ソーボワのサオ・コン・キャオ・インタレン）で、彼が死亡した一九三五年当時のことがこの本の中で書かれている。

（略）「ある日母が泣いているのに気がついた。自分の部屋に座って、チェントウンの祖父の写真を抱き占めていた。子供だった私にも母の深い悲しみが明らかだった。

私が現れたことで母は感情を抑えようとしたが、「何が悲しいの？　どうして泣いているの？」と訊ねる私に、「あなたのチェントゥンのお爺さまがなくなったの」と答えた。

祖父の葬儀には家族全員でチェントゥンに出かけた。

町に入ると、祖父の建てたドーム型の宮殿が見えた。

そこは祖父のソーボワとしての支配の期間、政務の中心だったところだ。

この宮殿で、祖父は一段高い間の玉座に着き、儀礼用の服装に金の冠をかぶって、近隣の町や村の長の表敬を受けたのだ」（略）

そして、ロックソックからチェントゥンに、祖父の葬儀の為に行った時の町の風景が書かれている。

（略）「ロイモイは、チェントゥン藩にある避暑地のひとつで、ほんの小さな町だが、多くの植民地風建築物とカトリック教会が在った。

素晴らしい眺めに囲まれた場所で、たくさんの小さな湖が周りにあり、遠くの丘に向かって、棚状の水田が続いていた。ノントゥンはチェントゥンの町にある大きな湖で、その水面に浮かぶハスの花が家族の中で人気があった。その他にもたくさんの面白くて美しい名所がチェントゥンには在った。

私のお気に入りは、温泉地区だった。そこでは温泉の水が小部屋に分けられ、まるで個人用の小プールかサウナみたいだった。一般の人もそれを使うことができたが、二つか三つは祖父とその家族専用だった」（略）

更に、この本のチェントゥン（チャイントン）家系、「マンライ王直系」の項目から抜粋する。

（略）「サオ・コン・タイ一世（別名サオ・ムン・ケン・ケーン、一八八一〜一八八六）が、第三八代チェントゥン藩ソーボワとなっている。

その後、サオ・モム・ソー（一八八六〜一八九六）が第三九代ソーボワになった。

そして、第四〇代ソーボワとして、サオ・コン・キャオ・インタレン（一八九六〜一九三五）が即位しているが、この人は一九〇三年に、当時の最新技術で設計した宮殿「チャオ・ファ宮（タイ語で藩王の館）」を建築した。（略）

チョウ・ミュウさんが、宮殿は祖父のソーボワが建てたと言ったので、祖父のチョー・チャイ・チョウは、サオ・コン・キャオ・インタレンのことではないかと思われる。

この後に、サオ・コン・タイ一世の第二妻だった、ナンポーンの子供のサオ・コン・タイ二世（一九三五～一九三七）が、第四二代ソーボワとなるが、この人は、即位二年後に暗殺されてしまう。その後を、サオ・コン・キヤオの孫の、サオ・ディーラージ（サオ・サイ・ロン、別名ショーテイー、一九四七～一九六二）が、第四三代ソーボワとして、英国の承認を得て就任する。

チョウ・ミュウさんの父であるこの人は、一九六二年に、ビルマ軍事政権により投獄された。一九六八年に出獄を許されたが、財産は没収されこの地から追放されて、一生、チャイントンに戻ることは許されなかった。彼は、没収された自分の住まいであった建物を、チャイントン市に寄付し、そのうちの一部は、現在、小学校として使用されている。

彼は、一九九七年に失意のうちにラングーン（ヤンゴン）で死亡した。享年七〇歳であった（この人がチョウ・ミュウさんの、お父さんではないかと思われる）。

なお、ソーボワは一夫多妻制で、サオ・コン・タイ一世の場合は、第一妻から第六妻まで娶っていた。このことが、チャイントンで、ソーボワの直系と分系、親族に分かれて、各々がソーボワの正当な家系だと主張して、混乱している原因なのだ。

ここで、チョウ・ミュウさんは、盛装したお父さんや祖父の写真を見せてくれた。そして、突然、「チャイントンにあったソーボワの館は、革命軍によって爆破された」と声を荒げて言って目頭を押さえた（一九九一年に宮殿の「チャオ・ファ宮」は、軍政により、封建政治の遺物として爆破された）。

私は、これらのことを英語で、モートゥから聞いて、彼に「もうこの辺で、日本人の侍のことについて、彼が先祖から何か聞いているか、話してみてください」と苛立って言った。

俯いていたチョウ・ミュウさんは、モートゥの話を聞くと、急に相好を崩して顔をあげた。そして、思わぬ言葉が飛び出してきたのである。

「ナガマサのことは知っている。彼は、ケントンにやって来たニホン人のサムライ達の頭領だった。彼らがここに来た年号は分からないが、ナガマサが死んだ年は一六五三年である」と、先祖から聞いていると言ったのだった。

モートゥからの通訳で、長政のことが飛び出てきたのには驚いた。彼は、確かに、シャン語での会話の中で、「ナガマサ」と言ったのだ。私は感きわまり、モートゥを通して「長政というのは、タイにいた山田長政のことですよね」とまたおバカな質問をしてしまった。

「ケントンを治めていたソーボワが、シャムから逃げてきたナガマサと、ニホン人のサムライたちを保護して仕えさせたと伝えられています」と彼は言って、目を何度もしばたいた。

私は、あせって、「その当時のソーボワの名前は、分かりますか。その他に、長政や侍達のことで何か聞いていますか」と矢継ぎ早に質問をしてしまった。

「その時のソーボワ（藩王）の名前は知りません。だけど、ナガマサのことは先祖から聞いています」と言って、頭の後ろに手をやり、「サムライ達は、こうして長い髪を後ろで縛っていたようだ」と髷を作る真似をした。

また、「そのサムライ達の中でも、ナガマサは本当に強くて、この辺りの獰猛な水牛も、たったの一撃で倒した」といきなり、青竜刀を取り出すと、大きく振りかざして、水牛と格闘する仕草をして見せてくれた。

私は、長政の死んだ年が気になって、「先ほど、長政が一六五三年に死んだと言われましたが、長政のお墓はどこにあるのでしょうか」と聞いてみた。

「ソーボワの墓所は、爆破されないで今でもかろうじて残っている。歴代の藩王が埋葬されているのだが、そこにナガマサは埋葬されていません」と言って、じっと私の顔を覗き込んだ。そのことをモートゥから聞いた私はがっくりと頭を垂れて俯いてしまった。

彼は私に構わずに、「その後、ニホンのサムライ達は、ソーボワの貴族の娘達と、結婚していったと言われている。ソーボワ制度の終りの、どさくさの時に、クンシャン（ゴンシャン）の家系図やクン語で書かれてあった歴史書、記録文書などは、どこかに行ってしまって、全く分からなくなってしまった」と言って、感情がたかぶったのか、今度は、肩を激しく揺さぶり、両手で泣く真似をした。

しばらく経つと、少し落ち着いてきて、シャン州に居たソーボワの家族や親族の大部分は、亡くなったり、行方不明になったりしたが、一部の者は、イギリス、アメリカ、オーストラリア、タイなどに亡命して行ったと言った。

「私の家族は、ケントンが好きなのでここに残っている。それに、子供達が私を支えてくれる」と言ってやっと顔から笑みが出た。

彼は、家族や風景の写真を沢山持ち出してきて、我々に見せると、「シャン州の大自然がいかに素晴らしいものであるか」を力説した。

茶褐色に変色した数枚の写真を指さして懐かしそうに話していたが、「今、私にできることは、先祖のお墓を守り、冥福を祈ることです」と言って深く頭を垂れた。

そして、重たそうな目で祭壇を見つめ、家族の写真に向かって手を合わせた。

小刻みに震えて視線を迷わせているチョウ・ミョウさんの蒼白な横顔がひどく哀しげに見えた。

北タイのマンラーイ王

マンラーイ王と、ケントン（チャイントン）のソーボワの関係について、ゴンシャンの集落の人は、「我々は、シャム（タイ）のチェンセンからやって来たと先祖から伝わっている」と言っていた。

また、ソーボワの事務所のライ・チュウさんは、クン族は、一三世紀にタイのチェンマイから移り住んだ人々で、その当時のソーボワは、チェンマイのラーンナータイ王朝の直系だと話してくれた。更に、『消え去った世界』の著者ネル・アダムズ氏もこの本の中で、チャイントンのソーボワの家系は、『マンライ王直系』であると語っている。

そもそも、現在のタイ王国のタイ北部を代表する、チェンマイとチェンラーイの都を築いたのが、ラーンナータイ王朝の創始者であるマンラーイ王だった（メンラーイ王〈King Meng rai〉とも呼ばれる。また、ラーンナータイ王朝〈一二九六～一八九四〉は、バンコクから北に四四〇キロに位置するチェンマイを王都として栄えた。一二世紀の始め頃の北タイの地域は、群雄割拠の戦国時代であったと言われている。そして、メコン川沿いにあるチェンセーン近郊の「グンヤーン」の君主だった、パヤー・ラーオメンの息子が、「ポー・クム・マンラーイ〈一二三八～一三一七〉だった。彼は、一二六一年に弱冠二一歳で君主になると、近隣の都市国家を平定して、一二七六年には、チェンラーイに都を遷都した。市内には、マンラーイ王の大きな像が建っており、その周りには、常に花束や線香が溢れるほど献納されていて、お参りの人が後を絶たない）。

彼は、北タイの大河であるピン川（ピン川）に沿って南下して、当時モン族の都として栄えていたハリプンチャイ王国を武力で攻略した（都であったランプーンの町の中心にある、ワット・プラタート・ハリプンチャイはマンラーイ王が建立した。その寺院には、目の眩むようなまばゆいばかりの黄金のチェディが聳えている。タイでは、仏塔は「チェディ」と呼ばれているが、ミャンマーの瓢箪のようなパコダと比べて、形がスマートですらりとしている。内部には仏舎利〈仏陀の遺骨〉が納められている）。

一二九六年に、彼はチェンマイにラーンナータイ王朝の都を定めた。ラーンナーとは、『百万の田』のことで、チェンラーイは、『マンラーイ王の都』チェンマイは、『新しい町』という意味である。この王朝はそれ以後、アユタヤ王朝、トンブリ王朝、チャクリー王朝などの庇護の元で約九代続いた（途中で度々、隣国のビルマの統治を受けるが、貢物などを贈って直接統治を免れ、属国のような扱いをされていた時もあった）。

しかし、大国を相手に上手に生き延びてきたラーンナータイ王朝も、ケーオナラワット王を最後に終焉を告げた。この頃に、ケントンの第四一代ソーボワのサオ・コン・タイ二世の第三妻ナン・ウォ・ティプ・ロンの次女サオ・スカンタ（一九〇六年生）が、チェンマイ公に嫁いでいる（彼女は、歴代のソーボワの親族の中で、最高に長命だと言われていたが、まだ存命しているかどうかは分からない）。

北タイのチェンマイでは、マンラーイ王は一三世紀にケントンに行ったと伝えられている。戦上手といわれたマンラーイ王は大変な野心家であり、戦略家でもあったと言われている。その行動力、実行力は抜群で、スパイを相手の陣地に送り込み撹乱して敵の内部を崩壊させることも得意だったと伝わっている。

彼は、一三世紀の初め頃に、ビルマの中部にあったハーンサワディ王国や近くのラトナ・プラ（宝石の町という意味）、と呼ばれた現在のインワの都まで、はるばると遠征した大王なのである（インワはアヴァとも呼ばれている）。

彼の戦略家としての特徴は、各地を武力で攻撃する場合、まず、相手に親書を贈り、同盟を持ちかけて、どうしても逆らう相手には、武力で徹底的に攻撃して降伏するまで情け容赦ない殺戮を繰り返したことだ。

そして、制圧したその都に、自分の息のかかった統治者、『サオパ』（ソーボワ）を送り込んだことだと言われている。この時に、北タイや中部タイで勢力のあったパヤオの『ガムムアン大王』やスコータイ王朝の『ラームカムヘーン王』とは、三国同盟を結んでその絆を深めている（スコータイ王朝〈一二二五～一四三八〉とは、一三世紀にタイ人によって造られた仏教王国で、タイ族最初の統一王朝として、約二〇〇年間、栄華を誇った。スコータイはアユタヤに次ぐ遺跡の都であり、一九九一年、世界遺産に登録されている。スコータイとは『自由の夜明け』という意味である。第三代のラームカムヘーン王（一二二〇～一三〇〇）は、スリランカからはじめて仏教を受けいれた。スコータイは隣国のビルマに滅ぼされたが、アユタヤがこの国を併合する。スコータイ王国は、この後、山田長政が活躍するアユタヤ王国繁栄への橋渡しをしたのである）。

マンラーイ王は近隣を平定すると、今度は、仏教の盛んなシャンや上ビルマに目をつけたと言われている。

当時シャンの隣国の中国では、一二五二年、モンゴル（蒙古）族の第二代皇帝オゴタイ・ハーンの治世の時代、フビライはシャンの隣国の雲南に南征して来た（この時に遠征したモンゴル兵の末裔が、現在でも雲南省の通海《トンハイ》の郊外に住んでいる）。

そして、第五代の世祖、チンギス・ハーンの孫に当たるフビライ・ハーンが、一二七一年に、中国の南宋を滅ぼし南元王朝を打ちたてた。

彼は、次にビルマ最大の都、バガンを攻略しようと周到な準備をしていたのである。

強大なモンゴルの勢力が、シャンの地域の近くまで忍び寄ってきていたので、マンラーイ王は、その強大な力に脅かされて、自国を防衛する為に、偵察をする必要があったのではないだろうか。そして、その遠征の途中で、ケントンに侵攻したのではないかと考えられている。

チャイントン市内の九世紀頃の城壁の遺構からみても、この地域に、既に小さな部族国家（ムアン）が成立していたのは間違いないと思われる。

彼は、この町を攻略した後に自分の直系の親族や部族をチェンマイから送り込んだと言われている。シャンの人達からタイ・クンと呼ばれていた人達は、マンラーイ王の命令で、家族を伴って、ケントンに移住したと伝わっている。

そして、時が経って、やがてこの地で一五部族以上に分かれて行ったようだ。この地は、一四世紀まではラーンナータイ王国、一六世紀後期にはビルマの影響を受けた。

また、ケントンのソーボワの息子達は、代々その地位を世襲していったのだが、第四三代のソーボワ、サオ・ディラージ（サオ・サイ・ロン）の治世の一九六二年に、ネ・ウインの率いる軍事政権により、ソーボワ制度が解体されて藩王国は終焉を迎えたのである。

タイでは、マンラーイ王は、チェンマイ郊外で、雷に打たれて死んだと伝承されてきた。一五一七年、ラーンナータイのムアン・ケーオ王の時代に、このことが記載された書物が発見された。――その中には「ムアン・ケーオが、チェンマイの町に入り、マンラーイ王が雷に打たれて死んだ祠の横を通って……」という記事があるのが見つかった。従来から「マンラーイ王は雷に打たれて一三七五年に死んだ。享年七〇歳だった」と言われてきたことがこの古文書によって事実として証明された。この祠は、今でも持主のチェンマイ市民に大切に保存されている。

だが、チェンマイがサイアム（タイ）の一県となり、時代がめまぐるしく移り変わっていくと、マンラーイ王のことは、殆どのチェンマイの市民から忘れ去られていった。

近年、タイの歴史の研究が急速に進んで、この大王が、一三世紀の時代に民衆に大変尊敬されていたことが分かると、チェンマイの人々は、この町を創立したマンラーイ王を再び見直して、彼は大衆の尊敬と信仰を一身に集めていった。

そして、一九九六年の四月、チェンマイ創立七〇〇周年の記念の日に、ラーンナータイ時代に於ける三国友好同盟を結んで、互いに協力して終生、友好の誓いを守りあった、パヤンのガムムアン王とスコータイのラームカムヘーン王、マンラーイ王の三人の像が旧市内に建てられて、その功績が讃えられたのである。

チャイントンの侍のレポート

私は一人で、七月七日の昼頃、デジカメでチャイントンの町の風景を撮っていた。珍しいインターネット教室の看板や、誰も見ない、鳥インフルエンザの予防を警告する、赤十字社の漫画の掲示板などが面白かった。そして、町の中心部にある、ワット・パッチャルンの横の坂を、独立記念碑の方に向かって歩いていた。

この日も、うだるような暑さで、頭が朦朧としてきて足取りも重かった。首筋から流れる汗で、背中のシャツがねちねちと絡みついた。タオルで首の汗を拭こうと、坂の途中で立ち止まった時に、誰かが遠くで私を呼んでいる声に気がついた。振り返ると、ソーボワの事務所の前で、五〇歳位のめがねを掛けた人が、盛んに手招きしている。

ソーボワの事務所は大勢の人が集まっていて、入口のテーブルでは、二人の格子柄のパソウ姿の若者が、仏教の教本を手に事務所の古老からなにやら講義を受けている。

私を呼んだ人は、「サイ・ロン・センリ、六〇歳」と名乗った。

この事務所の人達は、どういう訳か、全員がミャンマーの男子の民族服であるパソウを着ていなかった。ロン・センリさんは白いシャツと濃紺のズボン姿だった。わりと鼻が高くて、鼈甲の丸メガネがそこにちょこんと乗っている。目尻が垂れ下がって、まん丸い目が微笑んでいる。

彼は私に向かって、「今日は、この事務所を運営しているソーボワの直系の偉い人が、仏教の行事で此方に来るので、ぜひ、会ってください」と話しかけてきた。

彼は愛想が良くて、その上少し英語が話せた。私が丸イスに座ると、彼は、後ろにある硝子の飾り棚の引き出しから、何枚かの用紙を取り出した。

「ここに、ニホン人のサムライのことが書いてあります」と渡されたのだが、よく見ると、ミャンマー語（ビルマ語）で書かれた報告書のようだったので、私はがっかりして、「このレポートは、日本でミャンマー人に翻訳してもらいます」と、よく見ないで、また、バックに閉まってしまった。

ロン・センリさんも、「そのほうが良いですね、私もこのレポートは、親戚の者から貰っただけですから……」と言って、そのレポートの内容については、格別の説明をしなかった（後日、日本に帰って、ミャンマー人のマウン・ミンニョウさんにこのレポートを翻訳してもらったのだが、このレポートは、サイ・ロン・センナンさんの書いたレポートと、全く同じものであることが分かった。ロン・センリさんはロン・センナンさんとは親戚だったのだ）。

彼は後ろの本棚から一冊の本を取り出した。

渡された本を手に取ると、日本語の本だった。題名は、『黄金の四角地帯』と書かれてあり、羽田令子女史の署名がしてあった。

「彼女は、七年前に、クン語やクン族の文化のことを調べにこの事務所にやって来た。後で、取材のお礼にこの本を持って来たようだ」と言ってから、「この人を知っているか」と尋ねてきた。

「彼女は日本では著名な作家である」と私は言った（彼女は作家であり、女性ジャーナリストでもある。国際ペン大会、アジア、アフリカ作家会議などの活動の傍ら、日本やタイで、障害者への奉仕活動を続けている。また、日本ペンクラブ会員で、過去に、日本文芸大賞、女流文学賞を取っている）。

ロン・センリさんは、この作家が日本で有名だと分かると、かなり満足したようだった。そして、

「あなたも有名な作家か」と聞いてきたので、私はどぎまぎして、「作家ではありません、ろくでもないミステリー探検家です」と、自分でも訳の分からないことを言ってしまった。

案の定、ロン・センリさんは目をパチクリして、「ただの探検家なのか……」と少し気落ちしたようだった。

今日はモートゥが居ないので、身振り手振りを交えて、おまけに、英語や漢字まで紙に書いて、何とか話が通じた。このソーボアの事務所の人達は、教養が高いのか、多少の英語や日本語を理解する人が多かった。

いつの間にか、周りには三、四人のシャン人が遠巻きにして、こちらのやり取りをじっと見ている。

「ゴンシャンの日本人の侍のことを知っていますか」と私は簡単な英語で懸命に呼びかけた。

ロン・センリさんが通訳をしながら、英語のメモを私に見せて、彼らから話を聞いた。

前に出てきた、この事務所の長老のような人は、「名前は、ヌンケンで六六歳です。住所は、ゼイ・タウンジー道。地元のケイマヌエ紙に勤めていました」とゆっくりとしたシャン語で話した。彼は小さい時に、町の老人が「昔、日本の兵隊が、チャイントンに来たことがあると言った」と教えてくれた。

青白い顔をした中年の男の人は、「ヌンチャン、年は五五歳です。住まいは、ゼイ・タウンジー区だ」とわりと早口で喋った。

「ニホンのサムライと、ナガマサはシャム国に行ってから、その後、ケントン（チャイントン）に来たことがある。それから、ニホンのサムライの消息は途絶えたが、一部の人は、クンという貴族の称号をサオパ（ソーボワ）からからもらって、ケントンの貴族の娘と結婚していったという話を町の古老から聞いたことがある」と言った。また、「二〇〇五年と二〇〇六年に、あるニホン人がこの町にやって来て、ニホン人のサムライについて聞きまわっていた」と話した。そして、「チャイントンに住んでいるクンシャンの文化について調べてもらいたい」と私に向かって聲高に叫んだ。

これらのことを、ロン・センリさんから英語で聞いた私は、恐縮して「クンシャンのことについて、何ひとつ知らないのです」と彼らに話した。

後ろのドアを開けて、ライ・チュウさんがやって来たので、私は、ロン・センランさんの紹介の件を含め、色々と協力して頂いたお礼を述べて、手を合わせて合掌した。「お役に立って良かった」と彼は言って短い首を大きく伸ばして笑った。

やがて、立派な乗用車が横付けされて、六〇歳位の、髪を七三に短く刈り分けた、品の良い、大柄な紳士がクリーム色の洒落た民族服姿で現れた。私は立ち上がり、彼に向かって「この事務所の人達に大変お世話になりました」と礼を言って手を合わせた。

慌てて、ロン・センリさんがメモを取りながら通訳を始める。

彼は握手をしながら、「ミャンマー人は外国からの客人を大事にします」と言いながら頷き、澄んだ目を何度もしばたたかせた。

この町では、普通の旅行者でもこのように暖かく持てなしてくれる。

ミャンマーの人々は、縁をとても大事にする。そして、『縁起』とは、相手を思いやる心から始まると信じているのだ。

歴代の藩王が埋葬されている墓地

七月八日の朝、モートゥがやって来たが、日本人の侍やゴンシャンの情報がなかなか集まらないとこぼした。ゴンシャンの話は結構あるのだが、良く聞いてみると、今まで聞いた情報ばかりだと言うのである。

「チャイントンの土地は、やたらと広いが住んでいる人は意外と少ないし、横の連絡が、殆どないからだろう。ホテルの部屋で、長政のことについて少し考えたいことがある。何か重大な情報が見つかるまでは、当分一人で居たい」と彼に言った。

それを聞いていたホテルの若い従業員が、シャン語で口を挟んだ。モートゥの通訳によると、彼は「この町に居るラフ族の八〇歳位の老人が、一〇年位前に、メコン川沿いのラオスに近い山奥で、道に迷った時に、偶然、ニホン人の住んでいる集落を見つけたことがある」と言った。その老人から聞いたことは「その集落は、全部で三〇人近くが暮らしていたが、しょっちゅう居場所を変えているみたいだった。この集落には年寄りのニホン人が、三人も居て、村には子供や女の人も居た。簡単な食料を貰ったが、帰り際に長老みたいな人が出て来て、我々は、ニホンの元の兵隊だ。ここで見たことは誰にも言うな……と怖い顔をして言った」ということである。

モートゥはやけに難しい顔をして、「その辺りは、シャンの人間でも、誰も行ったことのない奥地なので、今まで、ニホン人の噂など聞いたことがない所です。そこは険しい山岳地帯だから、先の戦争で、生き残ったニホンの兵隊が居てもおかしくない」と首を傾け私の顔を斜めに見た。

私は手を大きく振って、「面白い話だが、今回の旅の目的は、チャイントンの日本人の侍の末裔を探すのが目的だから、そんな危険な所には行かない」とはっきり言った。

そして、モートゥに向かって「ゴンシャンの人達が、長政や日本人の侍達がタイからこの地に逃げて来たと言っているのだから、タイのアユタヤに行って、このような話があるのかどうか調べたいと思っている。しかし、チャイントンでの日本人の侍の話は、全部、昔から伝えられてきたことばかりなので、今ひとつ真実性に乏しい……。そのようなことが書いてある、文書などが見つかれば良いのだが……」と話して、「これぱっかりは運に任すしかない」とため息をつきながら、「しばらく、一人で町の風景など撮っているが、私がタイに出発するまで、もう少しがんばってみてください」と言ってモートゥの手を握りながら激励した。

だが、彼はもう既に諦めていたらしく、「それなら、最後にチャイントンの観光をしよう」と言い出した。

「中国、国境のモンラーの町。ロイモエ山の、英国の支配の時からあるカトリック教会。その湖畔にある、ニホン兵が来た時に、飼い犬まで殺して、一斉に逃げだした英国人の別荘地跡。そして、ニホン人の好きな温泉が郊外にある」などと、盛りだくさんの観光地を並べ立てた。

うんざりして聞いていた私は、「観光に来たんじゃないんです」と今度は、わざと、日本語で言った。

しばらく考えていた彼は、どうやらこの言葉の意味が分かったらしく、嫌な顔してバイタクに飛び乗って帰って行った。

私はそれを見て、「もうそろそろ、この町ともお別れだな……」と低く呟いた。それから、私は市内の雑貨屋に食料やビールを買う為に、木陰を見つけながらトボトボと歩いて行った。

途中で、後から、「ピーピッピー、ピーピッピー」と笛を鳴らして、自転車に屋台を付けた物売り屋がやって来た。呼び止めると、移動式のパン屋さんだった。買って食べてみると、パンの形は、日本のメロンパンのようだが、ココナツミルクや芋の羊羹らしいものが中に入っていて、適当な甘さで香ばしかった。

雑貨屋のビールは、タイのチャーンビールの小さいカンだった。ガラスケースの中に入っていたので、てっきり冷やしてあるのかと思ったのだが、手に取ると生温かい感触がした。この店は、日本の町の小さな酒屋さんと同じような六坪位の広さで、ショーケースの中には、瓶やカンの飲料水が整然と並べてあったが、私が冷えたビールを要求すると、「冷蔵庫なんてない」と主人らしい男がぶっきら棒に言った。

パレーン門に向かって歩いていると、道路の左側の朝市が出る小さな広場の隅で、緑色のシャツを着た老人がポツンと立っている。目を凝らして見ると、ソーボワの直系の子孫のチョウ・ミュウさんだった。

彼は私を見つけると、すばやく駆け寄り後ろを指さした。そこは、ソーボワ（藩王）の墓所だった。先日この前を通ったら、古い木製のアーチ型の頑丈そうな扉に、大きな南京錠が掛けられていたのだ。彼は周りを気にしながら扉を開けると、私に付いて来いと目で合図した。私は、彼の後を追って泥や石で固めた階段を駆け足で上って行った。

墓地の中央には、煉瓦造りの方形の霊安堂が二棟あった。屋根を支える板には、火炎が燃え上がるような、見事な彫刻が施されている。外壁が赤い漆喰塗りで、屋根が黄金色に輝く堂が一棟、全体が白い漆喰塗りの堂が一棟建っている。

敷地はそれほど広くなかったが、少し高くなった台地に三基の大きなお墓が並んでいる。お墓は西洋の墓地で見るような六角形で、上部が三角のおにぎりの形だった。墓石の表にはシャン語で、裏には英語で歴代のソーボワの名が刻まれていた。建てられた時は真っ白い漆喰で塗られていたと思われるが、長い間、風雨に晒されていてところどころが斑に黒ずんでいた。

墓の周りは雑草やサボテンが雑然と生い茂っている。私達は霊安堂の基壇に座って、できるだけ小さな声で話し始めた。彼はさすがに教養があるのか、簡単な英語が分かる。私達は、身振り手振りをまぜながら話し合い、何とか会話ができた。

彼は「私がここを通るのを何日も待っていた」と言って、「この墓地は、普通の人には見せません。何故なら、この町の人が私に近づくのを、公安の人間が、極端に嫌っているからです。先日は、隣にシャン人が居たので言い出せなかったのですが、この墓地をあなたにぜひ見せたかった」と下を向き、目を細めて話し出した。そして、「ここは、歴代のソーボワの墓地です」と言ってお墓ある方向を指さした。

「祖父も、最後のチャイントンのソーボワだった父も、ここで眠っている。父が、一九九七年にラングーン（ヤンゴン）で死んだ後、私が、ここに新しいお墓を一基建てて埋葬した」と言って顔をあげた。

「この場所は、歴代の藩王の墓地だから、王様以外のその他の親族は埋葬されていません。だから、ナガマサもここには葬られていないのです。迷信深いビルマ人は、さすがにこの墓地までは破壊しなかった」と話して目を何度もしばたいた。

これらのことを何回も聞いて、ようやく理解した私は、「ここに、長政のお墓がないことは分かりましたが、葬儀のことで、何か特別なことは聞いていませんか」と言って、耳に手を当てて聞く真似をした。

彼は、少しの間考えているようだったが、「葬儀は土葬で、当日には、全員が白装束に着替えて墓地に向かったこと、子供は、葬儀に参加ができなかったことなどです」と、身振りや手振りを交えてわりとゆっくりと喋った。

「普通のゴンシャンの人達のお墓は町にあるのですか」と尋ねると、「ソーボワは英国から任命されていたから、役人や町の僧正を呼んで葬儀を盛大に行い、亡骸を甕に入れて墓地に埋葬した。だが、一般

ソーボアの墓地

の家庭では、通夜を二、三日間行い、僧侶を呼んで葬式をした後、亡骸を棺に入れて、占い師の指示で、町の西のはずれにある山野に埋めた。勿論、石柱や墓碑なんてない」と言って顔を顰めた。

やがて、話し終わると、彼は大きな風呂敷のようなシャン袋から、赤や青の長い布が垂れ下がった青竜刀を取り出して、これから、先祖の前でシャン伝統の剣踊りを舞うから、写真を撮ってもらいたいと立ち上がった。

色々なポーズで刀を振り回す彼の顔は、真剣で美しいほどの悲壮感が滲み出ている。一時、狂ったように踊りまくった彼は、小さな袋から黒々とした塊を幾つか取り出した。「これは、宮殿が爆破された時の燃えカスです。ぜひ、日本に持ち帰って皆に見せてください」と言って私に手渡した。

私は思わず、「宮殿はどこにあったのですか」と尋ねたところ、彼は黙って、ノントーン湖の方向を指差した。

そこには、ひときわ大きなホテルが佇んでいた（一九九二年、この宮殿を爆破した軍事政権は、この地に国営のホテルを建設した。そして、シャン州の都市名もミャンマー語〈ビルマ語〉に変えて、古来から呼称されてきた「ケントン」というこの町の名を「チャイントン」に変更した）。

空は良く晴れているが、低く垂れ込めはじめた白小雲の上に、不吉な感じの黒雲がどこからともなく湧き上がって、この通りの風景をいっそう寒々とした恨めしいものにした。

長政や侍のことが書かれている古文書

私達は翌日の七月九日の昼過ぎに、市内にある、モートゥの馴染みの中国レストランで、食後のコーヒーを飲んでいた。どうしているかと、気にした彼が訪ねて来てくれたのだ。

私は、彼を久しぶりに食事に誘った。コーヒーは、相変わらずこってりとした甘さで舌に絡みついてくる。ミャンマーのコーヒーは殆どがインスタントコーヒーなのだが、最初から砂糖や練乳をふんだんに入れて持ってくるのだ。

この店はこの町でかなり人気があるらしく店内はいつも客で一杯だ。

新しい日本製のランドクルーザーが、坂の上から土埃をあげながら降りてきた。二台の車が店の前に横付けされると、モートゥが「タイ人だ」と大きな声を出して言った。

車から降りてきた五〇代の男女のグループは、賑やかな笑い声を挙げながら、チーク材の豪華なテーブルの前に座った。そこはこの店の一番眺めの良い場所で、予約席の札が張られていた場所だった。

この店の若いお嬢さんらしい人が、何か用事があるのかモートゥの処へやって来た。彼女は、一見、二〇歳位に見えるショートカットの大柄な少女で足が長かった。派手目の赤い小花の模様が散らしてあるタートルネックに、スリットの入った黒のタイトスカートと、まるで、タイの国際観光都市・チェンマイの、外人専門のゴーゴーバーで働くショーガールみたいに垢抜けている。

モートゥは、彼女としばらくシャン語で話していたが、やがて、私の方に向き直って「ゴンシャンのソーボワの親族のお婆さんが、この近くの医院に通院している」と話した。

詳しく聞いてみると、その彼女の家は、ソーボワの親族の中でもかなりの名門なので、この人なら、何かニホン人のサムライのことを知っているのではないか、とのことだった。

この町で、私がゴンシャン族や日本人の侍の末裔を捜し求め、その情報に高額のお金をだしていることは既に町中に知れ渡っていた。

私は、チャイントンの町は、家が密集しているところは意外と少なくて、ほんの三〇分も歩けば郊外に出てしまうので、もう新しい情報は出ないと思っていた。しかも、このところ、モートゥが持ってくる情報は、空回りする話ばかりだったので、うんざりしていた私は余りこの話に乗り気ではなかった。

そのお婆さんの通院している医院は、ここからほんの二、三分の近い場所にあるというので、私は渋々モートゥのバイタクに乗った。

パレーン門から中央市場に向かう道路沿いにその医院はあった。道の両側には、日用品の雑貨、お菓子、金物屋、おかず屋などが僅かな商品を並べて売っている。大きな葉が陰をつくっているガジュマルの下では、麦わら帽子を被った女性が、分銅を使って竹笊に入ったてんこ盛りのお茶の葉の目方を量っている。

医院の中では三、四人の老人が長イスに腰掛けて順番を待っていた。待合室の広さは一〇畳位で、日本の田舎の町の診療所と同じ位なのだが、受付もなく看護婦さんも居なかった。道路際の丸イスに座っていた七〇歳位のお婆さんがモートゥに用件を聞いてきた。彼女は、患者さんかと思ったのだが、どうやらこの医院のお医者さんの母親らしかった。先生は、診察中だからそこで座って待つようにと、彼女は奥のイスを指差した。

待っている間に、後からバイクで乗りつけてきた、見上げるほど背が高くて、幾分、猫背の六〇代の男性が前のイスに座り、にこやかな微笑みを浮かべて、アクセントの強いミャンマー語なまりの英語で私に話かけてきた。

モートゥは隣のお婆さんと、しきりに冗談を言い合って笑っている。

「私は退役軍人のメイ・ミョウです」と言って、彼はくすんだ黄色のロンジーの裾を手前に手繰り寄せた。「あなたはここの患者には見えないけど、新しいお医者さんですか」

「いや、私は日本人で、唯の旅行者です。先生に用事があって来たのですが、今診察中なのでここで待たしてもらっているのです。ミャンマーでも、お医者さんは人から尊敬される仕事で、学生さんに人気のある職業でしょう」と問うと、

「最近は医者になる学生は少ない」と言ってしょんぼりとした顔をした。

「何故なんですか」と聞くと、彼はか細い声を出して、

「少し前までは、医者は学生の間で大人気の職業だった。何年か研修を受けると、どこの土地でも、開業や自分の希望する病院に勤務することができた。しかし、最近は、政府が開業地や勤務先を決めるので、親元から離れたくないミャンマーの学生には、不人気になってしまい、医者を希望する学生さんは減ってしまった……でも、これは、ミャンマー国内の無医村をなくそうとする政府の政策の一つなのです」と低い声で呟いて、しきりと周りを見渡した。そして、「今時の大学生に人気のある職業は、軍人だ。ミャンマーでは、大学を出ても仕事がないのが当たり前なのだが軍人だけは別なのだ。自分の居たミャンマー軍の駐屯地でも、実戦経験のない若い将校ばかり増えて、困ったもんだ……」と言って苦笑いした。

やがて、一人の患者が奥の室から出て来ると、医者は弾んだような高い声でモートゥの名を呼んだ。

診察室の入口にはドアはなかったが、ベージュのレースのカーテンがかかっている。我々はレースをくぐって診察室の中に入った。

六畳位の室内は、聴診器の置いてある机や漢字のラベルが張ってある薬瓶が入っている戸棚などがきちんと並んでいて、脇にある診察台は、黒い漆でしあげた太いマホガニー材だった。

五〇歳位の白衣を着た先生は、机の前に立って私達を出迎えてくれた。肌が白く、がっしりした堂々たる体格でどこか威厳のある風貌である。モートゥが用件を話すと、彼は巧みな英語で、「自分もゴンシャンである。だけど、私はニホン人のサムライのことは全く知らない。そのお婆さんは、先週で治療が終わった」と言って、下を向きながら残念そうな顔をした。

彼は親切な人のようで、モートゥの前で、そのお婆さんの家の地図を書いてくれた。我々は、突然の訪問で、先生の診察の邪魔をしたことを詫びて早々に退室した。

そのお婆さんの家は、そこからほんの二、三分の所にあった。店の中は、広い土間になっていて、チャイントンでは珍しく間口が広かった。

色々な種類の漢方薬草が平べったい金盥に積み上げられている。目の細かい竹笊には、長粒のシャンのお米が山盛りになっている。八〇歳位のお婆さんが一人で店番をしていた。

モートゥが近寄って聞いてみると、確かに我々が探している人だった。しかし、モートゥの通訳によると、彼女は「ニホンのヘイタイなら見たことあるが、ニホン人のサムライのことは知らない」と言っているらしい。

しばらくすると、ここの奥さんらしい五〇歳位の人が、店に出てきてモートゥやお婆さんとシャン語で話をしている。そして、彼女は私に向かって恭しく挨拶して、「今、主人が参りますから……」と言って急いで奥に引っ込んだ。私は念の為に、モートゥに英語でメモができるようにしておくように言った。

彼がメモ帳を出すと同時に、奥さんと同年輩の男の人が現れて、モートゥの話を聞くや、その人は、いきなり、後ろにあるガラス戸の書庫から分厚い本のようなものを大事そうに抱えてきた。その本の大きさは日本の電話帳位で、厚さは二センチ位あった。

彼はその書物のような物をぱらぱらと捲ってから、「これは、クンシャンの歴史を書いた古文書である」とシャン語で話し始めた。

モートゥの通訳によると、彼は「私の家は、代々ソーボワの文書を管理する長官の家系であった。此の本には、各ソーボワ（藩王）の治世の時に起こった大きな出来事が書いてある。この中に、シャムからケントンに逃げてきた、ニホン人のサムライのことが書いてある」というようなことを低い声でやけに慇懃に言った。そして、先日、弟が訪ねて来て、「この古文書を調べて、書き写して行った」とシャン語で話したのである。このことをモートゥから英語で聞いた私は、この人が、サイ・ロン・センナンさんのお兄さんだということが分かったのだった。

私は、いたく感激して、もっとよく見せてもらおうと、その古文書に駆け寄ったのだが、この人はどういうつもりか、私達の前で、この古文書をさっさと書庫にしまいこんで鍵を掛けてしまった。

呆然とする私の前で、この人は、脇の戸棚から、黒光りする鉱石のようなものを持ってきて、それを私の前に置くと、「この石は、体の痛みを取る石で、風呂の中に入れて使うと、素晴らしい効き目がある。先日、アメリカ人が一〇〇ドルでこの石を買っていった」と、今度はたどたどしい英語で喋った。

彼は落ち着きがないというか、せっかちというか、やたらに店の中を動き回って、時々、私を見透かすように上目使いをする。

私は、この石を買う積もりは毛頭なかったので、モートゥを傍らに呼んで、シャン語で彼に、「御礼はしますから、この古文書の写真を撮らせてください」と頼んでもらった。

しかし、彼は狭い眉間に深い縦皺を寄せて、「この石を買わなければ、この古文書の写真は撮らせない」と叫ぶばかりであった。

「この石は買わない、だけど、写真の御礼は充分しますから……」と英語で言って、彼に向かって何度も手を合わせた。

私達は何回か押し問答をしたのだが、埒が明かないので怒った私は、バックを抱えて外に飛び出した。しばらく経って、車にやって来たモートゥは、「あの男はマネークレイジーだ」と大きな声で叫んだ。あの温厚な彼が、赤い顔を上気させて、気色ばんでいるので聞いてみると、あの人は、モートゥに「古文書を見たのだから、金を置いていけ」と言ったそうだ。

「いざとなったら、サイ・ロン・センナンさんに、古文書の写真の撮影を頼めば良い」と彼を慰めた。

そして、私は彼に「もうそろそろ、この町を離れタイのアユタヤに行こうと思っている。そこで、チャイントンの長政や侍のことを調べるつもりだ」とできるだけ静かに話した。

それを聞いていたモートゥは、しばらく憮然としていたが、やがてバイタクに飛び乗り、車をホテルの方向に向けた。

町の外れに出ると、老人が小さなイスを持ち出して道端に腰掛けている。濃い緑の菩提樹の下では、椰子の葉の茣蓙を敷いて女の子たちがおはじき遊びをしている。道路の端で男の子が五、六人、輪になって、ビー玉遊びに夢中になっていた。

また、軒先では、親子が笑いながらチェスをしている。各戸の家の入口には、幼子を前で抱いた母親や、杖を持ったお婆さん達がじっと佇んでいた。

私はモートゥに「あの人達は何を待っているの……」と聞いたところ、彼は「皆、風が吹くのを待っているのだ」と言って車を道路脇に停めた。

やがて、急にオレンジ色の夕陽が陰ると、高原を渡ってきた風は、町を駆けめぐり、木の葉を巻き上げて、小さな渦を巻きながらパレーン門をくぐり抜けてきた。緑の葉の青々とした咽るような匂いも、くるくるまわる風にのって運ばれてくる。

山々の峰が遠近を失って墨色に染まり、その重なりもよく見えないが、小さな明かりを灯した遠くのパコダは、どこまで行っても黒く続いている深い森の残照を映して、緑の夜光虫のように怪しく煌いていた。

古文書からの報告書

『ビルマのケントン〈チャイントン〉に住んだサムライ』

現在のチャイントン市（Kyainton）・当時のケントン町（Kentung）を、サイン・ナン・トゥン王（一八五三年）が支配している時に起こった重大な出来事について書いてある本（Lord of Life）がある。

それによると、一六〇七年に山田長政を長とした、日本の侍達、六九名あるいは六二名がケントンを訪れて、サン、ナン、トン王に難民として扱われ、生活していたとのことである。侍達がやってきた時に、災いを恐れたケントンのソーボワ（藩王）であったサン、ナン、トン王は、直ぐに占い師を呼び、侍達のことを調べたところ、侍の一団の名前はとても良い名前だと言われた。

それを聞いたケントン王は、安心して彼らを歓迎し、侍団を家来にした。そして、日本の侍の習慣を尊重して、ケントンの国民にも昔風に長髪を垂らして束ねるのをやめさせて、頭の後ろで結いあげる髷のような髪型にさせた。時が経って、ケントンの娘達は侍達と結婚して子供が生まれた。

この地方の人々が着る服も、昔の日本の着物に似ていると言われている。例えば、男は、袴のようなズボンを穿き、女は左前で合わせる服を着ていた。彼らは木や竹の草履を履いていて、住む家の形も違っていた。

食べ物については、食料であるゴンシャンの言葉で、「パッチョー」という白菜と砂糖を使う食べ物などに日本文化を取り入れたことが窺える。昔、ケントンに来た西洋人がこの料理は日本の料理に良く似ていると言った。

また、新築祝いの時の歌はゴンシャンの言葉で「イーマ」と発音するが、これが日本語の響きに良く似ていると日本のビルマ大使であった鈴木氏は言った。

もう一つは、日本のビルマ大使であった鈴木氏が日本語で書いた『ビルマという国』で、長政とその武士の一団が日本の海軍の助けを借りて、京都から初めて船で台湾に渡ったことが取り上げあげられている。

そして、彼らは筏を作り、台湾からこれに乗ってシャム国に着いた。シャム国は隣国と戦争をしていた時期だったので、長政や侍の一団を兵隊として雇い参戦させた。侍の一団はこの戦争で勇敢に戦い勝利を治めたので、シャム王は侍の長である長政を左近の将軍として勤めさせた。

時が経ち、侍の一団はシャム国の女性と結婚し子孫が生まれた。その後、シャム国に日本人村ができた。

やがて、シャム王は病気になり左近の将軍とシャムの将軍を呼び、長男を王とする遺言を告げた。

その後、シャム宮殿の中で反乱が起こって、長政将軍も毒殺された。日本人の家族は、全員シャム国から退去するように反乱の首謀者が命令を下した。侍の一団が、筏を作り出発準備をしていた時、シャムの兵隊が彼らを包囲した。シャム国の兵より、侍団の兵の方が少なかったので、侍団は負けてカンボジア方面に逃げたが、その地で亡くなったと日本史には書かれている。

侍のうち、残る六二名は怪我をしていて、ビルマ（ミャンマー）の東部にあるケントンの方に逃げ、難民として生きてこの地で亡くなった。

残された子供達はゴンシャンの人々と結婚しその血族は今でも続いている。


（記）

サイ・ロン・センナン／ケントン（チャイントン）／ミャンマー
（翻訳）
マウン・ミンニョウ／日本在住／ミャンマー

ビルマのケントンに住んだ日本人についての、他の資料があるのでここに紹介する。左記は、富田仁編『海外交流史辞典　日緬交流略史』（日外アソシエーツ、一九八九年）より、「ビルマ」の項の抜粋である。

（略）また、言い伝えによると、ビルマの東北のケントンにも日本人の集落が形成されていたという。

一七〇〇年ころ、タイのアユタヤから罪人として追放された三二人の日本人がケントンで獄中生活をすごしていた。のち、彼らは釈放されて、ケントンのために武勲をたてた。

これが認められて、日本人の首領が土候の跡目をつぐことになった。この日本人はクン族と呼ばれ、日本式の生活様式を今に伝えているという。（略）

これらの『日本人の子孫、クン族』の話は、一九四〇年ごろ、ケントンを支配していた王様の姉『プリンセス・ソウナンテプラ』がケントン・ステートを訪問した日本人に語ったものだが、この中で、「王位は代を重ねて、現在、九代目で、八代王は、王位継承の争いにより殺されたと言って、九代目の王の写真を渡された。また、このステートの王族は日本人の後継だと言ひ、しかも当地では皆これを信じている」と書かれているので、王族の関係者を調べてみた。

『消え去った世界』の中に書かれているチェントゥン家系＝ケントン家系（マンライ王直系）の項目では、「プリンセス・ソウナンテプラ」が生存していたと考えられる時代の王は、サオ・コンタイ一世、（別名、サオ・ムン・ケン）で、第三八代チェントゥン藩ソーボワ（在位一八八一〜一八八六）となっている。その子ども達の名の中に、三女として「サオ・ナン・ティプ・ティラ」（女）、の名前が載っており、モーリス・コリス「落日の支配者」の中の重要人物と書かれている。

そして、第四〇代のソーボワは、サオ・コン・キャオ・インタレン（男）で、一八七三年生〜一九三五歿、著者の祖父となっている（この人は、チョウ・ミュウさんの祖父でもあると考えられる）。

更に、ナン・ポーン（第二妻）の息子として、サオ・コン・タイ二世（男）、（一八九五生）、一九三七年一〇月二二日暗殺死と記されているので、この老王女の「プリンセス・ソウナンテプラ」は、「サオ・ナン・ティプ・ティラ」のことであり、実在の人物だったと思われる。

また、この「この地方の人々は、文字の読み書きを僧侶より習うので、自分の姓名も書き得ないというものは割合に少ない。貴族には貴族学校があって日本の当時の中学程度までの教育を受けている。その上の高等教育を受けんとする者は、ビルマのラングーンなどの都市で学べる」と書かれている。

「消え去った世界」の著者ネル・アダムズ（シャン名、サオ・ノン・ウゥ）さんもラングーン（ヤンゴン）大学を優秀な成績で卒業している。

国境の双子の町

山越えで故障した急行バス

情報がぱったりと来なくなり、どこか塞ぎの虫に取りつかれた私は、部屋に閉じこもり、テレビを観たり、ベットで横になってゴロゴロと寝てばかりいた。

ここでは、国営のミャンマー放送は電波が入りづらいのか、音声は途切れ途切れで、画面は波を打ったようで見づらかった。たまには正常に写るのだが、軍服姿の高級軍人が登場し、やれ、ダムを造った、橋を架けたとか、やれ、工業団地を造成したなどと長々と説明して、国の経済政策が成功していることを鼓舞する場面ばかりでちっとも面白くなかった。

それが終わると、今度は民族衣装で着飾った若い男女が、伝統の舞踊を踊り、その後、正装した直立不動の歌手が現政権を賛美して、高揚する曲で歌いまくり、国を挙げてのプロパガンダの画面が延々と続くのである。

タイや中国のテレビ放送は、正常に映るのだが、メロドラマや大げさなアクションの映画ばかりである。どういうわけか、この三国のテレビ画面には、左上の隅に一センチ位のロゴマークというか、商標のような印がついたまま放映されているので、うっとうしくて観るのが嫌になった。

七月一〇日の朝、気を利かせたホテルのマネージャーが、近所にジャパンのお寺に似ていると言われているシャン寺があるので、行ってみたらどうですかと声を掛けてくれた。

私は日本の寺に似ているということに興味があったので、気晴らしに出かけてみることにした。

ホテルを出てエアポート・ロードを左に曲がり、崩れかかった城壁がある勾配のきつい坂を上り、右に折れて細い路地を行くと目指すワット・インがあった。

赤い唇の大きな獅子のような守り神のチンテの座る門の上には、小ぶりな三重の塔の建物が聳えている。広い境内には、天を突くような先端の細いパコダが凛然と輝いていた。細長い瓦が重なっている屋根の本堂は、入母屋風の造りだが、宝物殿や書庫など、建物の屋根は切妻で、建物全体が濃いワインレッドのような朱色で塗られていた。壁をぐるりと囲む格子戸は、強い陽光を反射して、白い色が銀色になって鈍く反射している。また、宝物殿の大きな軒天には、日本の武家屋敷のような紋章が飾られていた。

ワット・インのパコダ

本堂に入ると、左隅の壁の前に、時の重みに耐えているような、古い大きな太鼓が置かれていた。日本のお祭りの時に引き出されて打たれる、台車付きの和太鼓とそっくりだった。

そして、壁一面に、金漆のジャータカ物語の壁画が描かれている（ジャータカとは、『本生話』などと訳される釈尊の前世の物語である。仏陀（釈尊）は、ネパールの地に生まれて、三五歳の時に悟りを開かれたと言われている。カピラヴァット城主の息子であったシッダッタ王子〈後の釈尊〉の、不思議な動物などへの生まれ変わりの姿を、合掌しながら見守る民衆の一人一人が生き生きと描かれている絵だった。釈迦の生まれた、サーキャ族のカピラヴァット城跡と言われている場所は、現在二つあり、一つはネパールに、もう一つはインドにある）。

薄暗い堂内の壁や太い柱、扉などが、漆の深い紅柄色で統一されていて、日本の奈良のどこかの名刹に迷い込んだような気がした。

太陽が中空に差し掛かったのであろうか、横に並んだ明り採りの天窓から、強い光が空間を斜めに突き刺してきて、たおやかな顔の金色の仏像の背中にぶつかり回廊に向かって方向を変えた。

ひときわ明るくなった本殿の前で、二〇歳位の修行僧が三〇代位の女性に話をしている。太い柱の影から、赤児を抱いた主人らしい人が心配そうな顔で見守っている。少し高くなった台座には、仏像達がずらりと静座して、艶っぽい目を大きく見開いて信者を見つめていた。

この寺には、大人の僧侶や高僧《サンガ》があちこちで法座を開いているのに、その青年僧は、立ったまま凛とした姿勢で説法を続けていた。その姿には、若いながらも、法を悟った僧としての確かな存在感があった。

ノイイー・モーテル

堂内はどこまでも静寂で、ぴーんと張り詰めた三味線の糸のような緊張感が生まれている。しかし、そんな中でも、ミャンマーの寺は、タイの戒律の厳しい寺の僧侶とどこか違う、伸び伸びとした自由な暖かい雰囲気が漂っていた（上座仏教の世界では、『戒律のタイ』、『瞑想のミャンマー』と言われている）。

外に出ると、ノントーン湖からの湿った風が、じっとりと体に纏わりついてきた。

私は、最初に泊まりたかった、湖に近いノイイー・モーテルに行ってみた。

コロニアル調の風格のあるノイイー・モーテルは、ソーボワ（藩王）の元の屋敷で、チョウ・ミュウさんのお父さんが所有していたが、ソーボワ制度崩壊後に政府に没収された建物の一つである。

隣には、この町で一番立派な国営のチャイントン・ニューホテルがある。此の地には、一九九一年に軍事政権によって爆破された、円形ドームをもった西洋風のソーボワの宮殿（チャオ・ファ宮）があった。

現在、ノイイー・モーテルとチャイントン・ニューホテルは、ノントーン湖に通じる一本の道路で隔てられているが、かつては、宮殿の建っている広大な敷地の中にソーボワの屋敷（現、ノイイー・モーテル）もあったのである。

イギリスの田舎の家を偲ばせる、カントリーハウス風のこのモーテルは、一九世紀初頭に建てられた当時のままの趣が残っている。見た目は、まるで、伊豆高原にあるプチホテルのようだが、シャン高原に残っているこの建物は、どこか風格があり歴史の重みが感じられた。屋敷内を覗いてみたが宿泊客の姿がどこにもなかった。

やはり、ここには、ソーボワの哀れな悲しみが閉じ込められているのか、広い邸内はひんやりとした重い空気が漂っていた。

その謐寂な雰囲気の中で思いだしたのだが、先日、宿泊しているホテルの庭先にブドウを売りにきていたカタコトの英語を話すおばさんに、私がノイイー・モーテルの話をすると、彼女は「あそこの辺りには悪い霊が住んでいる」と引きつった顔で話したのである。今でも、チャイントンの人々は、「軍がナッ（精霊）が住んでいるチャオ・ファ宮を爆破したから必ず祟りがあるに違いない。そこへは近づかないほうが良い」と私にわざわざ忠告してくれる。

そして、たまに、町中や茶店でソーボワの子孫が一人で居るのを見つけても、町の人々は災いを恐れて誰ひとり声をかけないとのことであった。

それを聞いた私は、もう充分、ソーボワの子孫の人達は罪を償ったのに、いまだに村八部にされている現状に、チョウ・ミュウさんのことを思い出して、余りにも可哀相だと憤慨した。

このモーテルの庭にしばらく佇んでいると、歴史に翻弄されたソーボワ一族の悲しみがヒタヒタと心に伝わってきて居たたまれなくなった。

私はそこを離れて、坂を下り中央市場の横の道を通りパレーン門に向かった。

途中で、プリンセスホテルの近くに止まっている古いローカルバスを見つけた。近寄ってみると、このバスには誰も乗っていなかった。日本製のイスズのミニバスで、ボデイに『しんわ幼稚園』と書かれてあった。車体には、カラフルな色の赤、青、ピンク、黄色の玉と、波を打ったような緑の帯が描かれている。ミャンマーでは珍しい、艶のある明るい色彩が強い陽を受けて輝き、目が痛くなるほどまぶしかった。

ところどころに穴が開いているステップに乗り、扉を手で触ると焼けるように熱かった。座席や通路にはごみひとつ落ちていなかったが、破れたシートの上にうっすらと黄色い埃が積もっている。

道路の反対側には、ミャンマー人専用のゲストハウスが建っている。覗いてみると、一階の待合室には、行李や丸めた布団を床に置いた沢山の人が、お茶を飲みながらがやがやと話をしていた（ミャンマーの人達は、茣蓙、毛布、枕、薄い布団などを、携帯に便利なように一まとめに丸めて、これらを持って旅をする。ゲストハウスに泊まれない人達も、わずかなお布施で、各地にある寺院や僧坊の簡単な宿泊施設、廊下、村の集会所などで宿泊ができるのである）。

玄関前の階段で、暇そうに座り込んでいる若い男に、『タチレク』と言って聞いたら、頷いた彼は

「出発は、朝の八時と午後の二時の二回だ」と手の指で八と二をつくった。

そして、前の建物を指差して、眠たそうな声で、「ここのゲストハウスでキップを売っている」とシャン語で喋った。

私はその時、自分のホテルから朝早くここまで来れば、このタチレク行きのバスに乗れると思い込んでしまった。しかし、そう簡単に物事が進まないところがミャンマーだった……。

ホテルに戻ると、フロントのカウンターに寄りかかって、モートゥとマネージャーが何事か額を寄せ合って話をしていた。

私は彼らに近づき、「明日の朝、ホテルをチェックアウトするから……」と言った。モートゥは、すぐさま、「飛行機のキップは手配したのか」と尋ねてきた。

「タチレクまでバスで行きたい、どの位、険しい山道なのか見てみたいのだ」と言って、私はマネージャーに向かって手で伝票を書く仕草をした。

「それでは、これからバスのキップを買いに行きましょう」とモートゥが言ったので、「自分で行くからその必要はない」と即座に断った。彼は、怪訝な顔をして私を見ている。

良く聞いてみると、外国人は先程のローカルバスに乗れないのであった。外国人は、指定された郊外のバスターミナルに行って、タチレク行きのバスのキップを買わなければ成らないと言う。私は慌てて、モートゥの運転するバイタクに飛び乗りバスターミナルに向かった。

タチレクに行く幹線道路と言っても、時々、野菜を満載したトラックや鎌、小鉈などを持ったバンダナ姿の農民を乗せたトラクターが通り過ぎるだけだ。何故か、どの車でも男と女は別々に乗っている。集団で田圃や畑に向かって歩いていく人達も男女に分かれている。そして、必ず男の後に女の人達が続くのである。

ここでは、あの大都会バンコクで悩まされる、耳を劈くようなけたたましい車の騒音や警笛は聞こえてこなかった。そして、目はおろか、肺までチリチリと痛くなる排気ガスやスモッグの襲来もなかった。

道路や町に電柱が並んでいたり、電線が張り巡らされたりしていないので、視界を遮るうっとうしいものが何もないのである。

緑の緩やかな丘稜がどこまでも続いている。空気が澄んでいるのだろうか、山なみの麓やはるかな地平線まで鮮やかに見渡せた。

やがて、遥か先に、トタン屋根が波を打った細長い山小屋風の建物が現れた。モートゥは、あそこがバスターミナルだと指差した。赤土の広場にはミニバスが一台と数台のバイタクが客待ちをしている。その平屋の建物は、平地から、一メートルも高くなった台地の上にあった。泥で固められた階段を上った板張りの出窓でキップを売っている。

タチレク行きの、明日のキップを申し込むと、白いシャツを着た若い男が顔を出して、「大型の急行バスで、座席指定です。エアコン付きだから、快適なバスの旅ができます。運賃は六〇〇〇チャット（約六〇〇円）で、所要時間は四時間です」とシャン語で言った。

キップ代を払った後、私は「出発時間は何時ですか」と聞くと、モートゥとその男の人は、カウンター越しにしばらくの間話し合っていた。

やがてモートゥが私の方を振り向いて、「出発は明日の朝、八時三〇分発です」と言ってやけに厳しい顔で話し出した。

「このバスのキップ代の受取書を持って、明日の朝七時にイミグレに行き、通行許可証を貰って、八時までにここに持ってこなければバスのキップが貰えない」と言うのである。

私は、そんなに朝早くイミグレが開いているとは思えなかったので、訝しげな顔をしていると、モートゥは「大丈夫です、イミグレは開いています」と言ってから、「面倒くさいなら、私のバイタクで、タチレクまでお乗せします」と申し出てくれた。

しかし、私は、頭の良い彼のこと、この機会に高額な運賃を請求してくるに違いないと思ったので、その申し出をやんわりと断った。

翌日、七月一一日、モートゥはホテルに七時に来た。彼は、タイのチェンマイにあるトップ・ノース・ゲストハウス近くに屯している――遅刻が当たり前のタクシーやトゥクトゥクの運転手と違って、時間を守ることにはかなり正確だった。

イミグレには七時一〇分に着いた。空が明るく輝き始めて、太陽の柔らかい光がなだらかな山腹を照らしている。古い木造の小さな講堂のような建物のある広場に、ミャンマーの国旗を掲げる木製のポールが立っている。町の通りを越えてきた巻き風に乗って、赤い旗がめまぐるしく右や左にはためいている。まだ、霞がかかったような空のミャンマー国旗が、朝の光を正面に受けると、あっという間に滲んだあざやかな赤紫色に染まった。

事務所の入口のドアは開いていていて、正面の壁には、悠然と微笑んでいるタン・シュエ議長の大きな写真が飾ってある。その下には、古い木製の机とイスが三台横に並んでいたが、それ以外は何もなくがらんとしていた。

七時半を過ぎても誰も現れないので、私は時計を見ながら、バスの出発に間に合うのか心配になってきた。

モートゥは「係官は、ここに常駐しているのでそんなに遠くに行ってはいない、散歩でもしているのではないか。直ぐ帰って来るから心配するな」と私の顔を覗き込むように言った。

やがて、バイクに乗った四〇歳位の、灰色の制服を着た審査官が現れて、急いで通行許可証を作ってくれた。だが、彼は書類を私に渡しながら、「この通行証のコピーを八枚、直ぐに取って来てください」と気難しそうに言った。

私は、二枚か三枚なら分かるけど、何で八枚なのだと不思議に思ったのだが、そんな質問をしている時間はなかった。

私達は大慌てで、町の中心にあるコピー屋に行き、戻ってきたら時計は八時を指していた。コピー屋は自家発電機を持っていたので、朝早くてもコピーはできた。ここでは店の人がコピーをする。A4サイズで一枚一〇チャット（約一円）だった。

コピーを受け取った係官は、そのうちの五枚を私に渡しながら、「タチレクから、陸路でタイには出られない、必ず空路でヤンゴンに出て、そこから出国するように」としつこく言った。ヤンゴンからチャイントンに来る時に、タチレクの空港で大勢の外国人が降りたので、もしかしたら、タチレクからメーサイに、陸路で出られるかも知れないと考えていたのだが、やはりミャンマーはそう甘くはなかった。

モートゥは「これからタチレクに買物に行くので、このバイタクに乗って行かないか」と、また訳の分からないことを言った。

私はイラついて、「もうコピーも取り終わったのだから、急いでバスターミナルに行ってください」と声を荒げてしまった。

バスターミナルに着いたのは、八時二〇分だった。

このコピーを受け取ったキップ売り場の若い男は、枚数をゆっくりと数えた。やがて、顔をあげて、何かモートゥに言っているようだった。

このやり取りをしばらく見ていると、喉が締め付けられるような、ただならぬ不安が心の中で沸き起こった。

やがて、モートゥは申し訳なさそうに下を向いて、「コピーが一枚足りない」と言った。

それを聞いた私は、ジイジイと耳鳴りの音が鼓膜を震わせて、鼓動がドキドキと激しくなり、立っていることが出来なくなって、その場にうずくまり、腹から絞り出すようなうめき声を上げてしまった。そして、気を取り直し、目を吊り上げ、英語で、「イミグレでこの枚数を貰ってきたのだから、足りないのであれば、そちらでコピーしてください。時間がないんです。お金は払いますから、お願いします」と、ヒステリックな声で怒鳴ってしまった。

びっくりした彼は、「分かりました、そんなに怒らないでください」とシャン語で言って苦笑いした。

私は、やっとキップを受け取ったのだが、どういうわけかバスはまだターミナルに来ていなかった。

ここで、モートゥが急にニコニコして、「タチレクに行ってから困るだろうからと、一〇〇ドル分の札を細かいドルに両替してきました。あそこの町は小さいから、両替する銀行はないのです」と言って細かいドル札を出してきた。

私は、随分気が利く男だなと思って、その札を数えて、自分の一〇〇ドル札と交換した。そして、今回の旅行では、彼に随分世話になったので、日本から持ってきた懐中電灯やタイで買ったチャーン（象）ビアのマークの入ったTシャツなどを贈った。

以前に、モートゥが私の懐中電灯をパチパチと動かして、中国製は直ぐに壊れてしまうとぼやいていたのを思い出したのだ。

彼は私に礼を言って、別れようとしたが、車が来るまでにまだ少し時間があると言ったので、屋台の麺を二人で食べた。米の麺と野菜で煮込んだスープの中に、ゆで卵、さつま揚げ風魚肉が入っていた。揚げた豆やカボチャ、赤玉葱のおかずも、ぱりぱりしていて、トウガラシやニンニクなどの香辛料で味付けされている。ピーナツ油を使っているようで、少し脂ぽかったがほど良い辛味でうまかった。

食後に、この広場でバスを待っている人達を写そうとカメラを向けたら、木のベンチに座っていた格子縞模様の長いロンジー姿の五〇歳位の男が鋭い目を私に向けて、ダメだと言うように手を振った。

モートゥは何も言わないで、私の顔を見て頷いている。

ミャンマーの公安は、ポリスのような制服を着ていない、一般の民間人と同じような服装をしている。そして、何故だか、いつも一人で居る。また、誰とも口を利かない。通りを見つめてギョロ、ギョロと目を動かしているので、なんとなく普通の人ではないことが分かる。ここでも、民衆は災いを恐れてか、公安の人には決して近づかなかった。

彼と木製のベンチに座ってしばらく話をしていると、やがて、大型バスが大通りから、角を曲がってゆっくりとやってきた。どう見ても、三〇年位前の日本のバスのようだが、漢字や会社のマークは消されていて、濃い青色で鳥が飛ぶ姿と派手な流線型の波の模様が描かれていた。

モートゥと別れの挨拶をしてバスに乗り込むと前の方の席だった。

八時五〇分になって、バスはようやくタチレクに向かって出発した。私はモートゥの姿を見送りの人達の中から見つけようと、目を凝らしたのだが、既に彼の姿はそこにはなかった。

運転手は五〇歳代で、顔が大きく、目は細めだが逞しい体をしている。汗かきなのか、褐色の首筋から背中にかけてうっすらと汗をかいている。

フロントの席に座っている若い女性は、フクロウの刺繍で飾った半袖のポロシャツと長めの藍色のスカートを着ている。運転手は女好きなのか、話好きなのかよく分からないが、夢中でこの人と喋っている。

この中央の一番前の席に座る人は、私が今まで見てきた限りでは、どういう訳か、特権階級の女性が多かった。

例えば、空港の女性ポリスなどが、タクシー代わりにゲストハウスを廻るエアポートバスのこの席を利用しているのを見たことがある。この女性もそれらの階級に属しているのか、我々、一般乗客の方には見向きもせず、普通の人とどこか違うよそよそしさが感じられるのである。

若い二五歳位の車掌が、車内のクーラーのスイッチを何度も捻っているが、故障しているみたいで、何時まで経っても風が吹き出してこなかった。

前部の開けっ放しの扉の上に、鉄の風鈴が吊るされているのがミャンマーらしかった。

バスが郊外に出ると、窓から入ってくる柔らかな風で車内は清清しい草原の空気に包まれた。

周りを見ると、外国人は、私と隣の席の丸顔で坊主頭のクリックリッとした愛嬌のある、小さな目をしたタイ人だけだった。彼は中国系のタイ人で、雲南に言った帰りだと言ってパスポートを見せてくれた。名前はワッターニ（WATHNI）、揚樹民と書いてあって、中央の上に英語で、「THAILAND」、その下に「THAILAND ― MYANMAR」となっている。

彼はこのパスポートでミャンマーや中国に自由に行けると鼻高々だった。私は、日本にはない、こんな二つの国名が書かれたパスポートを見たのは初めてであった。

「タイでは、外国人でもタイ人と同じ料金でバスに乗れるのに、ミャンマーの民営のバスの中には、パスポートを見て、かなり割高な料金をとるところもある」と彼は怒っていた。だが、「このパスポートのお陰で、現地の人には、随分、親切にしてもらっている」と、小さな眉を小刻みに動かして喜んだ。

ワッターニさんは、親の仕事の関係で日本に何度も行ったことがあるので、日本語をペラペラ喋れて、わりと物知りだった。

車内は、商売でタチレクとチャイントンを往復している商人や、修行を終えて自分の僧坊に帰る僧侶が二僧乗っていた（ミャンマーでは、僧侶は大変尊敬されていて、一般の人のように何人とは数えない、僧侶は出家した時から人間ではなくなるからである）。

しかし、乗客とお喋りをする訳でもなく、どこか気取っていて取り澄ましていた。

ヤンゴンで、満員のローカルバスに乗った時に感じた、ミャンマー人特有の、髪の毛のヤシ油の甘たるい匂い、汗がほとばしる脂ぎった顔、巻きタバコのお香のような匂い、ニンニクの口臭や咽るよう体臭などが入り混った、あのエネルギッシュな熱気が、このバスの中では全く感じられなかった。

座席におとなしく腰を落としている人は、心なしか少し表情が暗かったが、目が合えば彼らは必ず優しい微笑みを返してくれた。

やがて、クーラーが直ったのか、冷たい風が勢いよく車内に流れてきた。

道路は、舗装された広めの二車線で、町のはずれに手押しの遮断機の降りたゲートがあり、係官が立って料金を徴収していた。ミャンマーで初めて見た有料道路だった。

沿道の床屋や雑貨屋の店先で、小さな瓶に入れられたガソリンが売られている。ヤンゴンでは二、三のガソリンスタンドを見たが、チャイントン市内の幹線道路では、看板をかけたスタンドをこれまで一度も見たことがなかった。それを見たワッターニさんは、「これらは、公務員や軍人などの横流し品のひとつだ。このガソリンは質が悪く、車は時々エンストする」と声を低くして言った。

遠くの地平線まで乾いた棚田が広がっている郊外を抜けると、緑が眩しい緩やかな丘に出た。

やがて、バスは喘ぐように大きく揺れると、木々の上に溶けたような靄がかかる乳白色の鬱蒼とした森林にゆっくりと入って行った。窓を少し開けると、高原の朝の匂いを含んだ空気が頬にあたり、濃密な冷たい感じがした。

前を走る小型トラックに向かって、運転手は激しくクラックションを鳴らすのだが車はなかなか道を譲らない。彼はひっきりなしにホーンを鳴らしまくり、前の車は一五分位走った後で左に寄りようやく道を開けた。

ワッターニさんが「ミャンマーの人達はまだ車に慣れてないのです。車を運転する人はまだまだ少ないし、おまけに、信号機も殆どないから、道を歩いている人や自転車まで、急に飛び出してくるのです。もし、この国で、交通事故で人を傷つけたりしたならば、直ちに刑務所に行くことになります」と言って両手を前に出して合わせた。

私はミャンマーの運転手が、なんであんなにうるさくクラックシヨンを鳴らすのかと思っていたのだが、彼の説明でようやく分かった。

背丈ほどもある草叢の間から人家がまばらに見えてくる。山間の少数民族の集落に入ったのだ。緑の中に埋もれているココヤシ葺きの家の殆どが、チョコレート色に塗られたチーク材で造った頑丈そうなベランダを持っている。住まいの中庭や竹囲いの中に、草を食んでいる水牛や鶏が放たれている。朝霧に濡れた小川の土手にアヒルの親子が寒々と固まっていた。

民家が途切れると、突然、目の前に大きく両手を広げた木製の遮断機が現れた。ＡＫ47、最新式のライフルを持った兵士が道の両側にずらりと並んでいる。

饒舌なワッターニさんは、「タチレクに向かうこの幹線道路は、密輸のメイン道路と呼ばれていて、特に警戒が厳重でチェックポイントが五ヶ所もある」と言った。

それを聞いて、私は五年前にタイ北部のメーホーンソーンで、首長族の村に向かっている途中、ミャンマーとの国境の五キロ手前で、タイ国境警察の野戦用の装甲車が道を塞いでいたことがあったのを思い出した。車に乗っていた若い警察官は、私を見るとミャンマーの方向を指差して「バマー」と叫んで手で喉を切る仕草をした。それは、向こうに行ったら首を切られるぞという警告だった。タイのチェンマイの人達からは、ミャンマー人は融通が利かなくて、頑固で非常に好戦的だと聞かされていた。

私はこんなに沢山のチェックポイントがあるのでは、何が起こるか分かったもんじゃないと心配になってきた。思わず後ろを振り返ると、車内はおおらかな微笑を浮かべる人の好いミャンマー人ばかりだった。

若い車掌が全員の通行証を持ってバスを降りて、それらの書類を軍人に渡している。これで、通行許可証のコピーが何枚も必要だった訳もやっと理解した。

ミャンマーの官僚主義は徹底しているようで、無駄なことでも、一度決めたことは絶対守らせるという、お役人の仕事のようだ。

バスは何事もなくチェックポイントを通過して、峠の入口の小屋掛けの土産屋でトイレ休憩となった。

色艶の濃いスモモやリンゴ、プラム、小粒のトマトが、木製の台の上に並べられている。どれも形や大きさは不ぞろいだったが、山盛りの篭の中で輝いている。山岳民族の村が近いのか、新鮮な水仙のような花束の横に三角のお餅や揚げ豆腐、納豆、竹の葉に包まれた赤飯なども売られている。この売店の若い女性達は、チャイントンの町の店の人と違って、賑やかにおしゃべりをしながら接客している。リンゴが赤く色づいていたので飲料水と一緒に買った。

五個で一〇〇チャット（約一〇円）、小さな飲料水のペットボトルは、二五〇チャット（約二五円）だった。リンゴの糖度は今一つなかったが、食べ終わるとみずみずしい清涼感が口の中に広がった。

一五分位の休憩の後、また、バスはヨロヨロと走り出したが直ぐに停まってしまった。

砂利を積んだ中国製のトラックが、道路の片側に並んでいる。前方でコンクリートの橋を架ける工事をしていた。バスは橋の手前から迂回し、玉砂利の散らばる坂を下って小さな川を横断した。川は意外にも水量が多く、窓から顔を出すと、タイヤの半分位のところまで水に浸かっている。エンジンは大丈夫だろうかと余計な心配をしたが、車は速度を落としてのろのろと無事に渡った。

川を渡ると道路は緩やかなくだり坂になり、峡霧でミルク色に煙る山奥に滑るように入って行った。勢いよく生い茂る潅木の枝が、切り立った崖から降りてきてバスの行く手を塞いでいる。運転手はスピードを落とさずに邪魔する小枝を鋼鉄の車体でバリバリと粉砕した。ふるえるようなバスのエンジン音と、立ち昇る排気ガスの黒煙が暗い密林に覆われた樹海に流れるように消えていった。

立ったままの農民を満載したピックアップトラックや古タイヤをうず高く積んだ大型トラックがやって来る。急カーブで交差する時に、どの車も人や積荷が振り落とされるのではないかと思われるほど車体が大きく揺れた。

道路に沿って流れるダルー川の水面が、朝日を受けて零れた刃先のように乱反射している。ミャンマーの川の水の色は、普通、赤か黄色の濁った色をしているが、この辺りの川の水は、日本の山岳地帯に流れている清流のようにどこまでも透明だった。

休憩所を出て一時間近くも走っているのに、まだヘアーピンカーブが続いている。やがて、道は片側が垂直に聳え立つ断崖となった。しかも、崖は所々が崩れていて、大きな石が道路の中央にまで押し出されている。そして、片側の谷川沿いの木製のガードレールが川床に落ちて路肩の一部が崩れ落ちていた。路肩の工事をしていて、やっと一台通れる位の峠でズルズルとスリップした時には、谷底に転落するのではないかと思われるほどバスは大きく右に傾いた。

落石で半分壊れた橋も無事に通過した。速度は少し遅かったがバスは順調に走っている。しかし、そのささやかな喜びもそう長くは続かなかった。

幾つかの山岳民族の集落を通過して、見通しのよいなだらかな坂でバスは急に停車した。人々がざわついているのに運転手は何の説明もしない。彼はやおら後部座席に向かうと、乗客に直ぐに降りるように指示をした。若い車掌は、前の座席の下から取り出した長い工具箱を抱えて恭しく運転手の横に置いた。

まるで手術に向かう医者のように、両手を前に出して車掌から大きなスパナを受取ると、運転手は錆びたネジを力いっぱい廻して、座席の下のエンジンのカバーをゆっくりと押し開いた。下の車軸には、赤丸の上に白い字で日産ディーゼルの『ＵＤ』のマークが刻印されていた。

私も車から降りて外から眺めてみると、赤紫がかった鈍色のオイルが帯のように長く道路に流れ出ている。それを見た私は（これは、ちょっとやそっとでは動かない、重大なエンジントラブルだ）と直感した。

バスを降りた女性や僧侶達は、このような故障に慣れているのか、ハンカチや僧衣で顔や頭を覆い道沿いの草叢や竹薮に入って行った。何をするのだろうと見ていると、道端の大きな葉を上手に絡ませて日除けの傘を作って隠れている。

別の乗客の一部は、バスの陰になったところにひとかたまりになっている。ぎらつく太陽は、雲ひとつない碧空の中央高くに上っている。じりじりと照りつける陽射しで顔がじわじわと火照ってきた。

私はワッターニさんを呼んで「故障の原因や代わりのバスのことを、運転手に詳しく聞いてみてください」と頼んだ。

しかし、彼は坊主頭を大きく振って、「ミャンマーでは、バスの運転手は神様のような存在で、民衆にとても尊敬されている。故障のことなど、聞くことはできない」と言った。

私は不思議なことがあるものだと思って、彼の話をよく聞いてみると次のようなことだった。

例えば、今回のようにバスの到着が大幅に遅れた時、運転手に「後、何分で目的地に着くのですか」などという質問はご法度なのだそうだ。バスは、土地を守るナッの霊の思し召しで道路を走らせてもらっているので、そのような質問をすると、精霊の怒りに触れてしまい、車に必ず災いがもたらされる。山や森、岩、大木のナッまでが祟りを起こす、と彼らは固く信じていると言うのだ。

「災いが降り掛かっている時に、代わりのバスのことなど聞いたら、運転手は凶兆から抜け出せなくなる。そんなに聞きたいのなら、自分で聞けばよい」と言って怒って行ってしまった。

坂の下から、ミャンマー軍の兵士を乗せたトラックがやって来た。車が止まると草叢からばらばらと女性達が飛び出して来た。今まで、のんびりと日陰を作って隠れていたのに、いざとなると、すばしっこいミャンマー女性の変わり身の早さに驚いた。

カラニシコフ銃を肩に担いだ、鍔の広いカウボーイハット姿の上官らしい兵士が降りてきた。駆け寄った人たちから事情を聞くと、彼は若い兵士を後部に立たせて僧侶と女性を乗せた。車掌が何枚かの通行証を隊長に渡して何か言っている。

ワッターニさんがやって来て、「救援のバスを頼んでいる」と言って初めて笑った。

その後も、ミニバスや乗用車が止まって、老人や急いでいる人を呼んでいる。しかも、運転手はやけにうれしそうな顔をして我先にこのバスの乗客を乗せようとしている。故障したバスに残された乗客も、文句も言わずに涼しい顔をして、他の乗客が差し出すタオルで顔を拭いている。

深い信仰の賜物だろうか、何て大らかな優しさを持っている人達なのだろうと思った。ここには生きた仏教が息づいている。仏教が日常生活の中に溶け込んでいて、困っている人をお互いが助け合うのは

枝葉で日除けを作る女性

当たり前のことなのだ。彼らは、仏陀の教えから、このような行いが現世や来世における自分達のより良い幸せに繋がると固く信じているのである。

私は、凄まじいばかりの炎暑を避けて、扇形の芭蕉の葉の陰に隠れていたのだが、真上からの陽光が強いのと立ちっぱなしの疲労で頭がふらふらと揺れてきた。

タチレクに住んでいると言うチャイントンの大学生が、元気になるからとカエルの干物を持ってきた。黒く揚ったグロテスクなカエルは、少し苦くて、ビールのつまみに向いていると思った。

やがて、ワッターニさんがやって来て「今から、飲料水と食料を探しに行く」と話して私を誘った。ワッターニさんと大学生と私の『凸凹即席探検隊』ができ上がった。

隊長はワッターナさんで、どんどん先に坂を下りて行く、私と大学生が少し遅れて歩いていたが、後ろを振り返ると、このバスに乗っていたミャンマーの若い人達がぞろぞろと付いてきた。

坂を下る途中の小さな崖の裂け目に、竹の筒が差し込まれていて清水が勢いよく流れている。手で掬って飲んでみると意外と冷たくて甘い感じがした。

異国の地でも、列車やバスなどで、災難に遭って何時間も一緒にいると、不思議と運命共同体みたいなものができ上がって、何とかしようと自然にリーダーが生まれる。ミャンマー語ができて、英語や日本語のできるワッターニさんはリーダーにうってつけだ。この人はバンコクでお父さんが手広くシルクの商売をしていて、横浜にも行ったことがあると言っていた。しかも、あの運転手のモートゥにも、決して見劣りしない積極性がある。

私は能力もないのに、唯、日本人であるというだけで、どういうわけか彼や大学生、他のミャンマー人達から客人のように一目置かれていた。

五〇〇メートル程行くと、山の斜面にへばりつくように五、六軒の家が建っている集落があった。風もなく辺りは恐ろしいほどしーんとしている。家の隣に、人の背丈より少し高いマンゴスチンの木々が防風林のように並んでいて、葉の間にころころとした青い実がたわわに実っている。その幹の陰から三人の子供がじっとこちらを見ていた。

ワッターニさんが目で合図をすると、我々三人は、階段の代わりに埋めてある、色々な形をした大小の石を踏み分けてその家に向かった。後ろのミャンマー人達は我々に付いて来ないで、知らん顔をして坂を下りて行った。

木の陰でその様子を見ていた三人の子供達は、あとずさりをはじめ一目散に逃げ出した。

我々がようやくその家に到着すると、枝折戸がゆっくりと閉まった。幾ら大声を出してもなんの応答もなかった。我々はがっかりしながら顔を見合わせ、手探りで、家の前の岩場のような坂を下りて、やっと道路に辿り着いた。

だが、家から少し離れると、上半身裸の五〇歳位の男が我々を追いかけてきた。彼は小柄だが、引き締まった体をしていて短いパンツを穿いている。肌は乾いていて、少し赤黒かったが、手に小ぶりの熟したマンゴスチンと山刀を持っていた。彼は私達に向かって目で食べろと合図した。

我々は、身振り手振りで切る真似をして、その厚い皮を取ってもらって、口に含むと、白いフワフワした何粒もの果肉から滲み出たジュワーとした濃厚な旨みが口中に広がった。私はこの果実のとろけるようなおいしさに言葉を失った。

大学生が「ヤオ、ヤオ」と言っている。このヤオ族の男の人は、ワッターニさんが差し出すお金をどうしても受け取らなかった。私とワッターニさんは「コープン　クラップ（ありがとう）」とタイ語で言って、残りのマンゴスチンを手にそこを後にした。

坂下の街道沿いの民家の道端や家の前で、先ほどのミャンマー人達が思い思いの格好で座り込んでいる。

故障した車の人がたまに立ち寄るのか、この家は小さな雑貨屋さんのようで、ペプシコーラやジュース、中国製の『瀾滄江《ランツァンジャン》（メコン川）』という名前のビールまで置いてあった。

庭先には、薄紅色の花を咲かせる雲南サクラの木が反りかえって大きな木陰をつくっている。傘型に広がった細長い梢に止まった、雀より小さいみそさざいに似た鳥が、「ピッピ、ピー、ヒュール」と綺麗な声で啼いた。

休んでいる若者達は私達に話しかけてはこなかったが、時々目線を上げてこちらを見ていた。

バスが故障して、あっという間に三時間も経った頃、忽然と一台の大型バスが峠の角から現れた。ミャンマー人達は目ざとくそのバスを見つけると、歓声を挙げてその車に向かって走った。あっという間に我々の前を通過したバスを、私やタイ人、ミャンマー人、皆が一緒になって大声を挙げながら子供のように追いかけた。

――乗換えが終わった新しいバスは、遅れを取り戻すかのようにスピードを上げて走った。

峠を上り下りして、午後二時半頃に、タチレクまでの中間点・マインピャの村に着いた。入口でのパスポートチェックの後の遅い昼食は、ワッターニさんと大学生、私の三人で一つのテーブルを囲んだ。

　ワッターニさんが代表して食事の注文をしてくれた。

　待っている間に、大学生は、「タチレクは小さい町なので大学はない。チャイントンの大学までこのバスで通学している」と話した。

　彼は片言の英語や日本語を使うが、タイ人のワッターニさんの方が圧倒的に上手だった。

　私がチャイントンに寄宿したほうが安く上がるのではないか、と英語でゆっくりと尋ねたのだが、「その必要はない……」と彼は肩をすぼめて否定した。「ミャンマーの大学では、家庭で学習する『通信教育』が殆どだから、学校に行く日は、試験の日か何か特別な行事のある日など、一学年のうち二十日ぐらい。それ以外は、親が、家で勉強しなさいといって、外に出すことを嫌がるのです。外出する場合でもいちいち父親の許可が必要で、ミャンマーでは、父親の言うことは絶対なのです」と話してくれた。

　ワッターニさんが、またもや横から口を挟んで、「ミャンマーの大学は何故か何一〇キロも遠い所にあるので、親が経済的に裕福でなければ通学させることはできない」と言って、溜息をついて大学生をじっと見つめた（一九八八年に、学生達が中心となって起こった大規模な暴動やゼネストに懲りて、軍事政府はそれ以後、町の中心地での学生達によるデモや集会を防止する為に大学を郊外に移転させた。町から四〇キロ以上もある大学に通学するには、大変な通学時間と学費がかかると言われている）。

　出てきた麺は、和そばみたいに細かったが、意外と腰があり、歯ごたえがあった。筍入りのスープは薄い味噌のような味で、おかずは揚げ豆腐、茹でたジャガイモ、炒めたブタのこまぎれ肉と玉葱などを魚醤油で味つけしてあった。ご飯も出てきた。久しぶりにふっくらとした白米だった。一口食べると甘みが広がりモチモチ感が口に残り旨かった。

トタン板の簡易食堂のある広場に車が続々と入ってきて、店内は身動きが取れないほど混んできた。割り勘という習慣がないらしく、いつまでも話を続けているので、二人の顔を見ながら私が三人分を支払った。食事代は一人分、二〇〇〇チャット（約二〇〇円）だった。

バスは昼食後、いちだんとスピードを上げてタチレクに向かった。山を越える自動車が警笛を鳴らして崖を揺さぶって通って行った。ワッターニさんはそれを見て、「チャイントンは高原に囲まれた盆地だが、雨が少ない……。しかし、タチレクに近いこの辺りの道路は、もうすぐ本格的な雨期に入り、繰り返し地面を叩くようなスコールで通行止めになる」と言って、黒い雲が飛ぶように流れる空を見上げた。

荒々しい山々を何度も上り下りして、谷底を流れるくねくねとした川沿いを進むと、バスはまた、新しい峠に差し掛かる。鋭く切り立った岩壁を大きく廻り込むと急に視界が開けた。

そして、そこから幾らも走らないうちに、バスは土砂降りの雨の中に突入していった。沢から駆け上がってきた巨大な黒雲に巻き込まれたのだ。風が谷底から吹き上がり、ドーン、ドーンと爆弾が破裂するような雷鳴が轟いた。絶え間ない閃光がしばらく続くと強い雨が地面を叩き始めた。ミャンマーの親指位の大粒の雨は、ボンボンと音を立てながら垂直に降ってくる。

傾斜の急な壁の裂け目から、滝のような水が弧を描いてバスの屋根にドスンと落ちてきた。ワイパーはわずかに左右に動いているが、前が水しぶきで見えなくて何の役にも立たなかった。しかし、四〇歳位の、瓢箪のような長い顔をした運転手は、目が良いのか、じっと前方を睨らんだまま速度を落として走り続けた。

それを見ていた私は、思わず「危ないから、どこかで止まって様子を見たらどうか」と日本語で叫んでしまった。ワッターニさんが「こんな時は、止まったら、返って危ない、追突される危険があるんだ」と声を荒らげて日本語で言い返した。

気の小さい私は、また余計なことを言ってしまったと後悔した。

一時間も過ぎて、峠を下る頃には、ようやく雨が小降りになり辺りが急に明るくなってきた。熱帯の気まぐれなスコールは、谷あいにたっぷりと雨を落として、メコン川のスピードボートのように轟音を高く残して、足早に隣の尾根に消えていった。

重なり合った山々や深い原生林が薄雲の中から現れて、露を含んだ緑の葉脈が生気を取り戻して輝いている。ひとつひとつの峰がうっすらと見えてきて、峻崖は鋭く天に向かって大きく聳えている。熱せられる光が強いのか、遠くの山の谷間や深い樹葉の間から白い靄が驚くべき速さで立ちあがってくる。眼下には、赤茶色の壁が衝立のように降りていて、谷底の暗い渓谷には水嵩を増した川が黒々と蛇行していた。

バスは薄陽の射し込む崖の間の急坂を、スピードを落としてゆっくりと下りていった。窓から顔を出すと、森林を渡ってきた冷たい風が顔にぶつかってくる。雨に濡れたパノラマの大地に銀色の鈍い光が反射している。

しばらく走ると辺りは少しずつ暗さを増してきた。そして、立ちはだかる険阻の山を越えて見通しの良い峠に出ると、遥かな先にある山の稜線の下に、藍色に覆われたタチレクの町が仄かに見えた。その朧な光景は、シャン高原の薄暮の空に包まれて、車が町に近づくと、影は、その裾の広い緞帳のようなシルエットを一段と黒く浮き上がらせた。

バスはなだらかな草原や小高い丘を超えて、霞の中に水田が点在している平野に出た。川はいつの間にか大きく広がって、川岸の雑草や立木を呑み込んでゆっくりと流れている。村里の民家が木立の中に見え隠れしてきた。遮蔽物のない、どこまでも長い裾野に被さるように茂っている樹木がいちだんと黒さを増している。夕陽はゆっくりと傾くに連れて横に延びきった輪郭をぼかしている。

町外れの山の上に、雨上がりの陽射しをたっぷり浴びたセピア色に輝くパコダの細長い尖塔が見えてきた。

バナナの木の葉陰に隠れるように建っている集落を通り過ぎる頃には、いつの間にか窓の外に夕暮れが忍び寄ってきて、闇に向かって時間が駆け足で通り過ぎていく。

バスは、緑が映えるパダウ（インドシタン）の並木を通って市内に入り、民間の消防小屋のようなタチレクのバスターミナルに車体をはげしく揺さぶりながら走り込んだ。

タチレクの次郎長と日本人の旅人に会う

七月一二日のタチレクの町は、しとしと降る糸雨の中でひっそりと佇んでいた。

朝早く、タイのメーサイに出稼ぎに行く人達の傘の列が、幅二〇メートルのサーイ川に架かる国境の細長い橋桁に黒い影を落として長く続いている。市場では、マーケットの簡易食堂が開いていて、煉瓦の壁から吊るした屋台の鍋から、北タイのクッティオ麺の甘酸っぱい匂いが路地裏まで立ち込めていた。

雨の飛沫で白く煙るメーサイの町並みを写そうと、サーイ川の岸に立ってカメラを構えていたら、左隅の工事現場に居た三〇歳位の男が突然走り出してきて、いきなり、「ノー　キャメラ」と手で遮った。私は細かい雨が降る暗い空を見上げて、「またかよ……」と言って大きく溜息をついた。

彼は濃紺の上着に茶色のパソウ姿で、わりと小奇麗な服装をしていてゴムのサンダルを穿いている。橋の上の国道では、写真を撮ってもポリスやイミグレの係官は何にも言わないのに、何故、こんな辺鄙な場所で写真の撮影をしてはいけないのか理解に苦しんだ。

「あなたはポリスですか」と英語で意地悪く聞いてみたら、彼は渋々頷いた。ヤンゴンでも、私服の公安に、町中での写真の撮影を拒否されたことがある。政府の建物は全て撮影禁止なのだが、ボロボロのバスや貧しい人など、ミャンマーの恥となるような写真は撮らせない。特にビデオなどによる政府機関の撮影は厳禁で、カメラを没収されることもあると言われている。有名なパコダ（パヤー）、空港、博物館やヤンゴン中央駅などには、どの建物でも必ず入口付近に銃を持った兵隊が待機している。

だが、チャイントンの人達は、田舎の人という訳ではないが、のんびりしていてポリスや公務員も親切で好意的だった。

私服の公安を見かけたのは、空港やバスターミナルだけで、町中ではそれらしい人は見かけなかった。それに引き替え、タチレクの公安は、悪く言えば傲慢で冷たい、そしてどこか都会っぽいのだ。今回の撮影を止める行為にしても、両手を広げて大げさに遮った。

私は、よっぽど、「身分証明書を見せてください」と言おうかと思ったが、やけに陰険な目つきをしているので黙って引き下がった。

一人でぶつくさと文句を言いながら、ゲストハウスに戻ろうと階段の下まで来たら、突然、背後から「オキター、オキター」と尻上りに呼ぶ声がした。

後ろを振り返ると、煙るような雨の中で、青縞のパソウの端を腰の上にからげて、次郎長が少し身体を折り曲げて立っていた。

彼は、相変わらず、外国タバコやライター、タイで人気のあるポップスのCD、バイアグラなどの精力剤などをきちんと並べた箱を肩からかけている。そして、あの大きな人を射るような目でじっとこちらを見ているのだ。

次郎長とは三年ぶりの再会だった。マーケットに来るのは欧米人が多いのか、彼の英語の発音は一段と聞き取り易くなっていた。

私は彼を食事に誘い、マーケットにある彼の馴染みの大衆食堂で酒を飲んだ。

ミャンマービールを頼んだのに出てきたのは、またもや『征火』『青島』などの中国製のビールの大瓶だった。

値段は一本、タイのビール『チャーンビール』の大瓶のタイでの値段・三五バーツ（約一〇五円）より高い、一五〇バーツ（約四五〇円）だった。

中国のビールの出荷数は今や世界一だと言われている。アルコール度は高いのだが味は大味で、炭酸の抜けたような甘ったるい味がする。しかし、冷えていて喉越しは良かった。チャイントンのホテルやレストランでは、冷えたビールを頼むと、ミャンマービールが一番高くて、一本で二〇〇〇チャット（約二〇〇円）もした。

ここでは、電気は夜中を除いてきている。また、水道管も敷設されている。路地裏ではテレビが店先に置いてあり、イスに座った主人が眠たそうな目で見ていた。そして、路上には、旧式だがゲーム機も置かれていた。

車に乗ると、たった四時間で行ける距離なのに、チャイントンとタチレクではこんなにも差があるのだ。

明るいタチレクの町は、タイに近いこともあるが、何故か気持ちがウキウキしてくる。食堂の大鍋には、野菜の一杯入ったグリーンカレーが湯気をたてている。バットには、香味野菜や茸の炒め物がずらりと並んでいる。今まで食べていた、脂っこいミャンマー料理ではない、タイ風の辛くてぴりっとした料理の味がとても新鮮だった。

食事の途中で次郎長が私に向かって上目遣いで合図をした。マーケットの角で、派手な柄のタイ製のTシャツに、細めのズボンをきっちりと穿いた若者達が、ライトバンから品物を取り出している。

次郎長は「あの連中は、最近この町にやってきた新興の物売りのグループだ。インチキな洋酒や外国タバコ、精力剤などを、タイ人や欧米人に売りつけてトラブルを起こしている」と口をとんがらせて言った。

この日本のヤクザのような連中は、町の有力者と裏で繋がっているみたいなので、ポリスも迂闊に手出しができないそうなのだ。

そして、彼は「このところ観光客もめっきり減ってしまった」とぼやいた。

私も「そう言えば、マーケットで外人観光客やタイ人の買物客を余り見かけないけど、何か原因があるのですか」と聞いてみた。

次郎長の話によると、観光客が来なくなった原因は、タイ側から日帰りでミャンマーに入国する税金が高くなったことによる。今まで、タイから日帰りでミャンマーに入国する場合、通行料として、外国人から、一日、二五〇バーツ（約七五〇円）を取っていたが、今度の改正では、一人一〇ドル、または四〇〇バーツ（約一二〇〇円）を支払うことによって、二週間までの滞在許可が出ることとなった。そして、チャイントンまでしか行けなかったものをモンラーまで行けるようにした。但し、入国時にモンラーまで行きたいと申告しなければならない。入国後にモンラーまで行きたいと変更を申し出ても駄目だそうだ。

次郎長は、「だからタチレクより安く買い物できるモンラーに行く人が多くなってしまったんだ」と言って顔をしかめた。

私は彼を慰めるように、「タチレクとチャイントンを結ぶ国道が良くなったね。舗装されていて、大型バスも楽々、交差できるなんて想像もしていなかったよ」と言って国道の拡幅を褒めた。

しかし、彼は「モンラーまで買物に行くのは、皆、タイ人で、日本の新しい車がタチレクの町を素通りして行く」と目を吊り上げた。

昭和四三年頃に、日本で高速道路やバイパスができた時も、このような問題が起きたが、いよいよ、シャン州にも開発の波が押し寄せたのである。中国は、雲南省の昆明からメコン川に向って南下し、そこから二つに別れてラオスとミャンマーを経由して、またタイ国内で一つになり、バンコクに至る南北回廊を積極的に整備している。ＡＳＥＡＮの会議で、メコン川流域の道路の開発のタネを撒いたのは、小切手外交を得意とする日本だが、その果実は、今や中国が全部持っていきそうだという指摘がある。

私は次郎長に、「あれだけの立派な道路ができたのだから、これからどんどん外国人観光客がやって来て、タチレクにも泊まっていくから大丈夫だよ」と言って元気付けたが、彼は膝を小刻みに震わせて、若い連中の方へ虚ろな目を向けたままだった。

雨足が強くなったのか路上のあちこちに水溜りができてきた。

支払いをする為に、私は彼に一万円札のバーツへの両替を頼んだのだが、ここでは日本円の両替はできないとにべもなく断られた。そこで私はチャイントンで別れ際にモートゥがわざわざ両替してくれた細かい米ドル札・一〇〇ドル分を彼に預けた。

次郎長の影がサーイ川の橋の下にある闇両替所のテントの中に消えた。

しばらくすると、彼はすまなそうな顔をして戻ってきた。

「両替はダメでした」と彼はしょぼくれて言ったのである。

私は「何故なんだ」と語気を強めて聞いてみると、両替したのはたった二〇ドルだけで、残りの八〇ドル分はできなかったと言うのだ。

「この残りの米ドル札は、全て古いお札です。ミャンマーでは、新しい米ドル札しか受け取らない」と言って、その古い札を私に返した。

モートゥは、ミャンマーで使えない自分達の古い札を私の新しい札と取替えたのだった。おためごかしで、新しい米ドル札をミャンマーで使えない古い札に摩り替えられた私の怒りが爆発した。

私はこみあげる怒りで、握り拳を振り上げ思わずテーブルを強く叩いてしまった。

今度は次郎長が、「この古い米ドル札はタイやジャパンなら使えます」と言って慰めてくれたのだが、私の三角になった目は、「トッケィ、トッケィ」と頭をもたげてあざ笑うように鳴いている店の天井のヤモリをしばらく睨んだままだった（一五センチ位の大型ヤモリで、タイでは、短く鳴くと不幸を、長く鳴くと幸運をもたらすと言われている。ミャンマーでは三〇センチ以上の大型のものがいる）。

しぶしぶ新しいドル札をとりだして次郎長に渡すと、彼はバイタクの運転手のたまり場に行ってくるとロンジーの裾を高くたくしあげた。

翌朝、七月一三日、ゲストハウスのフロントのオーナーと見られる女性に、近くの朝飯屋の場所を聞いていると、フロアーの横に置いてある無料の飲料水のタンクから、自分のポットに水を入れていた小柄な初老の男が「あんた、日本人かい」と聞いてきた。

頭は短く刈ってあるが、やつれて頬がこけた顔は、土気色で、疲れているのかひくひくと痙攣している。

（一泊、六ドルの安宿だが、こんな所にも日本人が止まっているのか）と私は驚いた。彼は私が日本人だと分かると、水を汲み終ってから重い足取りで歩いて来て隣に座った。そして、「九州の佐賀出身で阿部、五七歳だ」と名乗った。彼は私の顔を低い位置で窺いながら色々と身の上話を始めた。

「最初、カンボジアのプノンペンに居て、一年位で飽きてしまうと、今度はタイのチェンマイに行った」と話を切り出した。

「チェンマイ大学の傍の安アパートの部屋を、月に一三〇〇バーツ（約三九〇〇円）で借りて、五年間も住んでいた。しかし、去年の一〇月のタイのビザ問題でメーサイに移って来た」と喉の奥から絞りだすよう声で言った（今まで、タイでは、一ヶ月経過する前日までに、陸伝いに隣国のカンボジアのプノンペンやミャンマーのタチレクに出国して、その日のうちにタイに戻ると、また一ヶ月の滞在の延長ができた。このような方法で、外国人が一日に何千人も国境を往復するので、タイ国内では社会問題になっていた。特にフィリピン人の出稼ぎ労働者が多かったが、何年もタイに居て日本に帰るのが億劫になった日本人もかなりいた。しかし、今度のビザの改正では、観光ビザでタイに滞在できる期間を最大六ヶ月とした。それ以後チェンマイの町中で、タイの若い女性と手を繋いで堂々と歩いている外国人の老人がめっきり少なくなった）。

阿部さんは、「それまで付き合ってきた周りのタイ人が、皆、ほら吹きばかりだったので嫌気もさしていた」とも言った。そして、九月になって、ようやくミャンマーのタチレクにやって来たというのだ。

彼は、この町はタイより物価も安くて暮らしやすい。また、ポリスは親切だし治安は良いと言って感激していたのだが、急に声を潜めて、「恥ずかしながら、この町で女にお金を盗られてしまった。

どうしたらいいか分からないので、話を聞いてくれますか」と言った。「実は、私、病み上がりなのです」と言って、その話しを始めた。

彼は、この町に来た時は別のゲストハウスに住んでいた。市場に近いゲストハウスで、今よりも安い、——一泊、三ドルで一〇畳位の部屋を借りて住んで居たようだ。

この下町のような地区の人達は、とても親切で、特に、近所の縫製屋の四〇歳位のおばさんは、日本語が少々できて、何かと世話をしてくれた。

彼女は、時々、花や食べ物を持ってきてくれたので、阿部さんは彼女の細やかな愛情が身に沁みて、涙が出るほど嬉しかったそうだ。おまけに、やがて服の修理は勿論、部屋の掃除までこまめにしてくれるようになった。

阿部さんは大いに感激して、「そんなことまでしてくれなくてもいいから」と言って、いくらかのお金を渡そうとした。

しかし、彼女は「お金はいらない、困っている人を助けるのは仏の教えです」と言って受け取ろうとしない。阿部さんは「付き合っていたうわべだけのタイ人の女性と違って、ミャンマー人は、本当に優しい心の持ち主だ」と彼女を褒め称えて、感激のあまり思わず泣きそうになったそうだ。

彼女はトラック運転手の旦那さんと、小学生らしい二人の子供とつつましく暮らしていて、小さな部屋で一日中ミシンを踏んでいた。

阿部さんは世話になっているので、外で遊んでいるその家の子供達に時々お金を上げていたそうだ。

本当に、心から親戚同士のような付き合いをしていたのだが、一週間前、突然、阿部さんは高熱を出して倒れた。

彼女は忙しい中を毎日、看病のために部屋に来てくれた。そのうち痺れまで出てきたので、阿部さんは彼女に「どこかの病院に連れていってください」とお願いした。

彼女は「タチレクには大きな病院はないから、タイのチェンラーイまで行かなければ治らない」と助言してくれた。そして、彼女の友達のバイタクの運転手が、タイの病院の人を知っていると言うので連れて行ってもらうことにした。

もう、その時の阿部さんは、熱の為に意識が朦朧としてきて、ここで死ぬのかと思ったそうだ。彼はその女性を呼んで、自分の大事なサイフを渡して、「ここに三〇〇〇ドル入っている。何かあったら困るので、病院まで預かってください」とお願いしたそうだ。

タイとの国境も無事通過して、メーサイの町を通ってチェンラーイの病院に着いてから、彼女に入院の手配をしてもらい、サイフを返してもらった。

タクシー代は自分の持っていたバーツ札で支払ったそうだ。

病院では、注射が効いたのか五日で熱が下がった。彼はそろそろ退院しようかと、支払いの為にサイフの中をよく見ると五〇〇ドル分のお札が消えていた。

彼は直ぐに退院して、急いでタチレクに戻って彼女の家に行き、「預けたお金が足りない、五〇〇ドルを盗ったのではないか」と詰問したら、彼女は神妙な顔をして、「分かりました、表で待っていてくさい今行きますから……」という返事だった。

しばらくして、出てきた彼女は、「ここでは何だから近くの茶店に行きましょう」と言って場所を変えた。

阿部さんは「今、返してくれるのであれば表ざたにしない」と言ったのだが、彼女は「知らない、盗んでいない」と言うばかりだった。しかも、「日本人はお金持ちなんだから、五〇〇ドル位なくなったって、どうってことないんじゃないか……」と言ってから黙り込んでしまった。

頭にきた彼は、彼女と別れて直ぐにタチレクの警察に駆け込んだ。最初に出てきた五〇歳位の担当官の英語は、聞きとりにくい発音で、言うことがよく分からなかったので、別の人に代えてくれるようにお願いした。

次に出てきたのは、日本語が達者な、四〇代位の担当官で、彼は若い時に埼玉県の大宮に住んだことがあると言っていた。

一通り話を聞いた彼は、「あなたは、頭の良い日本人だから分かるでしょう。彼女に渡したサイフの中に、お金が三〇〇〇ドルあったことは誰が証明するのですか……もし、あったとしても、彼女が盗んだという証拠は何もない、サイフイを預けたあなたが悪い。余り騒ぐと、逆に彼女から無実の罪をなすりつけられたと訴えられます。一応調べますが期待はしないでください」と言われたそうだ。

警察署に居る時に、ミャンマー人と二人の欧米人が、手錠をかけられて腰縄を打たれて入ってきた。阿部さんはこの近くの市場で、彼らを何度も見かけていて、その汚い格好やうつろな目を見て、どうやらヒッピーのようだったので、マリファナやコカインをやっていたのではないかと思ったそうだ。

そして、警察を出る時に、彼女が入れ違いに署内に入って来た。前後をポリスに挟まれていて、手錠をかけられて、腰縄を打たれている哀れな姿だった。引き立てられた彼女は、俯いていて阿部さんの方を見ないで廊下を足早に通り過ぎた。その日の夜のうちに、彼女は家に戻ってきたようなのだが、近所に噂が広まって、それから彼女は家の外に出て来ないということだった。

だが、「警察からは未だに何の連絡もない、だからそこのアパートが嫌になってこのゲストハウスに移って来た」と言って私の顔を覗き込んだ。阿部さんは「お金は戻ってきますか……」と真剣な表情で私をじっと見つめた。

聞き終わった私は「これは、あくまでも、東南アジアのどこかの国の警察の例だが、その国では、地元の人が外国人と金でトラブルを起こすと、厳しいお調べが待っている。日本と違って、その取調べは過酷で、女の人だって容赦しない。髪をつかみながら部屋中を引きずり、顔面パンチをあびせて、しぶとく起き上がると、今度は回し蹴りをして蹴倒した後、必殺のカニ挟みをかけて、金のありかを吐け、吐かないともっと痛い目にあうぞと言って脅すんだ。だが、そこは敬虔な仏教国なので、お金のありかを白状すれば、罪を問わないか、軽くしてくれる。いずれにしても、その後、被害者に、お金が戻ってきたという話は一度も聞いたことがない」と厳しい顔をして言った。

黙って聞いていた阿部さんは、諦めたような顔をして、「よ～く分かりました、飯でも食べましょう」とぼそりと呟いた。

私は久しぶりに日本人に会えたのと、お互いに歳も近かったので、一緒に近くの食堂に出かけた。ゲストハウスの前のエアポート・ロードを、国境ゲートの方に向かって、少し歩くと狭い路地を右に曲がった。くねくねとした迷路の奥にごちゃごちゃとした市場があり、ありとあらゆる品物が木製の台の上か地面の茣蓙に乱雑に並べられている。黄色く濁った溝川に架かった小さな板橋を渡ると、赤い泥土の上に柱を立て、トタン板を載せただけの簡易食堂が集まっているお寺の参道に出た。

盛土に置かれた、歪なプラスチックのテーブルの前のイスに座ると、彼は「ここの豆乳はかなり美味いですよ」と言って二つ注文した。豆乳を運んできた子供は、八歳位のきびきびした感じの男の子だったが、「他に何か注文はありますか」と日本語で聞いてきた。発音は少したどたどしかったが、確かに、聞きなれた日本語だった。阿部さんが「上手いじゃないか、どこで覚えたの……」と尋ねると、少年は嬉しそうな顔をして、奥の部屋から、タイ語で書かれた日本語の教科書を持ってきた。

私が「あれっ、タイ語が読めるんだ……」と言って本のページを捲ると、内容は、簡単な絵を使った日本の幼稚園児クラス程度のものだったが、鉛筆の線が黒々と引かれていて、独学で日本語の勉強しているこの子のけなげさに心を打たれた。私達が褒めると、彼は照れながら恥ずかしそうに笑った。

やがて、彼は奥から豆乳の盆を運んできた。飲んでみると、まったりとした甘さが口の中に広がった。この豆乳はコクがあり、口当たりはさわやかだった。大きなカップに並々と注いでくれて、たったの五バーツ（約一五円）だった。飲み終わると、我々は本格的な腹ごしらえの為に、真向かいの揚げ物屋に入って行った。野球帽を斜めにかぶり、口髭が顎まで伸びている青年がサモサみたいなものを揚げている。見た目が日本の餃子と似ていたので思わず頼んでしまったが、食べてみると、包んである三角の形の皮は、意外とパリパリしていて、中にすりつぶしたジャガイモやタマネギなどがぎっしり詰め込まれていた。味は餃子というよりはどちらかというと春巻きのようで、インド風の香辛料がたっぷり入っていて、少し油こいが後を引く味わいだった。

この揚げ物には五個で、五バーツを支払ったので、朝の食事は締めて一〇バーツ（約三〇円）で終わらせたことになる。これらの食べ物は豆や野菜などが中心なので、植物繊維、たんぱく質、ビタミン、ミネラルなどがバランスよく入っていて、体にとっては大変健康的な食事なのだ。そして、何よりも、驚くほど値段が安かった。今や、タイでは五バーツ（約一五円）で買えるものは、小さな飲料水のペットボトルしかない。

周りのテーブルでは、若いポリスや女子学生達が、ミャンマーでは珍しく、ワァワァと騒ぎながら食事をしている。隣のゲーム機屋では、リンゴの空き箱に乗った子供達がサッカーゲームに夢中になっている。

私は、ヤンゴンの町の印象やインヤー湖畔の南岸のユニバーシティ通りに、アウン・サン・スー・チー女史の家があることなどを阿部さんに詳しく話した。ミャンマーの町はここしか知らないのだと、彼は肘をつき、顔を傾けて聞いていた。

細い路地のようなお寺の参道はお祭りのように賑やかになってきた。いびつなスイカが入った金盥を頭に載せてゆっくりと歩く中年の女性、上半身裸で汗だくになりながら、見上げるほど高く積んだ竹籠の荷車を押している親子。

寺の門前の道端に腰を下ろして客待ちをしているサイカー（人力車）の運転手達、魔法瓶を首から何本もぶら下げて、コップをぶつけて、カンカンと鳴らしている水売りの少年などでこの参道はごった返している。

ここでは、タイの町と同じあの沸き上がる熱気と爆発するようなエネルギーが充満している。私は「阿部さん、顔に赤みが出てきましたよ、顔色が良くなったみたいだ」と元気づけた。すると、彼は顔をほころばせて、「これから置屋でも行きますか」と言ったのである。私が唖然として、しばらく黙っていると、彼は「冗談だよ、冗談」と言って照れ笑いをした。

私は、これまでの彼の辿ってきた道を考えて、「カンボジアのプノンペン、タイのチェンマイ、ミャンマーのタチレクとくれば、彼の目的はやはり女性かも……もしかしたら、この人は、チェンマイから消えた、あの噂の、アジアの好色不良老人グループの一人かも知れない」と想像して、穴のあくほど阿部さんの顔を見つめた。

彼はそんなことは気にもせずに、「それなら、お茶でも飲むか」と言って誘ってきた。我々は幹線道路沿いにある茶店に向かった。

しばらく歩いていくと、彼は突然立ち止まって、「あそこを御覧なさい」と、道路の反対側にある店を指差した。「あの店の道路際に座っている、目つきの鋭い男は公安です。ああして、一日中、通りを監視しているのです」と言って、更に店の奥の方を覗き込んだ。

彼は下唇を突き出しながら、「あの店の中程に座って、テーブルを囲んでいる紳士達も怪しいのです。彼らは何時も同じ時間に集まってくる。あの人達は、どうも公安と関係があるではないか」と身をよじらせ声を落として言った。そして、いきなり私の方に向き直り、「何故こんなことをあなたに話すのか分かりますか」と言って、「あなたは先ほどの揚げ物屋の店先で、ヤンゴンのスー・チー女史の家を見たかったとか言っていましたね、」と話してから、目を大きく吊り上げて、「その時にあなたは、隣の席でポリス達が食事をしていたのをご存知でしたか。この国は今、政治の問題でピリピリしているのです。ですから、話す言葉に気をつけてください……」と、伏し目がちに話していた静かな口調から急に語気を強めた。

「何年か前に、この町で、民主化のビラを配った欧米人が逮捕され、ポリスに連行されるのを見た人がいるのです。しかも、山の上のお寺の隣には、タチレクの警察署があります。たまに、私服のポリスや公安が、あそこの食堂で食事をしているのです」と言って、彼は咳き込みながら話を続けた。

「外国人は、少し前まではタイからタチレクへの日帰りが当たり前だったが、今では二週間も居られるのです。しかし、何か問題が起これば、この国は、何時でも国境ゲートを閉鎖してしまうのです。この地では、何が起こっても不思議ではありません。情報やネタを取るためなら、ミャンマーの公安は、お坊さん、物売り、物乞い、狂人や売春婦にまで成りすまして、なりふり構わず近づいてくるので気をつけなければいけません」と言って、彼はひと呼吸すると、「それに、軍事政権はこの点ではかなり冷酷で、反政府活動で取り締まる場合、兵隊は怪しいと思ったら直ぐに銃を発砲し、そのような時には、動くものは猫でも情け容赦なく撃つのです」と目を丸くして言った。

そして、私を諫めるように「この町の公安は、どこで聞き耳をたてているのか分からないのですから、迂闊に、ミャンマーの内政に干渉する政治の話を口に出してはいけません」と言って、小さな体を震わせて、頬に青筋が浮かぶほど気色ばんだ。

私は何の考えもなしに、『アウン・サン・スー・チー女史』のことを喋った自分のノーテンキぶりに呆れて、年甲斐もなく耳朶まで顔を赤らめた。

瞑想の都ヤンゴン

聖なる祈りに満ちたスーレー・パコダ

朝の八時半頃だが、陽は既に昇っていて蒸し暑かった。片手にアルミの丸い三段重ねの弁当箱をぶら提げたミャンマー人達が、まだ柔らかい光が射す表通りに出てバスを待っている。相乗りトラックが荷台に一杯の乗客をひっきりなしに運んでくる。幾重にも赤銅色の肌の波が歩道から押し出されるように道路に溢れている。

その群衆の中へ、息が詰まるほどのすし詰めの乗客を乗せた日本語看板のローカルバスが、ステップにしがみついている人を振り落とすかのように突っ込んで来た。人々が散り散りになった場所に、一番先に飛び降りた麻色のパソウを尻からげしている車掌が、甲高い声で行き先を叫んでいる。その声がねっとりとした熱帯の風に乗って、ビクトリア風の優美なコロニアル建築が並ぶ大通りに響き渡った。

立ち昇る積乱雲の下には、緑の葉が折り重なるトンネルの並木がどこまでも続いている。このアメリカネムの樹々は、広い道路の中央にまで、花笠をひろげたように枝葉を張り出している。

整然とした道路が交差するダウンタウンは、植民地時代の大英帝国の面影を色濃く漂わせていた。深い翳りを落とす樹陰には、水の入った素焼きの壷がひっそりと置かれている。その太い幹には手作りの小さな祠が取り付けられている。新芽の醸し出す、甘い匂いを乗せた風が吹き渡ってくる歩道には、ラペイェサイン（茶店）やサータゥサイン（食堂）の小屋掛けの屋台が集まっていた。風呂場で使うような、背の低いプラスチック製のテーブルやイスが整然と置かれている店内では、家族や友人、恋人達が卓袱台を囲んでお茶を飲んでいる。細長い揚げパンを食べながら、砂糖をたっぷり入れたミルクティーやコンデンスミルク入りの甘い紅茶、ヤカンの番茶などをゆっくりと時間をかけて飲んでいる。

注文すると、ウエーターがお客の好みのお茶を入れて持ってくる。店の中に入ると、竹の綱代壁にはこの国の映画スターや歌手の古ぼけた写真が飾ってあった。ここには昔から変わらないヤンゴンの人々の下町のような暮らしがある。コーヒーでも飲もうかと丸イスに転がりそうになりながら座った。ラペッ、トウッ（お茶の漬物）を食べている人もいる（『食べるお茶』とは、ラペッ、トウッのことだが、ミャンマー東北部は、お茶どころとしてかなり有名で、お茶は飲むだけでなく食用としても生産されている。摘み取ったお茶の葉を湯通しして、大きな壷に詰めて密封してから土中に埋めて発酵させるのだ。この漬けた茶に、揚げニンニクや薄切りの玉葱、揚げ豆腐などを混ぜて食べる。油の多いビルマの食事の後には、さっぱりしていてミャンマー人には人気がある）。

隅にある煉瓦の釜の炭火に掛けられたヤカンが、チンチンと音たてながら揺れている。テーブルの上には小さな湯飲み茶碗が幾つも置かれていた。隣の若い女の子がカップに注いで飲む真似をしてくれて、好きなだけ飲んで構わないのだと思われた。お客は何時までここにいても、文句を言われたり咎められたりしないので、一日中、仕事や町の話題などをしたりして過ごしている。テーブルの上に載っているお皿の揚げパンやお菓子などは、食べた分だけを払うシステムになっているみたいだ。

濃い目のミャンマーコーヒーを飲んでみたが、あの甘ったるいタイのコーヒーどころではなかった。砂糖で舌がベトベトになる程の極甘だった。コーヒーや紅茶は三〇〇チャット（約三〇円）位である。

スーレー・パコダ（パヤー）に行こうとヤンゴン中央駅の方に向かって歩いて行った。

通りに面した「Japan Japan」と書かれた看板の中の寿司の絵が懐かしかったので、店の入口のドア越しに覗いてみると、幾人かの家族連れがテーブルを囲んでいる。その周りをきりっと帯を締めあげた着物姿のミャンマー娘が、メニューを手に持って甲斐甲斐しく立ち働いていた。

どこからか、タイを思いだす、懐かしい鶏ガラスープの匂いが風に乗って流れてくる。奥の路地では立ち昇る白い煙の中で麺を茹でていた。干し海老のだし汁に、玉葱や揚げニンニクが混じった具には、味付けをした揚げたボール状の魚のすり身などが入っていて、ひよこ豆でとろみをつけている。日本の蕎麦とそっくりの細くて薄茶色の麺だった。隣では、煮えたぎる油の大鍋の回り縁に豚の色々なモツが並んでいる。お客は好みのモツの串を取ると、中央の油が煮立っている釜の中の極辛のタレに、一〇秒ほど漬けて食べる。ミャンマー式串揚げモツとして日本に紹介すれば人気が出そうな食べ物だ。

その鍋をぐるりと囲んでいるのは若い人達ばかりで、シャンバック（口が大きい布製のバック）を肩にかけた学生風の男女が話しこみながら串刺しのモツを食べている。若い女学生がここに座れと隣のイスを指差して盛んに手招きする。しかし、私は脂でギトギトしている臓物よりも、お好み焼きを食べたかったので手を振ってそこを通りすぎた。

この路地は全部食べ物屋の屋台で占められている。表通りは賑やかだが、一歩路地に入ればひっそりとした庶民の暮らしが生き生きと息づいている。

長さが八〇センチ、深さが五センチ位の平たい木製の揚げパンの皿を頭に載せた裸足の娘さんが、両手に紙袋を抱えて、バランスを取りながらでこぼこの歩道をゆっくりと歩いていく。

物売り屋を覗き込みながら、点心や芭蕉の葉で包んだ、タマネギ、パクチー、豆、豚の挽肉入りお好み焼きがないか探して歩いた。食べたい物は見つからなかったが、たっぷりと衣をつけた野菜や小さな角切り豆腐をあげている天ぷら屋を見つけた。

塀の外壁を利用して作った低い竈の底で、薪がチョロチョロと炎をあげて燃えている。竹の長い箸を巧みに使って、鉄鍋で野菜の天ぷらを揚げている髪の乱れたおばさんの顔は、鍋の周りから吹き出る火と煙で煽られたのか、火照ったように赤黒かった。小さなビニール袋に入れてもらって、春菊のような天ぷらを食べてみると、これがカリッとしていて口当たりがよくて旨かった。夢中になって食べていたら口の中がねっとりと脂濃くなってきた。そのうち胃がもたれて重くなり、もし、口の中に火をつけたら、舌の脂が青白い炎を上げて燃え出すのではないかと思うほどのしつこさなのである。

ミャンマー人が、朝から晩まで暇なしにお茶を飲んでいるのは、脂とニンニクの混じった料理ばかり食べている所為ではないかと思った（この脂っこさは、食べ物の腐敗を防いだり、蟻などが嫌う効果があると言われている)。

店を出て路地を抜けると、パンソガン通りの陸橋がヤンゴン中央駅に向かって架かっていて、その上を歩いて渡っている人達の列がぞろぞろと続いている。陽射しがきつくなってきて、どんよりとした暖かい、湿気を含んだ空気が路上をしっかりと覆っている。

交差点の角を曲がり、ボーヂョーアウンサン通りを西に向かって歩いていくと、入れ替えの時間なのか、映画館の前では、大勢の人が道路や柱の蔭で立ったり座ったりして群がっている。しかし、キップ売り場のガラス窓には黒いカーテンが降りていて、無情にも南京錠まで掛けられていた。

ぶらぶらと歩きながら骨董品屋を覗き込んで、ミャンマー陸軍使用の昼夜兼用の双眼鏡を見て冷やかしていたら、いきなり、後ろから真っ黒い手がにゅうっと伸びてきて、「マネー、マネー」と叫ぶ声がする。振り返ると、裸足で立っていたのは、まだ一七歳位の少女のようだが、髪はボサボサで、眉間には深い皺が走っている。インド系の浅黒い肌で、彫の深い顔立ちだがその目は鋭く射るように冷たかった。蔓草の模様の長袖のシャツ姿で腕まくりをしている。細かい格子柄のタメインは、汗と埃で少し黒ずんでいた。

私は咄嗟に、「ノー　マネー」と叫んだが、彼女は知らん顔で、片手を伸ばして、指を折り曲げて激しく上下に振った。まるで、早く金を出せとでも言うように、ブッブッと言いながら、ギラギラした目を私に向けてくる。

私は彼女を無視して、タクシーや相乗りトラックで混雑するアノーヤター通りを小走りで横断した。しばらく歩いて後ろを振り返ると、少女の姿はなかった。やれやれ、やっと巻いたかと胸を撫で下ろした瞬間、前にある菩提樹の陰から、突然、彼女が現れて、ニヤッと笑って立っているのだ。

私は今度も無視して、脇をすりぬけどんどん歩き出すと彼女もぴったりついてくる。周りを歩いているミャンマー人達が振り返って、私を睨みつけ、少女に同情の眼を向けている。しかし、私は朝から、鉢を持ったコーティン（小坊主）や、ティラシン（修道女）、橋の上に座っていた物乞いをする親子などへ施しをしてきたので、少々うんざりしていたのだ。

今来た道を引き返して、鉄道切符前売り所からスーレーパコダ通りを左に曲がると、私は隙を見て、また、道路を横断して大きな鞄屋に飛び込んだ。

店内をウロウロして一〇分位経って、おもむろに店先を覗ったら誰も居そうにない。ようやく厄介払いができたと思って私は店の外へ勢いよく飛び出した。

だが、彼女は隣の店の壁にヤモリのようにへばりついていたのだ。右の手のひらを私の鼻先にぐんぐん突き出してくる。こんなことを何時までしていてもしようがないので、私は五〇チャット（約五円）紙幣をポケットから取り出して、渡そうと手を伸ばした。そのお札を見たとたん、彼女は眉毛を吊り上げ、体をゆすり両手を大きく振りながら「ガァオー」と叫んだ。

「馬鹿にするな、ミャンマーの乞食を舐めるんじゃない」と喚いているようだった。私はたまらず、サイフから二〇〇チャットを抜き出して渡すと、今度は少ないという訳か首を横に激しく振った。

私はすっかり観念して、もう一枚の一〇〇チャット札を取り出して、恐る恐る差し出すと、彼女はひったくるようにそれをもぎ取り、あっという間に人混みの中に消えた。

ミャンマーの現在の首都は、ネーピードーだがそれまではヤンゴンがこの国の首都だった。ヤンゴンは二〇〇〇年の昔から、シュエダゴォン・パコダを戴く聖地、『ダゴォン』として知られていた。

一七五五年に、ビルマのコンバウン王朝のアラウンパヤー王（一七五二〜一八八五）は、この地を占領して、この町の呼び名を『戦いの終わり』という意味の『ヤンゴン』と改めた。しかし、ビルマはその後の英国との戦争に敗れて、イギリスの植民地となり、この都は『ラングーン』と呼ばれた。

一七世紀の始めには、小さな港町にすぎなかったが、一八五二年、第二次英緬戦争によって、下ビルマが英領になると、英国はラングーンを交易の本拠地にするため、道路を整備し本格的な町の建設にあたった。英国が撤退後も首都の機能は、そのままこの町に置かれていた。

最大都市のヤンゴン市内は、八角形のスーレー・パコダ（パヤー）を中心に、放射状に繁華街が広がっていて、碁盤の目のような道路が張り巡らされ整然とした区画整理がされている。大きくふくらんだような円錐状のスーレー・パコダは、高さが四六メートルもあるので、さして高い建物がないヤンゴン市内の道標になっている。パコダの周辺は大きなロータリーになっている。

東西に伸びるマハバンドゥラー通りは、ダウンタウンの中でも最も交通量の激しい所だ。インド人や華僑の人達が店を連ねる繁華街を通る、ヤンゴンのメインストリートなのである。スーレーとはパーリー語で『聖髪』という意味で、パコダの中には仏陀の遺髪が納められていると言われている。

昼は灼熱の太陽に、夜は散りばめられた豆電球の光でまばゆいほど輝き続けている。

スーレー・パコダの由来は、アショーカ王（紀元前二六八年〜二三二年頃）の時代、仏教の伝導僧ソナとウッタラの頃に遥かに遡る。二人はゴータマ仏陀（釈尊）が入滅されてから二〇〇年目に、マルタバン港を望む金地国（スヴァァンナブーミーまたはトゥウンナボウンミと呼ばれていた）に遣わされたと伝えられている。金地国は下ビルマからマレー半島流域にあった。やがて、二人は釈迦の遺髪、一〇本を金地国から持ち帰った。そのうちの一本がハスラーに与られ、彼らは遺髪を納める仏塔を建立した。これが現在のスーレー・パコダだと言われている。

因みに、ヤンゴン市街の北にある有名なシュエダゴォン・パコダ（パヤー）は、九九・四メートルの高さを誇る。ビルマ語で『シュエ』は黄金を意味している。『ダゴォン』はヤンゴンの古名である。

このパコダの歴史は、今から二五〇〇年以上も遡ると言われている。言い伝えによれば、タポゥタとパリッカという兄弟の商人が、インドで仏陀と出会って、八本の遺髪を貰い受けて、紀元前五八五年にこの地に奉納したのが、シュエダゴォン・パコダの起源であると伝わっている。その後、長い年月の間に、ゴータマ仏陀の遺髪が、シュエダゴォン・パコダに安置されていることを知っている者は誰もいなくなった。しかし、仏陀が入滅なされてから、二三六年目に金地国（トゥウンナボウンミ）と呼ばれていたモン族の国を、トーナティ僧正が訪れて仏陀の教えである仏教を布教した。その時に、布教僧達がモン族の王ティリマートカに、シュエダゴォン・パコダを再建するように説いた。それ以来、モン族の王がこのパコダを修復するようになったと書いてある碑文が、一八八〇年にこの寺の参道を工事している時に見つかった。

スーレー・パコダの参道を参拝のために歩んで行くと、八方の角に八曜日のコーナーがある。そのうちの比較的広い日曜日のコーナーから入った。そこでは先ず靴を脱がなければならない。パコダや寺院、僧院の敷地に入る時は、土足は厳禁で靴下を穿いていても入場は出来ない。

右奥のお供えの花売りのおばさんに呼び止められて、一〇〇チャットを払って、カンナとグラジオラスの混じった花束と榊のようなタービエー（フトモモ）という小枝を買った。

そして、正面の階段下の中央に立っている、臙脂色のタメイン姿の若い女性から、靴入れのビニール袋を渡された。靴を入れながら、これは随分親切な娘さんだと感心していると、彼女は合掌しながら、お札で一杯になったプラスチックの箱を指差して、大きな声で、「ファイブ　ダラー」と叫んだ。

国立博物館の入場料も五ドル、タクシー料金は五～六ドル、ヤンゴン環状線の普通電車の二つ目の駅、プャイ・ラン（ツャン・ロード）駅までの運賃が一ドルだった。幾らドルが欲しいからといっても、外国人に何でもかんでもドルを要求する言葉に、私はまたもや怒りを爆発させてしまった。

私は、こんな外国人向けの高い入場料は断固払わないと声を荒げて首を強く振った。隣に居た二〇歳位の、頬に林檎の形をしたタナカー（日焼け止め用白粉）を塗った女性が「二〇〇〇チャット（約二〇〇円）」と言い直した。

しかし、私はこの際、一チャットも払わないと英語で言って外に出ようとした。すると、二人ともかなり慌てて、「プリーズ、プリーズ」と言って手を合わせて、是非見てくださいと懇願した。階段を上がると、右側の詰所にいた、二、三人のポリス達が何事かと疑ってこちらを見ている。正面には大きな六体の金色の仏像が鎮座している。ちょっとのっぺらぼうだが、切れ長の細い目で、薄っすらと口元に微笑を浮かべたお顔は、どこまでも穏やかで慈愛に満ちていた。その威厳のある姿は、異邦人の私にも、「お前は外国人のわりにはかなりのケチだが、何か悩んでいることはないのか……」と優しく問いかけてくるかのようだった。

しかし、よく見ると、全ての仏像の光背に、赤やピンクの丸いネオンサインのようなものが、度派手にチカチカと点滅して廻っている。お祈りをしている人は、その仏像が放つ溢れるばかりの極彩色の後光を受けて合掌している。

虚空を見つめるような眼差しで、放心したように座っている人がいる。また、冷たい大理石の廊下には、この広間に座れない大勢の人が立ったまま祈っている。跪づいて手を合わせ、拝してから頭をさげる所作を三回続けるのだが、殆ど地べたのタイルに触れるくらい深く頭を垂れている。

人生の深い悲しみに救いを求める人、『定《じょう》』と言われている集中力と平静さを養うアーナーパーナ瞑想をする人、家族の健康や愛する人の幸福を祈る人などが真剣に合掌している。

後から入ってきた人が前に出て、貸し出し棚から黙って数珠を取ると、低い声でお経を唱え始めた。左右の線香の台からは、うっすらとした煙が立ち昇り白煙が絶えない。

正面の中央に座っている人の中に緋色の法衣を着た僧侶が何僧か一般の人に混じって居る。仏陀の前では僧侶も信者も皆一緒になってお祈りをしているのだ。民衆は僧侶を『生き仏』『仏の息子』『仏の愛弟子』と尊敬し崇めている。法座では正座をする人、胡坐をかく人、足を後に折り曲げている人や足裏を廊下側に向けている人などが居て、皆自由な姿勢で伸び伸びとしている。しかし、お題目を唱えて直ぐに帰る参拝者はいなかった。

殆どの人が一時間から二時間近くもじっと目を閉じて瞑想している。中には遠くを見つめながら、五時間も瞑想に耽っている人がいると言われている。誰にも言えない深い悲しみを持った人、喜びに沸いている人など、色々な煩悩を持った人々が仏陀に心を打ち明けているのだ。そして、安らかな顔の仏像達が、「殊更、説法なんて必要ないんだよ」「全部、話して帰りなさい」と、参拝者にゆったりと話しかけているようだ。

中央の塔の周りを小塔が取り巻いてその下が回廊となっている。参拝者は各人の生まれた曜日の入口を通って、自分の誕生日の守護仏を、熱心に拝み、自分の年齢の数だけ水を掛けている。また、花を供えローソクや線香を捧げている人もいる。

ミャンマーでは、仏像に水を掛ければ掛けるほど、人生が平和に満ちてくると言われている。ローソクや線香を供えると、それぞれ、美しさと賢さや名声が手に入ると信じられている。

仏像の入っている祠の中には、ガラスがはめ込まれているものがあり、男の人が熱心に拝んでいる。その外で奥さんらしい人が手を合わせていた。

寺院には女性が入れない場所がある。例えば、本尊が安置されている一番奥の一画などは女性の立ち入り禁止区域である。

また、生まれた曜日にあわせて、それぞれの守護動物である、ガルーダ（日曜日）、虎（月曜日）、獅子（火曜日）、牙あり象（水曜日の午前）、牙なし象（水曜日の午後・ヤーフ）、鼠（木曜日）、天竺鼠（金曜日）、龍（土曜日）などの像が、ところ狭しと思われるほどぎっしり置かれている。一般的なミャンマー人には名字はなく名前のみであるが、名前の頭文字に生まれた曜日の文字をつけることが多い。従って、名前を見ればその人が何曜日生まれであるかが分かる。多くのミャンマー人は、自分の生まれた曜日、時刻などが書かれた出生票（ザーター）を持っている。

人々はゆったりとした足取りで時計廻りに歩いている。参道にはお参りをする人が続いていてその列が途切れない。人々はここで祈りを捧げると共に、思い思いに自由な時間を過ごしている。お弁当や果物、魔法瓶を持った家族連れが、参道や堂内の休憩所で、それらを広げて食べながら休んでいる。また、パコダの一階にあたる部分は、時計屋、貴金属店、写真屋、占いの店、花屋、果物屋、土産物屋、雑貨屋、お供え物屋などがぎっしりと軒を並べている。参拝の帰りに、しっかりと買い物をする人が沢山いるのである。

そんな様子を見ていると、毎日の暮らしの中に仏教が息づいていて、うまく溶け合っていることがよく分かる。仏教が自然と一体になっているのだ。

ここには生活に密着している生きた仏教がある。ミャンマーでは、村の数よりパコダの数の方が多い。僧侶も全国で約五〇万人もいると言われている。

地方のどこかの寺院で仏塔祭（パヤー・ボゥエ）が連日行われている。大勢の参拝の人が集まる参道には、食べ物や物売りの屋台がところ狭しと並んで、大道芸や踊り、歌のコンテストなどの余興も加わって、夜遅くまで祭壇の灯火が瞬き、日本のお祭りや縁日のように賑やかで暖かい夜になる。

二〇〇〇年にも渡り一心不乱にお祈りして、仏陀の教えに連綿と帰依してきた人々の、ゆるぎない信仰の深さに心をうたれた。

厳戒のホァランポーン駅

タイのスワンナプーム国際空港に戻る

七月一九日の朝、溢れる乗客でごった返すタイのスワンナプーム空港から、エアポートバスでホァランポーン駅に向かった。

空港を出て高架道路を快適に走ったのも束の間で、一般道路に降りて市内に入ると、早くもバスは、バンコク名物のあのうなるような喧騒と、黒い霧のような排気ガスを放出する車の大洪水に巻き込まれた。行き交う人のざわめきがビルの谷間を埋め尽くし、歩道には派手なカラーの露天のテントの波が続いて、ほとばしる熱気で頭がクラクラと横に触れて眩暈がしてきた。

この混沌とした東南アジア最大のメトロポリスは、二四時間休みなく動き続けているのだ。

苛立つ運転手が窓から顔を出して、クラックションを鳴らし続けても車は一向に進まない。ノロノロと一時間もかけて、ようやくスクンビット大通りのBTSアソーク駅前まで来たら、エアポートバスの運転手が座ったまま後ろを振り返り、「全員ここで降りてくれ」と言い出した。

乗客はタイ人二人、アメリカ人と私の四人だったが、タイ人達は何も言わず早々と降りてしまった。

カオサン（ソイ・カオサン）まで行くアメリカ人も、盛んに運転手に文句を言っていたが、どうしようもないと大げさに両手を翳すと、目を丸くしながら降りて行った。

私はどうしてもホァランポーン駅まで行くのだと強情を張って席に座っていた。しかし、運転手は、反対側の地下鉄のスクンビット駅の方角を指差して、「あれなら、たった一〇分で行ける」と言うと、済ました顔で車から降りてしまった。

バンコクの路線バスの運転手は大変な気分屋で我侭である。朝夕の通勤時に自分の止める停留所付近が他のバスで混んでいたりすると、平気で一五メートル位離れた処に車を着ける。乗客は自分の乗る番号のバスを見つけると、一斉にそのバスを追いかけて走りだすのである。

だが、これはまだ序の口で、酷いバスの運転手は降りる客がいなかったりすると、バス停で乗客が待っているのにも拘わらず、そのまま止まらずにバス停を通過して乗車拒否をする。大声を挙げてバスに駆け寄っても、手を振っても、平然とバスが行ってしまうことが何度もあった。

また、今日みたいに道路が混んでいたりすると、自分の走る路線を無視して勝手に脇道に入り込み、近道を通って、また、本線に戻ったりする忍者もどきの運転手もいる。

赤バス（エアコンなし）で、前に経験したことなのだが、満員のバスがバス停のないセブンイレブンの前でいきなり止まった。すると、若い女車掌が乗客を掻き分けて降りると、いそいそとその店の中に入って行った。

私はバスに何かあったのではないか、と不安になって周りを見ても、皆、私の方をみて、ニヤニヤ笑って頷いている。

やがて、女車掌がスナック菓子のビニール袋と飲料水のペットボトルを抱えて戻ってきた。しかも、一番前の座席に座ると、そのペットボトルにストローを差し込んで、ハンドルを布で拭いている運転手に渡して、二人で交互においしそうに飲んでいるのだ。

一〇分間も止まっているのに、乗客たちは何も文句を言わず二人を見つめるだけだった。

また、新聞やテレビで大きく報道されたことなのだが、朝の通学時に女学生がバスに飛び乗ろうとして、ステップに足を掛けたまま、引きずられ死んだことがあった。一時は社会問題になったりするが、すぐ忘れ去られて、バスはステップに沢山の乗客を乗せて走っている（冷房なしの赤バスの運賃は、基本料金が六バーツ〈約一八円〉である。この金額で広いバンコク市内を自由に乗ることができる。バス会社が運賃の値上げを申請しても、公共料金の値上げを抑えている政府はなかなか運賃の値上げを認めないので、どうしても運転手たちは我侭になる）。

結局、私は諦めて誰もいなくなったバスを降りた。大きなキャリーバックを引っ張って、歩道橋を渡り地下鉄の駅を目指した。

スクンビット大通りは、バンコクを東西に貫通する大動脈で、両側の繁華街は日本人や外国人居住者が多く暮らす洒落た町だ。広い道路には、日本メーカーの新車が我が物顔で走っている。

このような華やかな光景をみていると、ゆったりと時間が流れていたミャンマーを思い出した。

確かに経済的には、ミャンマーは、タイとの間に大きな格差をつけられてしまった。仏教の世界では、同じ上座仏教でもタイは余りにもメジャーに成りすぎて、お寺はますますピカピカになり、高僧は庶民からどんどん離れて密室で厳しい修行にあけくれている。普通の人にはできない特殊な術を持った僧侶が、マスコミにもてはやされて信者を集めているのだ。

それに対して、ミャンマーには到る所で民衆が瞑想できるあけっぴろげのパコダがある。そこでは、まるでピクニックにでも来たかのように、お弁当を広げてご飯やおかずをつまんでいる家族達がいた。人々の生活は、それほど楽ではないのに、皆心からの笑顔を持って生きていた。

ミャンマーでは日中でも沢山の僧侶を町で見かけるが、タイではあまり僧侶は見かけないな——とそんなことを考えながら辺りをぼんやりと見渡しながら歩いているうちに、エスカレーターを降りて地下鉄のキップ売り場の前に出た。

地下鉄は、背中にいきなり冷気が飛び込んでくるような、強すぎる位の冷房が利いていた。長袖のホワイトカラーのシャツに、ネクタイ姿のサラリーマンが、新聞を読んだりお喋りをしたりしている。車内は空いていて乗客はまばらだったが、居眠りをしている人は一人もいなかった。

隣の席の四〇歳位のタイ人の女性が、「日本人ですか……」と巧みな日本語で話しかけてきた。

彼女は親切にも、「ホァランポーンの駅はこの列車の終点だ」と教えてくれて、「どこに行くのか、そうか、アユタヤか」と言ってはいちいち頷いている。

彼女は終点の駅に着いても、出口はこちらだと私の前に出て、エスカレーターに乗り先導してくれる。

「おばさん、ありがとうございました。ホァランポーンの駅は、よく知っていますから案内は結構です」と言っても、彼女は素知らぬ顔をしてどんどん階段を下りて行った。

そして、ホァランポーンの駅前のマハ・フルザーム・ロードに出ると、おばさんは、やおら、首からぶら下げた写真付きの身分証明書を取り出して本当の正体を現したのである。

彼女は、顔面一杯に皺くちゃな笑い顔をつくって、「私はタイ政府公認のホァランポーン駅の旅行ガイドです。今のシーズンはアユタヤのお祭りの時だから、市内には観光客が溢れていて、ゲストハウスやホテルはどこも満員ですよ」と言った。

私は不審に思って、「おばさん、そのお祭りは何という名前なんですか」とまなじりをつり上げて聞くと、彼女は、突然、手を合わせてタイ語の経を唱え始めた。

「プラ　カター　チンナ　パンチョン〜　プラ　プッター　チャーン〜」

「お経で誤魔化そうなんて、やっぱり、嘘なんだな……」と思って、無視して歩き出すと、彼女は、今度は日本語で、「この近くに信用できる旅行会社の事務所があるから、今から行きましょう」と言っていきなり私の腕を取った。

「結構です」とわざと冷たく言って、彼女の腕をゆっくりと振りほどいたのだが、「アユタヤで、悪いトゥクトゥクの運転手に騙されたら可哀相だ」と言ってしきりに顔をしかめる。私は何度も断ったのだが、バックを引っ張り、足にしがみついてくる余りのしつこさに、怒りがこみあげてきて「マイパイ」（精神的に耐え切れません）と大声を出して彼女の腕を素早く振りほどいて、脱兎のようにホァランポーン駅に向かって走った。

「チッチチチ……プラ　バーン　ワイネート〜」とやけくそになって、お経をあげ続けるおばさんの声が渋滞の車の間をすりぬけて追いかけてきた。

やっとの思いで着いた、一〇ヶ月振りのホァランポーン駅は、正面玄関が厳重に閉まっていて、入口は左側のタクシー乗り場からの一ヶ所だけだった。駅構内中央の乗降客用の座席は取り外されていて広い通路となっている。見通しのよくなった構内を、M16のライフルを担いだ兵士がパトロールしているが、いつもにこやかな笑みを向けていた兵士がやけに厳しい目を乗客に向けている。

丸いかまぼこ型屋根に覆われた構内の正面の壁に飾られている、国王陛下や王妃の大きな肖像画はそのままの位置にあったが、隣にあった列車の発着を知らせる電光掲示板が取り外されていた。

インフォメーションセンターの横で、若いタイ国陸軍の迷彩服を着た兵士が机に座り、青白い顔でじっと前を見つめている。

そこには、透明なプラスチックで作られた募金箱が置かれてあって、箱の上の部分までお札や硬貨がぎっしり詰まっていた。その隣の大きなパネルには、テロリストが橋桁や欄干、橋脚に仕掛けた爆弾や爆発現場、目を大きく見開いて倒れている男の射殺体、血まみれで横たわっている、タイ国軍の若い兵士などの生々しい写真が何枚も張られている。

一番前で、食い入るようにパネルを見つめていた四〇代位の女性が、私の方を見て写真を指差しながら、「テロリスト」と大きな声を出すと一〇〇バーツ札を募金箱に入れた。

その後ろに、花束とお札を握りしめた女学生達やコインを片手に持った男性達が続いた。私もテロリストにされてはかなわないと列の最後尾に隠れるように並んだ。

この一ケ月の間に、タイ南部では、タイ国軍の乗った軍用車両がテロリストに襲撃されたり、南部のハジャイ行きの列車が、線路に置かれたオートバイで脱線して横転していた。

更に、三日前には、バンコク市内の商店街のシャッターに仕掛けられた爆弾による爆発事件が起こった。いずれも、イスラーム反政府組織の仕業だと言われている。

私はヤンゴンのクイーンズ・パーク・ホテルの部屋で、タイのニュース番組を観ていたのでその事件を知っていた。このホテルのテレビでは、ミャンマーの放送は勿論、タイや香港、NHKの衛星放送も観ることができた。

現在、タイ南部にあるパタニ県、ナラテワット県、ヤラ県は、かってはパタニー王国と呼ばれていた（マレー語では、「Kerajaan Melayga Patani」で、江戸時代、この国は日本で「太泥《パタニ》」と呼ばれていた）。

アユタヤ王朝の長政の時代から、パタニー王国は、イスラーム国家として栄えていて、アユタヤに貢物を差し出す属国となっていた。

だが、一八世紀に入ってこの国は完全にタイの支配下となった。

この地区の人口の八割以上が敬虔なイスラーム教徒で、タイ国に於いて民族性の強いイスラーム文化を形作っている。

今までタイ政府も、この三県には特別な政策を取って、できる限りの経済的な援助をしてきた。しかし、一九七〇年代以降から、急にタイからの分離独立運動が盛んになり、反政府の過激派がこの地域で力を持ってきた。彼らは、この地区の警察署、仏教寺院、学校などの建物に対して、頻繁に爆弾テロなどを行った。

政府から、この地域の公共機関などの施設に派遣される先生や職員などの中には、恐れをなして、タイ政府からの赴任命令を拒否する者が、後を絶たないと言われている。

そして、前首相のタクシン氏が、これらの過激派を徹底的に弾圧した為に、抵抗もいちだんと激しくなり、テロはエスカレートして、一般の家や商店などにも放火して、首都のバンコク市内にも飛び火した。最近では列車も頻繁にテロの標的として狙われている。

二〇〇四年以降、兵士、一般民間人を含めると二四〇〇人以上の犠牲者が出ているのだ。

私は一通りパネル写真を見た後、正面のキップ売り場に並んだ。

一一時四五分発のチェンマイ行き急行列車のキップは既に売り切れていて、かなり遅い一八時発、快速列車のキップをようやく手に入れた。アユタヤまではこの急行列車で一時間三〇分位で行ける。

以前、駅構内のフロアには東京ドーナツや奥にコンビニなどがあるだけだったが、今では、洒落た飾り付けのケーキ屋、スナック菓子、アイスクリーム屋などが並んでいて、タイの若者達が行列を作っている。

このタイの中央駅であるホァランポーン駅には苦い思い出がある。

四年前の出来事だ――私は、当時、宿泊していたプラ・スメン砦の近くにあるPSゲストハウスを出て、バスで駅に向かい、列車でチェンマイに行こうとしていた。

まだ暗い朝の六時頃、ゲストハウスを出て赤バスに乗りホァランポーン駅に着いて、急行列車のキップを買う為に二番の窓口に並んだ。あいにくその日はタイの祝日で、どの列車も満席だったので、手に入れたのは一五時発のチェンマイ行き快速列車のキップだった。

いつもは、駅構内の後ろにある荷物預かり所に行き、そこにバックを預けて、近くのヤワラート（中華街）に出かけるのだが、その日はどういう訳か、荷物を抱えて構内の一番前の左隅のイスに、ぼんやりと腰掛けていた。

そのうちに隣の席の人から、カタコトの日本語と英語のちゃんぽんで話かけられた。顔をみると愛くるしい目をした、坊主頭のほっそりとしたタイ人の青年が、刈ったばかりの頭に手を当てながら笑っていた。私はこの愛嬌のあるエディ・マーフィみたいなタイ人と直ぐに親しくなった。

彼は南部のラノーンから来る友達を待っていると言った。私もチェンマイ行きのキップを彼に見せたりしながら、今日の酷い混雑振りなどを話し合ったりしていた。

しばらくすると、「腹が減ったろう、ここで荷物を見ててあげるから、何か食べてきたらどうか」と言ってくれた。私は彼の好意に甘えて、食べ物を買いに行こうとしたが、万一の場合もあるので、座席に一番近い、約三メートル位の距離にある東京ドーナツまで行き、目だけは自分の荷物から離さないようにしていた。

私は席に戻り彼に礼を言って、砂糖がたっぷりとまぶしてあるドーナツを手に取った。食べ終わる頃に、「別の友達がタクシー乗り場に来ているので見てくる。悪いけど、この席をとって取っておいてくれ」と言って、彼は足早に構内を出て行った。

しかし、彼は直ぐに戻ってきて、横浜に居るという若い日本人女性の写真を見せ、私は横浜港など、名所の説明をしてあげた。彼は、その大きな黒い瞳を輝かせて、いちいち丁寧に頷いて聞いていた。

かれこれ一時間位の時が経って、私は、長時間イスに座っていて腰が痺れてきたので立ち上って背伸びを始めた。すると彼は私の肩を指差して、「肩から背中に掛けて糸が絡まっている」と真剣な顔をして言った。

肩に手をやると、細長い白い糸が、左側の肩から背中にかけて絡まっていた。――私は糸を取るのに夢中になってしまった。

やがて、私が糸を取り終わって、五分位経った頃、「友達が来ないので、電話を掛けてくるから、この席を取っておいてください」と言って、エディ・マーフィ似の、独特のにこやかな笑顔と白い歯を見せて彼は悠々と出て行った。

しかし、三〇分経っても戻らなかった。

ようやく、おかしいと気づいた私はズボンに手を当てると、左側のポケットに入れておいた、auグローバルのケータイがなくなっていた。

「しまった。また、油断してやられてしもうた……」と呟きながら、彼の座っていた左側の席を見ると、汚いボロタオルが丸めて置いてあった。

私は慌てふためき、オロオロしながら「ポリス　ポリス」と大声をあげて周りを見渡した。心配そうにどっと私を取り囲んだタイ人のどの顔もいちようにゆがんで見えた。

このケータイは、かなり重かったので、盗もうとしても直ぐ気がつくだろうと考えていた。彼が先ほど出かけたのは、この近くに居るスリの親分に、「駅構内で、お人好しのバカな日本人のカモを見つけました」と報告に行ったのだろう。

そして、配下から糸くずと、タオルや日本人の女性の写真を受け取り、それを見せて油断させ、ゆっくりとチャンスを待って私の肩に糸をかけて、周りのタイ人に気づかれないように、タオルで手を隠してケータイを抜き取ったのだった。

私は、タイ人のプロのスリの完璧な手口に、うかつにも全く気がつかなかった。

タイでは、その頃まだカメラ付のケータイは出ていなかった。キップ売り場の二階にある、駅構内を監視している防犯ビデオ室にいる若い警察官に、私は英語で、「こんな日本語のケータイなんか盗んで売れるんですか……」と不思議そうに聞いた。すると「タイでは売れないものはありません」と彼は引きつった顔をして、タイ語と英語を交えて言ったのである。

私は気を取り直して、駅構内にある海外電話ボックスから、平塚にあるauに電話して通話を止めてもらった。

一通りの手続きが済むと、腹が減っているのに気がついた私は、バックを駅構内の手荷物預かり所に置いて食事をする為に表通りに向かった。

ホァランポーン駅前のラーマ四世通りで、日本語メニューの置いてある簡易食堂を見つけた。この店には前にも来たことがあるが、その時は日本語のメニューはなくて、隣のテーブルで、おいしそうに食べていたタイ人の春雨の入ったサラダを見て同じものを頼んだ。出てきたサラダは、新鮮な春雨の中にエビや魚介類などが入っていた。マナーオ（ライム）の汁であえた、タイ風のサラダで、食べてみると、最初は酸味が効いていて美味しかったが、そのうち、舌が痺れ涙がどっと溢れだし、とてつもない辛さが後頭部を突き抜けた。私はイスから飛び上がり、犬みたいに舌を出して、狂ったように店内をのたうちまわったことがあるのだ。

それからは、タイ料理を頼む時は見た目ではなく、必ず、一言、「辛くしないで」と言って注文をしている。

メニューには日本語で、『煮込み豚足ご飯』と書いてある。横浜の中華街で食べた豚足を思い出してこの料理を頼んだ。注文を取りに来た少年に、念の為に「ヤータ　ハイ　ペッ（辛くしないでください）」と言うと、彼は「ジープン（日本）の料理だから辛くない」と言って、両手の指で丸をつくった。

豚足はかなり煮込んであって、柔らかい割には歯ごたえがあった。スープは魚肉のミンチ、豆腐やバジルの葉が入っていて、少し酸っぱい味だったが、豚足の甘さとミックスしていて絶品だった。

列車の出発時間までにまだ時間があるので、近くのヤワラート（チャイナタウン）の泥棒市場まで行こうと歩き出したのだが一〇〇メートル先が黒く霞んでいる。

最初は霧ではないかと思ったが、目を凝らしてじっとみつめると間違いなくスモッグだった。息が詰まるようなガソリンの臭いや排気ガスの熱風が灰色の塊となって通りを覆っている。顔の半分までマスクをしている交通整理の警官やバイクの運転手がやたらと多くなってきた。そして、ミャンマーより緑が少ない為だろうか、陽射しが強すぎて目がチカチカと痛くなってきた。おまけに、割り込みや信号無視の車が鳴らし合うクラクションの音がひっきりなしに街路に響き渡っている。

私は急いでホァランポーン駅に戻った（泥棒市場はクロントムと呼ばれていて、古いバイクの部品や壊れた電化製品などが売られている市場だが、路上には、壊れたおもちゃや破けているバックなどのガラクタが山のように積まれている。中華街そのものも、表通りから一歩裏通りに入ると、闇市の迷路のような細い路地が縦横に張り巡らされている）。

ベンチのような席に座りしばらくの間うとうとしていたら、「ガラアン、ガラアン」と列車が出る時に打ち鳴らす鐘の音がホームから響いてきた。

マレーシア行きの特別急行列車が出発したのだ。時計を見ると、午後五時で、私の乗る快速列車がもう直ぐ一二番ホームに入って来る時刻だった。

民家の軒先をかすめて、ゆっくりと構内に入って来た長い列車は、定刻に、「ピィーッ」とホームを震わせる鋭い汽笛と、「ガクーン、ガクーン」という車両を引っ張る軋んだ稼動音を残して動き出した。

このディーゼル機関車は、寝台付のエアコン車二両と一〇両の一般車両、更にその後に貨車二両を連結していて、長く黒い蛇のように車体をくねらせている。

車内はゆったりとしたスペースが取られていて、洗面所の壁には、車両が韓国製である刻印が押されている金属板が張られていた。

線路沿いにある、飲食店の開けっ放しの部屋の窓から薄明かりが漏れている。

何匹かの野良犬がだらしなく寝そべっている路地では、パジャマ姿の子供達が駄菓子屋の店先でテレビゲームに興じている。

近代的な高層ビルが天に向かってニョキニョキと聳え立つ狭間に、バラックの家屋がびっしりとへばりつくように並んでいる。

列車は、徐々にスピードを上げてゆき、派手なネオンが妖しく灯り始めたバンコクの町に別れを告げた。

暮れなずむ、赤茶色の大きな川を渡り郊外に出る頃には、辺りはすっかり闇となり、真っ暗な空から小雨がぱらついてきた。

通過する小さな駅の広場に集まっている、夜店の屋台のテーブルを囲む人々の顔が、青白い裸電球の灯りにぼうっと照らされて、ひとつ消えてはまたひとつ浮かんだ。

カーブで車両が左に大きく傾くと、それは漆黒の波間に漂う海蛍のように、ぽっと紫色に冷たく光って、雨で濡れるガラス窓の外を乱舞するかのように交錯して流れていった。

コスモポリタンの都

アユタヤは東洋のヴェニス

アユタヤ（Ayutthaya）は、サンスクリット語で『平和で恵まれた場所』という意味である。この都はシャムのアユタヤ王朝の首都であった。

ここは、チャオプラヤー川、ロップリ川、パサック川の三本の河川が合流する場所で、東西に八キロ、南北に四キロもある大きな島である。周りを高さ六メートル、幅三メートルの高い城壁で囲んでいた。城壁のあった場所は、現在、ウートン通りとなっていて島を巡っている。

チャオプラヤー川がロップリ川とパサック川に合流する地点には、堅固なポム・ペット砲塁（ペット砦）が築かれ三台の大砲が置かれていた。城壁が一二キロに渡って連なっていて、二二箇所の要塞と九九の城門があった。市内には運河が縦横に造られていて、王宮の造船所や艇庫の他に、日本からの御朱印船を含めて、外国船が入港する大型の港が四ヶ所あり、市場や水上マーケットは、島の内外で五〇ヶ所以上もあった。

アユタヤは、タイ王国の首都バンコクから北におよそ八〇キロ、母なる大河、チャオプラヤー川の上流にあって、海からは一一〇キロの所にある。

これらの地理的な条件がアユタヤを国際貿易港、コスモポリタンの都へと発展させていった。当時は、西洋人、日本人、中国人、アラブ人など約四〇ヵ国以上の外国の人々が暮らしていたのである。

アユタヤはイギリス人から「ロンドンのように見事」と讃えられた。ポルトガル人からも、「東洋のヴェニス」と賞賛されていた。また、一六八五年のフランスのルイ一四世の使節団の帰国時の報告書の中には、「ヨーロッパからアジアまでの航路の間に、アユタヤに優るほどの豪華な王都はなかった」と書かれている。

アユタヤ王国は、一三五一年にウートン王と呼ばれたラーマーティボディー（一世、一三五一～一三六九）が三六歳の時に建国し、それ以来、四一七年間もシャム（タイ）の王都として豪華絢爛さを誇ったのである（アユタヤの王の年号は在位期間を表す）。

アユタヤの最盛期には、都の人口は二〇万人を超えていた。シャム王国全体では二〇〇万人位であった。また、上座仏教（小乗仏教）が国教であり、精霊（ピイ）なども信仰した。

王朝内の儀式や行事などでは、ヒンドゥーやバラモンが用いられ数多くの寺院が建立された。

しかし、アユタヤの栄華を誇ったこれらの王宮、寺院、仏像などは、度重なるビルマとの戦いで少しずつ壊されてゆく。

一七六〇年と一七六二年には、コンバウン王朝のアラウンパヤー王のアユタヤ攻略があり、王都を包囲されたが、この王が戦死したためビルマ軍は一時撤退した。

しかし、五年後の一七六七年、再びビルマ軍は攻撃を開始し、ついにアユタヤは陥落する。そして、ビルマ軍によって当時残っていた建造物の多くは徹底的に破壊された。

その時のアユタヤの王は第三四代エーカタット王（一七五八〜一七六七）で、王は逃亡の途中にビルマ軍に捕らえられたが、彼はビルマに連行されることを拒み絶食して死歿したと伝えられている。

アユタヤ王朝はついにここに終焉を迎えたのである。だが、王都の陥落から半年後、北のターク国の国守であったタークシンが、ビルマのスキー将軍の部隊を破り、アユタヤ王国の領土をビルマから奪い返した。

タークシンは自ら国王と名乗った（一七六七〜一七八二）。しかし、焦土と化したアユタヤの余りの惨状に、タークシン王はこの都の再建を諦めて、アユタヤの南、チャオプラヤー川下流の西岸にあるトンブリを新しい都とした。トンブリ王朝と呼ばれたが、旧都アユタヤでの混乱やトンブリでのプラヤー・サンの反乱などで、タークシン王に代わってチャクリー王家が興った。

新しい王朝のラーマ一世（一七八二〜一八〇九、チャクリー王）は、一七八二年にチャオプラヤー川の東岸に都を遷都した。

ロータ運河に囲まれたラタナーコーシン島に王宮とワット・プラケオ、そして、一七八八年にワット・ポーを造営しチャクリー王朝が始まった。

ここが現在のタイ王国の首都、「王が住むクルンテープ（天使の都）」と言われる魅惑の大都会バンコク発祥の地である。

因みに現在のタイ国王は、ラーマ九世、プミポン王（プミポン・アドゥンヤデート国王陛下）で、平和の王として世界的に知られていて、国民から慕われ、名君の誉れが高い。

歴代王朝の王の中で大王『マハラート』の称号を持つのは、スコータイ王朝、第三代ラームカムヘーン大王（一二八七～一三五〇）、チャクリー王朝、第五代チュラロンコーン大王（一八五三～一九一〇）、チャクリー王朝、現在の第九代プミポン国王（一九四六～）の三人だけである（タイ王国の王室と日本の皇室とは両国の長い交流を通じて、現在最も親密な関係にある）。

その後、アユタヤの都は少しずつ修復されて、アユタヤ時代の栄華と文明の跡を伝える歴史公園として遺跡が整備され、国立博物館や歴史資料館等が建てられている。

この地域では現在でも首のない仏像や煉瓦造りの崩れた小さな寺院跡が発見されている。一九九八年にユネスコの世界遺産に登録されて、世界中から観光客がやって来る観光名所となっている。

現地で頑張る日本人

アユタヤの賑やかな通りは、チャオプラム通りで、銀行、市場、バスの発着所、ホテルなどが集まっている。

山田長政で有名な日本人町跡に行くには、アユタヤ市内からチャオプロム市場の横を通って、ロチャナー通りを左折して、鉄道線路の踏切の前を大きく右に曲がって迂回するのだ。七月一七日の朝、私は日本人町跡に歩いて行こうと市場近くのホテルを出た。

通りに居た女性のトゥクトゥク（三輪タクシー）の運転手は、「歩けるわけがない、七キロ以上もある」と言って車に乗っていくように勧めたが、私は途中で朝飯でも食べようと思っていたのと、彼女が往復で三〇〇〇バーツと言ったこともあって、断ってアユタヤ駅の方向に歩いて行った（前夜、ホテル近くのカレー屋の話から、往復で三〇〇バーツで行けることを聞かされていたのだ)。

リバーサイドホテルの角を左折し、駅前の通りを大きく左に曲がると、狭い路地がありゲストハウスや簡易食堂が集まっていて行き止まりがパサック川の船着場になっていた。

川幅は四〇メートル位で、この渡し舟に乗ればほんの二、三分で対岸のアユタヤ市内に行ける。吊り下がった緑の丸い看板に三バーツ(約九円)と書いてある。

黄色く濁った泥の川の中から、突然、子供が顔を出して、水鉄砲で観光客の背中に水を浴びせると、直ぐに潜ってしまう。ファランの女性の沸きあがる悲鳴と、エンジン付きの渡し舟を運転する船頭さんの高い笑い声が、布袋草がゆっくりと流れる川面に呑み込まれていった(ファランとは、西洋人を指す言葉で、ペルシャ語の『farangi』の転用語である。アユタヤ時代に最初に渡来したポルトガル人を指した。アユタヤがマレー半島の重要な地域を治めていた一五一一年、マラッカを占領したポルトガルは、中国船(ジャンク船)を用いて、使者のドゥアルド・フェルナンデスをシャムに派遣した。彼はシャム王室を訪れた最初のヨーロッパ人となった。その後、各国との国際交流が深まると、西洋人全般を指す言葉になって現在も使われている)。

『MINT GEEST HOUSE』と書かれている看板の下に、テーブルやイスがごちゃごちゃと置かれている店先で、二五歳位の日本の青年と三〇代のタイ人の男が船着場に向かうバックパッカーに盛んに声を掛けている。

日本人の愛敬のある若い女性二人とつまらなそうな様子の一人の男性が、若い彼に誘われてテーブルに座った。彼らと目があった私も店に入り、日本人グループの隣に座りバーミーナム(麺)を頼んだ。先程の青年が私の席に来て前に座り、「池田です」と名乗った。彼は東南アジアの旅の途中だそうで、「この町に住むタイ人の彼女ができて、しばらくここで沈没している」と言った。そして、「このゲストハウスのオーナーは、日本語が余り上手くないので、日本人の呼込みを手伝っている、まるっきりのボランテアですよ」と言って頭を掻いた。

話をしてみるとなかなかの好青年で、彼は意外と歴史好きだったので、ひとしきり、ミャンマーの長政や侍の話で盛り上がった。

オーナーが運んできた麺は、中華風の細長い麺で、丸いツミレが入っていてマイルドなカレー味だった。麺もシコシコしていて歯ごたえがあった。

やがて、六〇歳位の年配の日本人の男性がやって来て、無愛想な顔をして池田さんの隣に座った。彼は「太郎です、年齢は六九歳で独身である」と少し照れくさそうに言ってボソボソと話を始めた。太郎さんは六五歳の時に、アユタヤで右半身が麻痺になる脳梗塞になったと言った。若い頃から健康で、病気に罹ったこともない丈夫な身体を自慢していたが、その時は、何の前触れもなく突然吸っていたタバコが口からポロリと地面に落ちて、全身が痺れて床に倒れこんだのだそうだ。

更に、アユタヤで療養している一年後に、今度は左半身が痺れて再び脳梗塞に襲われたと言った。この時は一時目も見えなくなったそうだ。今は見た目では何の後遺症も見受けられないが、強いて言えば、話し方が普通の人よりも一寸と舌足らずだった。

彼はタイの病院にも行かず、自宅で中国の漢方薬を飲んで血栓を溶解して治したと、自信に満ちた顔で言った。そして、「あなたもそろそろ注意したほうが良いですよ」と私の顔を覗き込んで忠告してくれた。

彼の話を聞いた時に、私は背筋にぴりっとした冷たいものを感じた。実は病気ではないが、私は、七年前、チェンマイ市内で、深夜に若いタイ人の三人組の暴漢に襲われたことがあるのだ。

現地の男の友人とレストランで食事をした後、レジでお金を払っていたその人と、ほんの五メートル位離れた瞬間に柱の陰に隠れていた暴漢達に襲われた。彼らは酒の匂いをぷんぷんさせて、私の目元を狙ってパンチを繰り出してきた。

私はあっという間に、目が見えなくなるほどこっぴどく殴られた。

私の悲鳴で直ぐに友人が駆けつけたので、彼らは何も盗らずに逃げ去った。瞼が切れて出血が止まらず、チェンマイ・ゲート病院で、傷口の瞼を三センチも縫う手術を受けたが、目がつぶれ、お岩さんのように腫れ上がった自分の顔を鏡で見て、身体が小刻みに震えるほどの絶望感に襲われたのだ。

全く記憶にないのだが、手術後の先生の話によると、私は「日本に帰ってから手術をする」と頑張って、そのタイ人の若い医師を困らせたようなのだ。先生はしばらく様子を見ていたが、出血が止まらず、このまま放置すると、生命に危険があると考えて、私を無理やりに手術台に縛って、麻酔も打たないで瞼の傷口を三センチも縫う緊急の手術を行ったと言っていた。

タイ警察の警察官も病院に来たらしいが、唸っている私を見て直ぐに帰って行ったそうだ。

私は外国で入院したのは初めてだったので、手術後、傷の痛みよりも治療費のことが心配で、タイの友人に直ぐにこの病院を出たいと話した。

友人は先生の指示を仰いでまだ無理だと言ったが、先生が家に帰ったのを見計らって、明け方、私は強引に病院を出た。

医療費は、確か日本円で一万円位だったと思う。担ぎ込まれた病院が、評判の良い庶民的な所だったのも幸運だった。しかもその病院は、私の泊まっていたチェンマイ・ゲート・ホテルの隣にあったのだ。

しかし、翌日タイ人が持ってきた、チェンマイの新聞を見ていた友人の言った言葉で頭に血が上った。そこには『深夜、三人の若い女の子を連れた日本人観光客が、タイ人の若者とケンカして殴られる』と人見出しで出ていたのだ。

私はその後、何度もチェンマイ警察署に出かけて行ったのだが、警察官は何も盗られていないことを理由に事件の調書さえも作成しなかった。翌日の新聞の報道の手回しの良さと警察官のやる気のなさは、この若い暴漢達がチェンマイの金持ちの息子達であった可能性が高いと推測できた。要するに、酔っ払った金持ちのドラ息子達の強盗傷害事件を親がお金の力でもみ消したと思えたのである。

「旅先でのトラブルは覚悟の上だと割り切っていても、用心に越したことはないですね……」と話すと彼は何度も相槌を打った。

太郎さんは病気になる前に、アユタヤで日本食レストランを経営していたそうで、タイ滞在は通算で四〇年間になると言った。彼は元大手の商社マンで、最初は会社の仕事でタイに来ていたのだが、この国に魅了されてリタイヤを早めにして、この地で骨を埋める覚悟で再びやって来たのだそうだ。そして、商社マンの時に飲んでいた、銀座の店のママやホステスの名前をいちいち挙げて嬉しそうに微笑んだ。「自分は長くタイに住んでいるが、今まで一度も甘い言葉で誘ってくるタイ人に騙されたことはない」と言い切った時に、太郎さんの顔が一瞬引き締まり、企業戦士だった目がキラッと光った。

この一言は、かなり立派な重みのある言葉である。——私がチェンマイに住んでいた頃、朝飯を食べに日本食レストランの『さくら食堂』に入った時のことだ。そこには既に初老の五人の日本人が道路際のテーブルを囲んでいて、食後に昨日のゴルフや去年の紅白にでた日本人の演歌歌手のことが話題になり、私も加わって、最後はタイ女性のことで話が最高潮に盛り上がったまさにその時、中心人物らしい五〇歳位の男が、突然、空を見上げて「情けねえなあ〜、俺も含めて騙された話ばかりで、この中に誰か騙した奴はいねえのかよ……」と自潮気味に呟いた。

その言葉であっという間に座がしらけ、皆、視点の定まらないうつろな目をあちこちに向けて、しばらく押し黙り、釘付けにされたようにその場を動かなかったのである……。

太郎さんは、日本人町跡やポルトガル人町跡について貴重な話を聞かせてくれた。

昭和四〇年頃に、チャオプラヤー川岸の日本人町跡に行ったが、広い公園のような場所に長政を祀る大きな鳥居が建っていた。その先の小さな祠の前には、燈篭があって、朽ちかけた墓標らしい木簡が二、三本並んでいた。

公園は今のようにきちんと整備されていなくて、訪れる人も稀でかなりうら寂しい所だった。墓守りもいなくて山田長政や日本人達が、荒廃した鳥居の影で泣いているようだったと話した。

また、昭和五〇年頃に、チャオプラヤー川の日本人町跡の対岸にある、ポルトガル人町跡の発掘が行われるというので、わざわざ見に行ったそうだ。

墓地の穴底に、骸骨や白骨が散らばっていたのを覚えていると話してくれた。

私はバンコクで、タイの専門家によるポルトガル人墓地の発掘調査の時の現場写真を見たことがあるが、この時にこの発掘現場を見ていた日本人が居たことに驚いた。何故なら、知り合いのタイ人から、アユタヤ王朝の時に、長政ゆかりの人と言われている「ギマー夫人」が、当時このポルトガル人町に住んでいて、王宮や日本人町、オランダ人町に出入りして活躍していたと聞かされていたのだ。

そして、ギマー夫人は、ポルトガル人町で亡くなって、恐らく遺体は、このポルトガル人墓地に埋葬されているのではないかと考えられている（この発掘調査の時に、オランダ東インド会社のコインで、『一七四五年鋳造』の刻印の入ったものが、ポルトガル人町のドミニコ教会跡で見つかった）。

太郎さんは、元気になったらタイ北部のランプーンで、再び日本食レストランを開く予定で、既に工業団地の中に土地は確保してあると話してくれた。我々はまたランプーンで会いましょうと、肩を抱き合い戦友のように固く手を握り合って別れた。

日本人町跡と泰日協会展示館

私はアユタヤ駅前の道を、今度は右に曲がってアユタヤ日本人町跡に向かった。

ブリディタムロン橋の下で、筋肉が盛り上がった、黒い肌の半裸の少年達が手作りの竹竿で釣りをしている。魚籠の中を覗いてみると、魚影はなく、黄色く濁った水が今にも沸騰するかのようにフツフツと泡立っていた。

川を迂回するために歩いて行くと、半分土に埋もれた運河が道路に沿って延びている。所々が塞き止められていて、水路の岸辺にびっしりと背の高い葦が茂っていた。萎れた紫の花が散乱している川岸の砂地に、赤黒く変色したヤシの葉で葺いたあばら屋の民家が建っている。

そこに崩れかけた路肩から、小さな竹を組み合わせた橋が架かっていた。更に、二本の細長い板で繋がっている隣の池には、蓮や布袋草の濃い緑に覆われた、今にも倒れそうな小屋が淀んだ水の中に浮いている。

アユタヤ王朝の創立以前からある、大寺院のワット・パナン・チューンの広い参道を横切って、陽射しでたっぷりと熱せられた照り返しの強いタールの舗装道路を南に向かって、私は帽子も被らずに歩いて行った。

古い丸太が野積みされた材木置場や牛車の車輪を柵に使った小さな集落を通り過ぎた。鳥の舞う飾り屋根の山車が道路端に重なり合って置かれている。扉のない開けっ放しの木工場は、モーターも止まっているのか物音ひとつしなかった。

天を睨んだ赤褐色の火炎樹が、房飾りのような枝葉を道路の中央にまで張り出して大きな影をつくっている。その大木の下で、日除けの菅笠を被った中年の女性が、荷車に竹竿を張って、グッピーに似た『ベタ』という川魚の入ったビニール袋を、まるで提灯のように、一列にぶら提げている。私が近づいても、首を傾けた女の人やビニールの端に集まった魚は目を瞑ったままじっと動かなかった。

そよいでいた風も止み、全ての音が消えて、地の底が不気味に静まりかえった。

雲ひとつない天空にぎらつく太陽は、もう中央高くに差し掛かっている。その恐ろしいほどの強い光の輪に包まれて、郊外のこの村全体が、一瞬、動きを止めて、まどろんでいるように思われた。

この辺りには、民家の軒先に隠れるように塔が立っていたり、忘れ去られたような、全く草に埋もれた運河や崩れた石垣が残っている。赤レンガ造りで囲った、純白のプリメリアの花壇を通り過ぎると日本人町跡の白い塀が見えてきた。塀には、黒色の枠の中、金箔の文字でタイ語の下に、『日本人村、JAPANESE VILLAGE』と書かれてあった。

白亜の円錐形の塔の入場券売り場で入場券を買い中へ入ると、中庭は公園となっており、整然と樹木や芝生が植えられている。中央には『アユチヤ日本人町の碑』と書かれた大きな石碑が立っている〈暹羅〈Siam〉の王都アユタヤは、一五世紀頃には〈アユチヤ〉と呼ばれていた〉。

右奥の竹林の前には山田長政の祠が建っていて、線香や花が供えられていた。タイ人の墓守りのお婆さんがいて、掃除をしながら線香や花を売っている。日本人観光客が手向ける線香の白煙が、チャオプラヤー川からの風に乗って横に長くたなびいていた。

アユタヤの日本人町は、現在と同じ場所、チャオプラヤー川の東岸にあった。当時は、対岸にポルトガル人町があって、朝晩にポルトガル教会の打ち鳴らす鐘の音が、カラーン　コローンと、ここまで響いて日本人の心に深く染み透っていったことだろう。

北側には、小さな運河を挟んでオランダ商館、その右側にイギリス館、対岸の奥には中国人町、ベトナム人町、マレー人町があってこの辺りは国際色豊かな異国の賑わいを見せていたと言われている。

日本と東南アジアとの交流の歴史では、五四二年に「百済王は扶南の財貨及び土人二人を献上した」ということが『日本書記』に書かれている〈扶南王国は、メコン川下流域に一世紀頃建国された王朝である。現在のベトナムの南部メコンデルタの地域にクメール族の扶南という国が勢力を拡大していて、当時、中東や西洋と中国とを結ぶ中継貿易の重要地点として繁栄をしていた王国である。だが、中国の分裂にともないその勢力は少しずつ衰えて行き、五五〇年頃に同じクメール族の『真蝋』に亡ぼされてしまった)。

その後、平安時代から鎌倉時代には、中国や東南アジア諸国との南洋貿易が九州の博多や長崎の商人達によって行われるようになった。

韓国の『高麗史』という朝鮮半島の史書には、一三八八年に暹羅国王の命を奉じた暹羅船の乗組員八名が一年間、日本に滞在したという記事がある。

シャムと日本は、最初、琉球王国（沖縄県）を仲介して交易を行っていた。琉球は、中国と日本を相手にアジア各国との中継貿易を行って繁栄していた（室町時代には、琉球とシャムは頻繁に交流を行っていた）。

山田長政の祠

第七代チャオサームプラヤ王（一四二四～一四四八）の御世から、琉球は、アユタヤとパタニーに交易船を出して頻繁に貿易を始めた。現在、沖縄県の代表的な酒である『泡盛』は、この頃のアユタヤの白酒をベースにして造られたと言われている。

だが、日本は一五〇〇年代後半に入ると、独自で貿易船を東南アジアに送るようになった。第一八代マハータンマラーチャー王（一五六九～一五九〇）の治世の一五八九年に、アユタヤに向かった日本の船が、暴風にあってルソン（フィリピン）に流れ着いている。

しかし、本格的に日本人がアユタヤにやってくるようになったのは、アユタヤ王朝、第一九代ナレースワン王（一五九〇～一六一五）の時からである。

一五五〇年頃から隣国ビルマの勢力が強くなり、アユタヤは一五六九年、バイナウン王のアユタヤ攻略により属国として扱われた。その為に、彼は一八年間もビルマの人質になっていた。ナレースワン王子は九歳の時にビルマに人質として送られ、一六歳の時に第一八代マハータンマラーチャー王（一五六九～一五九〇）の王女スパンカンラヤーが、ナレースワン王子の身代わりの人質になった為に、アユタヤへの帰国が許されたのである。一五七一年のことだった。

そして、帰国後、彼は一時ビルマの属国になっていたアユタヤの国土を解放して、シャムに再び独立をもたらした。

日本人達の村がチャオプラヤー川岸に最初にできたのは、アユタヤがようやくビルマの圧制を退けて、自国の領土を徐々に取り戻していった時期だったのである。

国力をつけたナレースワン王は一五九四年と一五九八年にビルマに遠征した。

一六〇一年（慶長六）、ナレースワン王は、江戸幕府の将軍、徳川家康（一五四三〜一六一六）に、「海賊の討伐と乗組員への武器の貸与」を依頼する親書を送っている。

日本の貿易船は、木造の帆船で外洋を航行していた（遠洋に出る船は、和船様式に南蛮船とジャンク船の特徴を取り入れてきわめて堅牢にできていた。長さに二〇間〈約三六メートル〉、幅八間〈約一五メートル〉、三本の帆柱をもつ大船もあった。船には水夫、賄い夫などが約四〇人、外国人を含む商人たちが約一五〇人、警護の侍たちが約三〇人ほど、合計二〇〇人から二五〇人位が乗り込んでいた。また航海士（安針）はポルトガル人やオランダ人を高額で雇っていたと記録されている。そして、海賊の襲来や暴風雨、熱病などのために、五隻に一隻は帰ってこなかった（寛永一五年〈一六三八〉、徳川幕府は、荷船以外の大型船建造を禁止した。そのため幕府の〈安宅船〉が最も大きな船となる）。

やがて御朱印状を持った船が、長崎の出島からシャムに向かって出航した。

暹羅（シャム）の他には、大泥（パタニ）、柬埔寨（カンボジア）、東京（トンキン）、安南（アンナン）、交趾（コウチ）、高砂（タカサゴ）、呂宋（ルソン）、摩利伽（マラッカ）などアジアの一〇ヶ国以上の国に向かう商船に朱印状が下付されたのである。

慶長七年（一六〇二）、交趾（安南国・ベトナム）に向かう船主に、徳川家康より初めて朱印状が発行された。安南には、大型船の要港であるフェフォ（ホイアン）やツーランがあり、一六世紀から一七世紀のベトナムの阮《グエン》朝時代まで、交易の中心として繁栄していた（安南にも日本人町が造られていて、最盛期には一〇〇〇人以上の人が住んでいたと言われている。来遠橋〈日本橋〉や郊外の日本人の墓がわずかにその面影を残している)。

朱印船貿易が盛んになった慶長九年(一六〇四)から寛永一二年(一六三五)にかけて、渡航先で一番多かったのは、暹羅(シャム)であった。

御朱印船は、秋から吹きはじめる東北の季節風に乗って、約二ヶ月かけて日本からシャムにやってきた。

商船は、シャム湾のチャオプラヤー川河口で、風待ちの為に三日ほど待機して、北東の風の強い日にアユタヤに向かった。そして、三日目に中洲にある第二関門所に着いて、ここから上流に向かって進み、更に三日を経て第三関門所のある日本人町に到着した。シャム湾に到着してから川を遡ること九日程で、ようやく、商船はアユタヤの王都近くに到達できたのである。

これまで、チャオプラヤー川でも沈没船は見つかっているが、シャム湾内を含め、一五世紀から一八世紀にかけての沈没船一六隻が確認されている。

この中には、一六二八年(寛永五)にチャオプラヤー河口に於いてスペイン艦隊に撃沈させられた日本の御朱印船も含まれている。

日本人町はアユタヤの郊外にあり、アユタヤに出入りする外国船を監視するためにこの地に建設されたと言われている(なお、この第三関門所は、中国、明の時代〈一六一八年〉ごろに書かれた張燮の『東西洋行〈暹羅交易〉』の中で『第三関は仏朗日本関』と書かれてある。仏朗とはポルトガルのことで、対岸のポルトガル人町と日本人町でこの関を管理していたのではないかと考えられている)。

日本からの積荷は主に銀、金、赤銅、日本刀、和紙、絹製品などで、アユタヤからは鉄砲、鉛、煙硝や染料の蘇芳、香木、伽羅木、獣皮、その他に犀皮、虎皮、牛皮、鯨皮などがあった（特に鹿皮は、日本の武具に多く使われていた）。

御朱印船が幕府から貰う御朱印状は、日本人だけでなく、明国の商人、日本在住のオランダ人、イギリス人、ポルトガル人達にも発行され、各国の貿易船が長崎から東南アジアの港に向かった。

最初に貿易を認める書状を出したのは、豊臣秀吉で、九州の島津、松浦、有馬、鍋島、福島らの諸大名に、呂宋（ルソン）など東南アジアへの貿易を認めた印状であった。シャム行きの正式な朱印状を出したのは徳川家康で、「慶長九年（一六〇四）八月二六日に長崎の与右衛門、日本人シャム国に居住の者、有馬晴信殿より申来也」と記されている。

海外交易の拠点としては、暹羅（シャム）、太泥（パタニ）、柬埔寨（カンボジア）、迦知安（カチャン）、交趾（コウチ）、東京（トンキン）、摩利伽（マラッカ）、呂宋（ルソン）、高砂（タカサゴ）、澳門（マカオ）が多く、一六〇九年（慶長九）～一六一六年（元和二）まで、シャム行きを含め一九五隻に渡海許可の御朱印状を授けた（因みに、一六一七年（元和三）～一六三五（年寛永一二）までに南洋に向かった渡航船は、一六一隻である。

この頃の徳川家康は、豊臣家を滅亡させるために、何が何でも、火薬の原料となる錫、硝石や、鉄砲などを大量に買い付けようと、長崎の豪商、木屋弥三右衛門を通してアユタヤ王に親書と貢ぎものを贈ってご機嫌をとるほど、シャムとの貿易に熱心であった。特に日本刀はシャム貴族の中で愛用者が多かった。家康の親書を携えた彼は一六〇六年（慶長一〇）から一四年までに、五度シャムを訪れて両国間の交流と貿易の促進につとめた。

日本に帰国する御朱印船は、チャオプラヤー川の日本人町河岸で停泊し、シャム湾の南西の貿易風が吹くのを待って、翌年の五月か六月頃に日本に向かったと言われている。

この当時の貿易船の来航は、荒れた天候や海賊の襲来等でかなり不定期だったようで、日本の商人達は、その為にアユタヤ郊外のチャオプラヤー川岸に倉庫を建て、何人かの日本人を置いて品物を保管し管理をするようになった。そして、小さな集団が次第に大きなコミュニティーを作るようになり、やがて、本格的な日本人村ができたと考えられている。

日本人の村ができたのは、第一九代・ナレースワン王後期の時代であったと伝わっている。また、この頃の日本人は、主に皮革貿易に従事していたと言われている。

なお、『しやむろ』とはシャムの彩色豊かな織物のことを意味する言葉で、漢字では『暹羅』と書いた。

一六〇八年、アユタヤにオランダ東インド会社の商館がつくられたが、中国の明の時代の張燮の著書『東西洋考』には、一六一〇年代には、アユタヤの日本人町が形成されていたことが記されている。

一六一四年（慶長一九）徳川家康のキリシタン禁教令、大阪冬の陣、夏の陣の後、追われた切支丹信徒や諸国に溢れた浪人らの一部が、新天地を求めて暹羅に渡ってきた為に、日本人町の人口はいっきに増加したと伝えられている（この時、豊臣方が全国から雇った浪人が約一〇万人、その内の一万人がキリシタンだったと言われている）。

また、『暹羅風土軍記』や『暹羅国山田氏興亡記』には、この町の最盛期には八〇〇〇人位の日本人が住んでいたと記されている（この数字は日本人だけでなく、シャム人の使用人やこの町で働くその他の外国人労働者の数字も入っていると思われる)。

その時代から三五〇年位経った現在も、昔と同じチャオプラヤー川の爽やかな風が川面を渡って流れてくる。見渡せば対岸に人影もなく、遥か遠くに田園風景が霞んでいて、隆盛を誇った日本人町跡は、ひっそりと息を止めたままである。

午後になっても、公園内にある泰日協会展示館は日本人観光客で混んでいた。

館内には、山田長政の銅像やアユタヤ時代の日本の御朱印船、当時の日本人町のミニチュアの模型などが展示されている。白い壁には、日本の皇太子殿下やタイ王室のシリントン王女様の来館時のパネル写真が大きく飾られている。

タイの土産物が並んでいる売店の通路は、品物を手にした日本人観光客で賑わっている。

日本人町の模型の説明文によると、日本人町はチャオプラヤー川に沿って一キロ程続いていて、幅は〇・五キロ程あった。周りは小さな運河が三方に掘られていて、中央に頭領の家があり、きちんと区画された道路が四方に巡らされていた。そして、その碁盤の目の中に、民家や倉庫などが整然と並んで建てられていた。

アユタヤと日本の交易の最盛期には、一〇〇〇人から一五〇〇人位の日本人が、この日本人町に住んで居たと説明文に書かれている(住民のうち、商人は約四〇〇人、日本人義勇隊員は約八〇〇人、キリスト教徒は、約三〇〇人位居たと言われている)。

旗を持ったタイ人の添乗員を先頭に、一〇人から三〇人位の老若男女の日本人のグループが、次々と館内に入ってくる。

ホールの中央に置かれている長政像の前に集った人々に、井上館長が大きな声で日本人町の説明を始める。井上館長の熱弁に、がやがやしていた集団も次第に静かになっていった。

六〇歳位の日本人の職員が、室の隅にある添乗員の待合所に座っている私を見つけて話しかけて来た。久しぶりに大勢の日本人観光客が館内に入っているが、最近は入場者が減っていて今日みたいな日は珍しいと彼は喜んでいた。日本が不動産バブルの時は、一日一〇〇〇人以上の観光客が押し寄せて、職員は食事をする暇もなかったと当時を懐かしがった。

入場者が少なくなった三時過ぎに、井上館長が私のところへ来られた。私はチャイントンの長政や侍団、ゴンシャン族などのことについて話し始めた。

ひとしきり私の話を聞いていた井上館長は、「ビルマ（ミャンマー）に行った日本人の武士団のことについては知っている。小和田哲夫先生の書かれた『史伝・山田長政』にもそのことが書かれてある」と私の顔を見上げて言った。

そして、彼は一枚のパンフレットを奥の室から取り出してきた。それには、「タイの風雲児、山田長政をもっと知りたい方へ」とタイトルが付けられていて、中級編として『史伝・山田長政（小和田哲夫著、学研文庫）』と書かれてあった。

「六二人位のアユタヤの日本人の武士団が、ビルマのチャイントンに行ったというのは、間違いないのではないか。また、元のビルマ大使であった鈴木孝氏も、そのことを書かれているが、それも伝承であり、これまでは噂の域を出なかった。あなたは、本当にビルマにいる日本人の侍の子孫に会って来たのか？　事実とすれば私は驚いている」と言って、私をじっと見つめた。

私が、チャイントンで会ってきた日本人の侍の末裔の話をすると、「一人や二人の日本人が、ビルマに落ち延びて行ったということはあるかも知れないが、もし、六二人もの侍達が、ビルマまで行ったと言うのなら、ひとりの頭領に率いられていたからではないか……小和田先生の書かれたように、その侍達の頭領は、長政の息子のオークンではないかと考えている」と彼は語った。そして、「日本では、長政が、台湾からアユタヤへ御朱印船に乗って行ったと言われているが、タイでは、長政は、台湾から貿易船に乗って、何名かの集団でこの地にやって来たと伝わっている」と言ってから、「あなたは長政の映画のことを知っていますか」と聞いてきた。

「すみません、その話は知りません」と言うと、

「今、タイで長政の映画の撮影をしている。公開は来年の春の予定らしい。しかも、この映画の山田長政の役はタイ在住の若い日本人だ」と言って嬉しそうに笑った。

そして、「この映画が日本でも公開されたなら、長政の人気も一段と上がるでしょう」と彼は喜色満面の表情で語った。

長政がアユタヤにやって来たと言われている一六一二年頃には、長崎の豪商、木屋弥三右衛門の船が貿易の為に、一六一二～一三、一四、一五、一六年と続けて台湾経由でシャムに行っている。また、この頃、日本の御朱印船も、年間三隻から四隻位がシャムに渡航している。

更に、当時の台湾の安平港（台南港）は、日本の貿易船やオランダ船ばかりでなく琉球国、明国のジャンク船、その他の外国船が寄港する港だったので、どこかの船に潜り込めば簡単にアユタヤに行

けたと考えられるのである。

また、倭寇などの八幡船も国家の保護こそなかったが、盛んに貿易に従事していた。

長政の血を引いているギマー婦人

アユタヤのマドンナ

ギマー夫人は第二八代ナーラーイ王（一六五六～一六八八）の御世の時、――一六八七年に、アユタヤ王朝の爵位、欽賜名の最高位である『オークヤー・ウィチャー・ジェン』を授かったギリシャ人・フォールコンの妻だった（フォールコンはコンスタンティン・ジェラーキー、または、コンスタンティン・フォールコンと呼ばれていた）。

総理大臣となり王の寵愛を受けていたフォールコンは、一六八八年、重病にかかっていたナーラーイ王が危篤になると、ナーラーイ王の乳兄弟で、王室象部隊の指揮官であったペットラーチャ（後の第二九代ペットラーチャ王／一六八八～一七〇三）や官僚貴族のコーサーパン達に逮捕されて、ロッブリーのチュップソー湖畔のサーク寺院で処刑された。王位継承に関わる壮絶な宮廷内の権力闘争に敗れたのだった。

この時に、妻である彼女も逮捕されて監禁されたが、一六九〇年に釈放された。その後、ギマー夫人と彼女の母は、家族を連れてキリスト教徒の居る日本人町に避難したと伝わっている。

ギマー夫人は、『ドーナ・ギマード・ピーナ』、または、『キョマー・ピーニャ』、そして『マリー・ギマー』とも呼ばれている。タイ人には、『ターオ・トーン・キープマー』として知られている。また当時、ギマー夫人は、アユタヤ王宮の厨房を任された料理の最高責任者でもあった。各国の料理に精通していたと言われている彼女は、ポルトガルのお菓子の知識を活用して、小麦粉、砂糖、ヤシ油、ココナツを土台に卵を混ぜた金色のお菓子を作った。タイ人の間で、彼女が人気があるのは、『トーン・プローン』『ジップ・トーン』『プーン・トーン・プルー』などの金色のお菓子を作ったからだ（日本では特に若い女性に人気があるお菓子で、金の御捻り、炙り菓子、金の雫、金の卵素麺、金のスープ等と呼ばれている）。

ナーライ王の御世の時、アユタヤの最高位を授かったフォールコンは、当時の第二の首都だったロッブリーに教会堂を建てたが、ギマー婦人はその堂内の壁に、絵の上手な日本人に沢山の風景を描かせ、庭に日本の三重の塔に似た仏塔を建てたと言われている（当時アユタヤには、キリスト教徒の日本人画家が多くいた。有名な壁画家の山田右衛門は有馬家の家臣で寛永一四年の天草の乱では一方の大将をしていたと伝わっている）。

何故、彼女がここに登場してきたのか、それは、タイで「ギマー夫人は、山田長政の血を引いている」と考えられているからだ。彼女の父は、ファーニック（Fanic）という名前で、ポルトガルやベンガル人との混血で、母は、「山田エスラー」という日本人であったと言われている。母は長命で、八八歳まで存命だったことがポルトガルの宣教師の記録に残っている。家族はキリスト教が禁じられた日本からアユタヤに渡航し、父母、娘とも敬虔なカトリック教徒であったと伝わっているこの時、八四歳になる老祖母と二人の伯父、伯母も一緒にシャムにやって来た。また、父は日本人町やオランダ人商館に出入りして、手広く商売をしていたと言われている。彼女がギリシャ人フォールコンと結婚した時は一八歳で、かなり若かった。背丈は小さかったが、アユタヤのマドンナと呼ばれて、人々はその美しさに魅了されたと伝えられている。

ギマー夫人は、夫の処刑後も、アユタヤ王宮に尽くした功績が認められて、再び王宮に召されたとアユタヤの王朝記に書かれている。彼女は、第三一代ターイサ王（一七〇九〜一七三二）の時代までポルトガル人町に住んでいて、練り物のお菓子を作っていたと言われている。

一六九〇年にアユタヤを訪れたオランダ商館のドイツ人の医者ケンプファー（Kaempfer）は、後に日本へ赴任し長崎の出島にあるオランダ商館に居た。後に『サイヤムと日本旅行記』を書いた中に、「日本人町に保護されていたファルコンの妻ギョマー夫人はいじめられているという様子は見受けられなかったが病気にかかっていた。どんな治療ををしていたかは記憶がないが貧乏な生活をしていたという事は明らかであった」と記している。

一七一九年、イギリス人アレクサンダー・ハミルトンがシャムに渡航した時に、アユタヤの宮廷でギマー夫人と会ったことが記録されている。

彼女が何時亡くなったのか、そのことは明らかではない。恐らくは、亡くなるとポルトガル人町の墓地に埋葬されたであろうと考えられている。

このギマー夫人が、山田長政の血を引いているという話は、アユタヤの人々の間に口承で伝わっているだけで、事実としての確証は何もない。しかし、長政が台湾からアユタヤに来た時に、何人かのキリシタンと一緒だったとしてもおかしくはない。

当時、日本で強まってきたキリシタンへの迫害により、ギマー夫人の家族は、宣教師と共に長崎から外国船に乗って台湾に避難して、それからアユタヤに来たのか。それとも避難していたマカオやルソンなどから、貿易船を乗り継いでアユタヤに着いたのか。また、母親の『山田エスラー』という名前から、長政と親戚関係にあったのか否か。現在、何の手がかりもない。

ギマー夫人の子孫は、宮廷の官吏やシャム軍の将校になり、アユタヤ社会で大いに活躍したと伝わっている。

父が死んだ時に四歳であった息子は成長してシャムの海軍大尉となり、ポルトガル人とシャム人の混血のルイサ・パサーナと結婚し一男一女があったが、孫はジョン・フォールコンと名付けられ、アユタヤの倉庫監視官を任じられ、一七六七年、ビルマ軍がアユタヤを攻撃した時にビルマ軍の捕虜となり連れ去られ、間もなく両国の捕虜交換によりアユタヤに戻ってきて一七七一年まで生存していたと言われている。

陰謀渦巻くアユタヤ王都

正義の王ソムタムと山田長政

山田長政は、天正一八年（一六〇五）、駿河国安倍郡富厚里村の紺屋屋敷で生まれた。現在の静岡市葵区富厚里で、静岡市街より北へ約一五キロ、藁科川西岸にある、人口約六〇〇人の小さな町である。

母親は寺尾惣太夫の娘で、父親は、尾張国海東郡佐織小津の清兵衛である。母親の名は不明である。

少年時代、彼は背が高く、体格も良いうえに、かなりの腕白で、子供たちを集め周辺の山野を駆けめぐり、藁科川で泳ぎを鍛えたと言われている。幼名は政蔵と言い、ガキ大将であったために長政と呼ばれたと言われている。

この地は水に恵まれ、古来より近在の服織、羽鳥などと共に養蚕が盛んで、機織や紺屋にとって立

紺屋屋敷跡地

地条件が整っていた。なお、この流域で染色や機織りなどの仕事を始めた人たちの中には、元禄三年（一五六〇）に桶狭間の戦いで織田信長の軍に破れて故郷を追われた、今川義元の家臣たちも居たと古老たちに伝わっている。

山田長政生誕の地だと言われている場所は、地元の人から『紺屋屋敷』があったところだと伝えられてきた。

崩れた石垣の隅に寺尾惣太夫一族の墓がある（五〇年位前までは、草叢の中に墓石が散乱していたが、歴史研究家の佐藤郁太さんの長年の調査や山田長政史跡保存会の佐藤則夫、佐藤信男さんらの努力により、墓地は整理されて、昔ながらの墓の隣に、石碑で新しい供養塔が建てられている）。

墓石は五基あったが、四、五〇年前頃からお墓参りに来る人が碑面を写し取ったので、現在碑面の文字は全く判読できない。町の人の記憶によれば、享保六年（一七二一）と享保一六年（一七三一）の年

山田長政供養塔と一族の墓地

号が読み取れたという。

やがて、長政は駿府馬場《ばばん》町に移った——いつごろ移ったのかは不明である。

母は長政を連れて、駿府の紺屋である津ノ国屋の二代目九左衛門（初代は山田惣衛門）に嫁いできたと言われている（前夫の清兵衛と離別したのか、或いは死別したのか、はっきりしたことは伝わっていない）。

山田長政の研究で有名な佐藤郁太さん（静岡市上足洗在住）は、江戸初期の駿府城改築時の街割り図を発見し、長政の旧宅が静岡市馬場町の水路沿いの紺屋だったことを特定した。現在馬場町の旧宅付近には『生家跡』が表示されているが、長政の『旧家跡』が正しいのではないかと思われる。

長政の出生には異説がある。元文（一七三六～一七四〇）の頃、平戸の傳へ話を著した肥前平戸藩士熊澤正興の『碎玉話』には、以下のように書かれている。

「駿州わらしなと云う所の民、仁左衛門と云うものあり、性質才器、膽略ありけるが、日本の中にては、させる立身も成難しと思い、シャムに渡りて国王に仕えぬ、……（略）」

また、新宮高平の著した駿河の地誌『駿河志料』巻之三十五には、以下のように書かれている。

「山田長政、舊宅、報身寺の南に在り、近世津ノ国屋半七、某末なり云、初代九平次、慶長十四年五月九日死、二代九左衛門、寛永二十年六月九日死、二代目妻、藁科、寺尾惣太夫、娘。曰く仁左衛門長政は本府の産、父は九左衛門、母は藁科の産なり……（略）」

慶長五年（一六〇〇）関が原の戦いで、徳川家康は石田三成等の西軍に勝利する。一六〇三年（慶長八）二月、家康は征夷大将軍に補任され、江戸城に入り徳川幕府を開いた。家康は、慶長一〇年（一六〇五）に将軍職を辞し、息子の秀忠に譲り大御所となり、駿府に移るために一六〇七年（慶長一二）、天下に大普請を命じて、駿府城の大改修を行った。

不運にもその年の暮れの大火災で、駿府城の一部が焼け落ちたが、翌年、再建してようやく入城した。

一六一〇年（慶長一五）、アユタヤの日本人頭領、オークプラ・純廣は、因幡侯、亀井茲矩《これのり》に鉛、硝石、鉄砲を送っている。また、亀井侯からは、シャム向けの新たな貿易船による積荷の発注を受けている。

この年、家康は、エーカートッサロット王に貿易に関する親書を送り、鉛、硝石、鉄砲、大砲を依頼していた。

同年、エーカートッサロット王が崩御された。在位わずか五年であった。エーカートッサロット王の後は、第二一代の王として独眼のシーサワパークが即位した。亡くなった王には何人かの王子がいたが、長子のシーサワパークを王位に就けたのが近臣のピヤ・ナイワイであった。だが、この新王は、王位につくと直ぐにこの恩のあるピヤ・ナイワイを謀反の疑いで処刑してしまった。宮廷内に於ける権力をめぐる陰謀や策略だったのかもしれない。この政情不安の時に、貴族や官僚達がソムタム王子を担ぎ上げて、シーサワパークから王位を奪った。

アユタヤ王朝の新しい国王に、第二二代ソムタム王が即位した（一六一〇〜一六二八）。彼は弟二〇代エーカートッサロット王の側室を母に持つ王子だった。王子は、襲位前にラカン寺で出家して『プラ・モンタム・アナンタプリーチャ』という僧名を持っていた。王位継承の争いは、血を分けた兄弟間の争いが最も悲惨で、殺される前に出家するのが自分の生命を保つ一番の安全手段だった。

また、小さい頃から大変に聡明で性格も明るかったので、王族や官僚、弟子達の間で、彼を次の王に推す声が少なくなかったと言われている。

――この時にアユタヤの外国人義勇兵が動員されたと言われている。

この頃のアユタヤには、時に応じて徴兵される、プライ（徭役農民）以外に、外国人で構成される『義勇隊』があった。プライとは、地方に居住する人々を召集して、各大臣や長官の軍に帰属させ、平時や戦時に於いて、何時でも労働力や兵力として動員できるようにされた人達であった。

これらのプライや傭兵ではなく、外国人による義勇隊は、第二〇代エーカートッサロット王の時代に始まった。

日本人義勇隊の他に、『チャム義勇隊』（ベトナム中南部にあったチャム王国）『ポルトガル鉄砲隊』（フラン・メンブーン）『オランダ鉄砲隊』などがあったが、特に、『日本人義勇隊』は、勇猛果敢で統率力が取られていた為に、アユタヤ軍の重要な戦力となっていた。

従って、日本人義勇隊は、この後のビルマとの戦争や王位継承争いなどで、王や大臣達に利用され、王朝をめぐる政争に巻き込まれていったのである。

一六一〇年（慶長一五）、ソムタム王の使節が江戸城で家康に謁見した。

同年、長政（一五歳頃）は沼津に出て来て、主家の沼津藩大久保治右衛門忠佐の六尺（駕籠かき）をしていたようである。駕籠かきと言っても、普通の町中の駕籠かきとは違い、戦場でも主君を担いでいなければならず、当時、六尺は大名の忠実な雑兵として扱われていた。大久保忠佐は家康の三河以来の譜代で、徳川十六神将の一人に数えあげられる。名門の大久保氏を称するのは、相模小田原の大久保忠隣《ただちか》、武蔵騎西に忠隣の子の大久保忠常が居た。忠隣は忠佐の兄忠世の長男で忠佐の甥にあたる。講談で有名な大久保彦左衛門は「忠教《ただのり》」といって忠佐の実弟である。

六尺（背の高さ約一メートル八〇センチの当時としては大男）は、大名行列の場合、「奴」として槍を持って行列の先頭に立ち、ゆったりとした所作を伴って威風堂々と行進する。従って、長政は槍持ちだったという説もある。六尺は一般の人が誰でも簡単になれるものでもなく、数多くの若者の中から、人格や体格を認められた者が、大名から直々に取り立てられたと言われている。

この頃の長政の様子について「史実　山田長政」の江藤惇氏はこの書の中で、「長政は学問を近くの名刹、臨済寺に学び、浅間神社の前（宮ヶ崎町）にあった関口道場で武芸を稽古した」と書かれている。長政はこの後に六尺になったようだ。

沼津藩は狩野川の北側から、現在のJR沼津駅南側の一帯を領地として、そこは水域で、伊豆半島から沼津周辺の海産物を江戸、甲州方面に送り込む集散地であった。忠佐は、姉川の合戦、三方が原の戦いなどで武勲を挙げ、家康家臣団の中でも、ひときわ勇猛で聞こえた。彼は武芸の稽古には大変厳しかったようで、長政は剣術などの激しい稽古に耐え、戦術や船の操縦技術などを学び心を鍛えたと伝わっている。なお、小田原城主大久保一族の墓がある大久寺は、板橋見附（神奈川県小田原市城山）の近く、国道一号線沿いにある。天正一九年に法華宗の僧、自得院日英を迎えて開山し大久保家の菩提寺となった。この境内には小田原大久保氏、藩祖七朗右衛門、二代相模守忠隣、三代加賀守忠常等の墓が並んでいる。慶長一九年（一六一四）忠隣が改易となったが、この間に長政が主君の忠佐の駕籠を担いで小田原城や大久寺までやって来たことがあったかも知れない。現に忠佐の入封した慶長六年には東海道五十三宿駅の伝馬の制が定まり、小田原も沼津も宿場町として交流が活発になり、東海道の主要な町に変貌していったからである。

この頃、豊臣方では徳川方との最後の決戦のために、密かに全国から兵を集めていたが、天下分け目の関が原の戦いに負けたために、大阪城の豊臣方につくと見られた有名な武将は、真田雪村らごく少数の人たちで、集まって来たのは殆どが訳も分からない牢人（浪人）たちだった。その勝敗の行方は歴然としており、利発な長政は、もう一昔前の戦国時代の秀吉のように大きな戦いで殊勲をあげ、出世をする機会がなくなってしまったと考えたのかもしれない。

また、家康の時代になると階級制度や下々までの身分制度が確立されて、一般庶民は武士たちからも蔑まされたりしただろうから、商人の義理の父を持つ長政も相当悩んでいたのではないかと思われるのだ。

また、藁科の富厚里に居た母が長政を連れて駿府の九左衛門のところへ嫁いできた時に、家には亡くなった前妻の長男と次男がいたと言われている。長政が、母の再婚が面白くなかったので母の名前を口にしなかったかどうかははっきりしないが、現在まで長政の母の名が全く分からない事もある程度理解出来る。

そして、慶長一七年忠佐の嗣子である弥八朗が早世する。慶長一八年（一六一三）に忠佐も歿し、長政が仕えていた沼津藩大久保家は、幕府から世継ぎが途絶えたことにより取り潰され、禄高二万石を没収された。長政はこの事によって他の武士同様に浪人となったのか、取り潰しの二、三年前から世継ぎの問題はかなり危機的な状況だったので、取り潰しの前に、すでに駕籠かきをやめていたのかどうか定かではでない。

駿府に帰ってきた長政は実家の紺屋の仕事もしないで遊びほうけてぶらぶらしていたようだ。駿府の浅間通りは、今でも商店街の並ぶ賑やかな通りだが、当時でも、家康と共に江戸から移ってきた徳川家生え抜きの家臣たちや彼らと取引のある商人たちが多く住んでいたのである。主な旦那衆や商人は、滝佐右衛門、太田治右衛門、多々良庄太郎、桑名屋清右衛門、大黒屋孫兵衛、松木新左衛門、友野与左衛門、山内助兵衛、富田屋五郎右衛門、出雲屋清兵衛らが居た。彼らから、東南アジアの国々との貿易が盛んになってきた事を知らされた長政は、海外で一旗上げようと飛び乗り（密航）を決意したのではないだろうか。

慶長一七年（一六一二）、駿府の豪商、滝佐右衛門、太田治右衛門が仕立てた船に乗り長崎から台湾に向けて出航したといわれている。長崎港の番所の船番の収入は、幕府からの通常の給金より密行船の船主からの謝礼金（見逃しやお目こぼしの礼金）の方が多かったと記録されている。正規の御朱印船に混じって密航船が堂々と長崎の港を使用していたことは間違いない。幕府の御朱印帳では、滝佐右衛門、太田治右衛門に御朱印状が下付されたという記録は見当たらない。そして、これらの密航船は比較的小型の船で、近距離の台湾や琉球などを専門に往復していた可能性が強いのである。従って、長政が台湾で別な船に乗り換えたという事は、長政は初めから商人たちと組んで遠くの国である暹羅などに行こうと緻密に計画していたのではないかと考えられるのだ。

長政は、オークプラ・純廣が日本人町の頭領をしていた時に、アユタヤにやって来たようだ。そして、津田又左右衛門筆頭の日本人義勇隊に加わったと言われている。

津田又左右衛門に関しては、この頃の日本人町の頭領であった（一六一二〜一六一六）とする説とオークプラ・純廣より前からの頭領だったという説があるが、何故か、タイ側の資料には、この人物が日本人町の頭領として記されてはいない。

当時のシャムでは、外国人の居留地に各国毎に一人の頭領を置いていた。各管轄居留民の事項に関して重大なる案件は、シャム国王が特に任命するバルカロン（シャムの財務、貿易、外務を統括する長官）に職務を移管していた。

アユタヤの日本人町の人々は、長政がやって来た時も日本や東南アジアの貿易に従事していて、日本人義勇隊もそのまま存続したようだった。

それから二年後の一六一四年に、アユタヤ王朝を揺るがす戦争がビルマとの間に勃発した。アユタヤは、一五三〇年頃から再三に渡って宿敵ビルマの脅威に晒されてきた。

一五三八年に北部の都、チェンマイを攻められ、一五六〇年には二度に渡って首都アユタヤを占領された。更に、一五六九年にはビルマのバインナウン王の率いるタウングー王朝軍が、アユタヤに侵攻して、シャム軍を破り都は破壊された。

そして、一五六九年～一五八四年までの一五年間、アユタヤはビルマの属国とされてきた。当時、ビルマでは、アユタヤをヨーダヤ（ヨードヤ）チェンマイをジンメイと呼んでいた。『ヨーダヤ』とは、『シャムのアユタヤ』を意味する。ミャンマーでは現在も、『ヨーダヤ歌謡』『ヨーダヤ舞』というものがあり、人気がある。これらの歌謡や舞は、一五世紀頃から一八世紀にかけてシャム（タイ）のアユタヤから、音楽家、宮廷の踊り子が捕虜としてビルマに連れてこられて、その際に伝わった。アユタヤが訛ってヨーダヤになったと言われている（現在のチェンマイの都を象徴する、赤煉瓦造りのターペー門〈ターペー・ゲート〉は、この時代にビルマ軍が造ったと、日本在住のミャンマー人のマウン・ミンニョウさんから聞かされた）。

しかし、一五九〇年に、第一九代ナレースワン王（一五九〇～一六一五）が、ビルマ軍をシャムの領土から撃退した。タイの民族的王朝史では、ナレースワン王は救国の英雄として賞賛されている。

タイ人は、このようにビルマに一時占領されても、必ず反撃して敵を撃退させる、誇り高い独立心をもっている民族なのだ。

一五九三年、ナレースワン王の時代、ビルマとアユタヤの戦いに、約五〇〇人の日本人の傭兵が参戦し、手柄をたてたことなどが王朝記に書かれている。そして、一六一四年、ビルマ軍はまたもアユタヤに攻め込んできたのである。ビルマ軍との戦いは、ランパーン郊外の湿地で行われ、激戦の後シャム軍が勝利した。この戦争の後、ビルマ軍はシャムの領地から引き上げていった。日本人義勇隊もこの戦に参加してかなりの武勲をたてたようである。

日本では、慶長一九年（一六一四）大阪冬の陣、慶長二〇年（一六一五）大阪夏の陣で、豊臣家は名実ともに完全に滅亡する。実質的には、家康の居城する駿河が日本の政治、経済の中心地となっていた（夏の陣で、豊臣秀頼とその母、淀殿が大阪城で自害、名将、真田幸村は城外に出撃し天王寺付近で激戦の末、戦死する）。

元和《げんな》二年（一六一六）、駿府で大御所政治を行ってきた徳川家康が死去する。

一方、同年、アユタヤでは、城井《きい》久衛門（一六一六〜一六二〇）が日本人町の頭領となった。

一六一七年に長政（二七歳頃）は、貿易などの活躍でアユタヤ王朝から『クン・チャン・スン』の爵位を与えられた。

アユタヤから日本に初めて公式使節団が派遣されたのが、ソムタム王の時代、一六一六年（元和二）で、この時には、正副使節と七名ほどの従者が、江戸城を訪れている。

また、この頃には、長政はアユタヤの貴族の娘と結婚していて、既に長子のオイン（阿因）が生まれていたと言われている（タイの結婚は、正式な式を挙げなくても同棲することで、結婚しているとみなされる）。オインは、日本名がはっきり分からないため『オークン』、『オークケン』とも呼ばれている。また、実子ではなく養子ではないかという説もある。

一六一八年、日本人義勇隊に、メナム川（チャオプラヤー川）の警備の仕事が任された。長政は、この日本人町で次第に頭角を現して貿易の面でも実績を挙げていた。

一六二〇年（元和六）、長政（三〇歳頃）は、日本人町の頭領と義勇隊の隊長になった（一六二〇〜一六三〇）。この御祝いに、ソムタム王からアユタヤ王朝の爵位『クン・チャイ・ソーン』を授かっている。

長政は、豪胆な性格を発揮してスマトラ島のアチェ、バタビア（ジャカルタ）などにまで貿易船を出して、東南アジアを股に賭けた商人としてアユタヤで名声をあげた。

一六二一年（元和七）に、ソムタム王の公式な使節が、再度日本を訪問し江戸城で徳川幕府二代将軍徳川秀忠（一五七九～一六三二）に謁見する。この時、長政は、江戸幕府の老中の土井利勝や本田正純のもとにシャムと日本との友好をしめす贈物や書簡を送って、日本とアユタヤの国交と親善に尽力した。その時の使節が持参したソムタム王の書簡の中に次のようなことが書かれていた。

（略）「久しく暹羅に留まっている者を重んじ、日本人の隊長としてクン・チャスンという官名を授け、併せて貿易の利便を説かしめている」（略）

また、長政からの書簡にも以下のようなことが記されていた。

（略）「大久保治左衛門六尺、山田仁左衛門暹羅にわたり、今は暹羅に仕え居り候也、……」（略）

「恐れながら謹んで言上し奉り候。御上様へ金礼をもって申し上げられ候の条、万々御前……然るべき様に御取りなし願い奉り候。使者として暹羅人二人と伊藤久太夫を指し使わされ候……」（略）

これらの外交書簡から、幕府は、長政という人物が暹羅王室の貴族に叙せられ、ソムタム王の絶大な信任を得て、シャムで活躍していることが分かったのである。

シャムからの書簡により、長政がアユタヤの宮中でかなりの重要な役職についていることが江戸幕府に初めて知れ渡ったのである。

当時の我国の外交文書作成の責任者であった金地院崇伝(以心崇伝)（一五六九～一六三三）が書いた外交文書の『異国日記』は、外交文書の控えで、二冊あり、慶長、元和、寛永に渡る出来事を書き記した。崇伝は京都南禅寺の住職で、家康に招かれて駿府に赴き、外交関係の諸問題で書記を勤め宮ヶ崎町に住んでいた。

崇伝は、元和七年（一六二一）の九月、差出人である「山田仁左衛門尉」という人物についての身元調査をした結果、この人物は沼津藩の大久保忠佐の駕籠かきをしていたことが判明したようだ。勿論、シャム使節の護衛の為に使わされた山田長政の部下の伊藤久太夫を始め、日本人乗り組員からの聞き取り調査もあったことだろう。慶長一八年（一六一三）には大久保家は既に取り潰しになっていたので、大久保彦左衛門を始めとする全国の大久保家に縁のある大名たちに使いを出し長政の身元を調査したと思われる。

崇伝は京都南禅寺の臨在宗の僧である。博学多彩な才能を買われ家康に招かれ駿府に赴き、浅間通りの宮ヶ崎町に住んでいた。

崇伝は元和七年九月三日付で長政の書簡を写すと共に次のように書き加えている。

崇伝の「異国日記」から、

「大久保治右衛門（注／忠佐）六尺山田仁左衛門暹羅渡り有付、今ハ暹羅の仕置を致由也。上様への書にも見えたり。此者の事歟。大炊殿・上州へ文を越」

という記述があり、山田長政の職業は「六尺」（駕籠かき）であると記録されていて、日本に於いて長政の職歴を伝える第一級の資料となっている。なお、大炊殿は幕閣の年寄り（老中）の土井利勝で、上州は年寄りの本田正純の事である。

一六二二年（元和八）、オランダ人の報告書によれば、この年、町民の失火が原因で、日本人町が全焼し、運河を挟んだオランダの商館や倉庫などが類焼して、かなりの損害をだしたことが記録されている。しかし、日本人達は、簡単な木造の家屋を建て、町は直ぐに復興したことなども書かれている。

同年、ソムタム国王は、今まで服従してきたカンボジアがアユタヤに貢物を納めないことに怒り、シャムの大軍を従えてカンボジア領内に侵攻しようとした。

このカンボジアとの戦争で、日本人同士が戦う状況が生まれたが、長政はソムタム王からの出兵要請に対して、日本人同胞が殺しあうことは日本人の心情からして難しいことや現在、建造中の軍船の完成が近いことなどを理由に挙げて、日本人義勇隊の出兵の延期を申し出たと言われている。

結局、シャム軍は、長政の計らいで若干の日本人義勇隊だけを引き連れて出陣した。しかし、シャム軍は、水陸の両方で精強なカンボジア軍に破れた。

当時カンボジアのプノンペンには、一〇〇〇人位の日本人が住んでいたと言われている。この時、カンボジアの日本人義勇隊もこの戦いに参戦し著しい戦果をあげたようだ。この戦いの後に、カンボジア王は褒美として、プノンペンのポルトガル人町やオランダ人町を管理する権限を日本人に与えたと言われている。

この頃の外国人義勇隊は、同民族による殺し合いなどはごく当たり前のことで、日本人が重んじる『仁義』などという考え方はさらさらなく、例えば、ポルトガル人の場合は、ビルマ軍、シャム軍双方に別れてお互いが非道な殺戮を繰り返していた。

これらの国に居る外国人の兵隊は、義勇隊とは名ばかりで、お金の為ならどこの国にでも雇われたり、鉄砲や大砲を売る者が多かったのである。

官僚貴族の道を歩む長政

一六二二年、長政（三二歳頃）は、アユタヤ王朝から「チャオ・クロム・アーサー・ジープン（日本人義勇隊による宮廷警備及び船舶警備の隊長）」に任命された。

チャオプラヤー川に出入りするアユタヤの貿易船を海賊などの艦船から守り、貿易業務も行う重大な任務だった。

日本人義勇隊はその実力を認められこれまでも王宮の警護などをしてきたが、これよりソムタム王の正式な近衛兵となり、業務の報告のため、長政も毎日、宮中に参内して国王に謁見したと言われている。

元和九年（一六二三）八月一日、シャムのソムタム国王の金札を持った貿易の使者が、京都二条城で二代将軍、徳川秀忠に謁見した。シャム側の貢物は、鉄砲二〇丁、鉛二〇貫、火薬一箱などであった。日本側からは返礼として、鎧、兜、日本刀、銀などがソムタム国王に贈られた。

そして、シャムではアユタヤから四〇キロ北のサラブリーの丘の麓で、仏陀の巨大な足跡が発見された。足跡は大きな岩の上に刻まれていて、金箔で覆われていたと伝えられている。

ソムタム王は直ぐに仏足跡を覆う伽藍を建て一般に公開した。

これ以後、ソンブリーの『仏足跡詣で』という慣行が始まった。直ぐに仏足跡の伽藍を建てたことは、王の最もすばらしい行為だったと今でも国民から称賛されている。

この後、アユタヤ王朝やチャクリー王朝を経て、今ではタイ全土から人々が巡礼して来る仏教の一大聖地となっている（仏陀は、ここから一跨ぎでセイロンに渡ったと言われており、もう一方の仏陀の足跡は、スリランカ随一の聖山、スリーパコダ『アダムスピーク』に残っていると伝わっている）。

一六二六年（寛永三）、長政（三六歳頃）は、故郷の浅間神社へ『戦艦図絵馬』を奉納している。

地元から『おせんげんさま』と呼ばれている、駿河国総社、静岡浅間神社は長政の守護神社であった。

その後この絵馬は、一七八八年（天明八）の火災のため焼失したが、焼失する前に榊原長俊が模写した戦艦図が残っている（この模写図は、一九二九年〈大正一二〉、静岡県森町の中沢家から浅間神社に奉納された）。

帰国後のことである。朝早く、まだ人通りの少ない境内にある休憩所で、お茶と徳川家康が名付け親で東海道の名物と言われている『安部川もち』をいただいた。

母親がお茶好きで、旅行する時は必ず、藤枝が産地である、神座茶の『大井川』を携行する血筋を引いているので、かなり茶にはうるさいのだが、この休憩所の茶はさすがにうまかった。安倍川もちはひと口サイズになっていて、きなことあんこに分かれている。この生菓子は甘さひかえめで、静岡名物のお茶と実にうまくあっている。

浅間神社には、製作された年代は不明で、寄贈されたいきさつや贈られた日さえ分からない座している古い木像がある。坊主頭、大きな体つき、眼光がするどく、異様な東南アジア風の衣装などから、かなりの偉丈夫さが感じられる。贈った人は岡本という名しか分かっていないが、この木像をじっと見ていると、どうも山田長政の像であると思われてくるのは私一人だけなのだろうか……。

静岡浅間神社前の浅間通り商店街では、毎年一〇月中旬から下旬頃、『日タイ友好長政まつり』が、タイ王国大阪領事館、タイ王国政府観光省、地元商店街、静岡日タイ協会、企業などの後援を得て盛大に開かれている。今年も、一〇月一二日（日）に行われ、二三回目を迎えた。

長政がかなえられなかった、浅間神社に絵馬を奉納する儀式などを執り行ない、トゥクトゥクに乗ったタイ王国大阪領事官、あでやかな着物姿のアユタヤの王女様役のタイ人映画スター、その後に、きらびやかなタイ民族衣装をまとったタイ伝統舞踊の女性達が行進し、仮装の象に乗った長政役のイケメンの日本人映画スター（タイ在住）やムエタイの格闘技姿の若者の一団などが続いて、赤鳥居から商店街通りを賑やかにパレードした。

タイ料理、タイのビール、タイのTシャツを売る屋台や露店には、沢山の人だかりができて、この日の浅間通りは、タイ一色になる。今年も三万人余を集め、毎年盛大になってきている。

また、地元の商店も日タイの国旗を飾ってまつりを盛り上げ、中華料理店のガラスドアなどには、『長政ラーメン』のチラシが貼り付けられて、通りに溢れている長政ファンの観光客の目を引きつけている。

タイ映画「YAMADA—THE SAMURAI OF AYOTHAYA」——長政役にタイ在住の日本人、大関正義《せいぎ》さんを起用して、現地で撮影を続けている。来年の春に劇場公開となる予定である。

この映画の宣伝のために、主演の大関正義さんや王女役の美貌のタイ女性（ミスタイランド）、スタントマンなど総勢二五人とタイテレビのドキュメンタリー番組『長政の軌跡をたどる』の番組制作スタッフなどが来日して今回の『長政祭り』に特別参加をした。


さて、アユタヤでは、この頃、日本の御朱印船を改造したような長政の軍船が進水したと伝わっている。長政は、無敵を誇る外国の軍船に対抗する為に独自の軍船を造っていたのだ。

一六二四年頃、東南アジアの貿易の覇権を巡って、イギリスやオランダを含むヨーロッパの各国が争っていた。それらの戦いで優位に立っていたスペインは、チャオプラヤー川で勝手に振舞い、外国船や王室の船を臨検して積荷を略奪していた。

当時のヨーロッパの艦船は、射程距離の長い大砲を装備していて、連射ができるムスケット銃を持った兵士が多数乗艦していたので、旧装備のシャムの軍船は、戦ってもとても勝ち目はなく、全く手出しができなかったようだ。

チャオプラヤー川を荒らしまわる外国船の掃討を命じられた長政は、日本人義勇隊やシャム軍を率いて果敢にスペイン艦隊に立ち向かったと言われている。

彼らは、新造の軍船から何隻もの小船に分散して乗り込み、夜陰に乗じてスペイン艦船に乗り移り、船の火薬庫に火をつけて爆発させ、次々とスペイン艦をチャオプラヤー川に沈めていったと伝えられている。

これらの軍功や東南アジアにおける貿易での実績を高く評価されて、長政はソムタム王の絶大な信頼をかち得ていった。

これらの功績により、一六二六年（寛永三）、長政（三六歳頃）はアユタヤ王朝の爵位、欽爵名『オークプラ・セーナー・ピムック』と呼ばれる高級官僚の地位を授かった。

この頃、公式な使節を送るため、長政所有のジャンク船の日本への出航許可がおりた。江戸幕府の記録では、寛永元年（一六二四）、シャムの日本人オプラ（頭領）の船が貿易のため長崎に来航したが、朱印状を持っていなかった為に問題となり出航を止められてしまった。しかし、シャムの長官（山田長政）の懇願によって、ようやく許可され、寛永三年（一六二六）シャムに向かったことが記されている。

この後、長政は幕府から朱印状を得る為に奔走する。――長政の貿易船は朱印船と同等に取り扱うこととされたが、正式な朱印状は最後まで得られなかった。

そして、一六二九年（寛永六）、長政（三九歳頃）はアユタヤ王朝の爵位、欽爵名『オークヤー・

セーナー・ピムック（大臣級、セーナー・ピムックは軍神の意味である）』を賜って、シャムで大出世したのである。

当時、アユタヤの最高の地位である将軍、閣僚大臣の職務のうち、軍に関するものは二人の将軍の元に二軍制となってた。国王が戦争で指揮を執る場合は全軍がその指揮に置かれた。

『山田長政と日本人町』（細田正著）の、アユタヤで長政が日本との貿易で絶大な権力を誇っていた時のオランダ東インド会社・アユタヤ商館長の貿易に関する通信記録から抜粋する。

（一六二五年七月一〇日アユタヤ・オランダ商館長ファン・デル・エルストより、平戸・オランダ商館長ニーウローデ宛）。

（略）「日本人オプラ（山田長政）の大鹿皮五百枚、鮫皮三百枚と小束一個を積んだ。

彼は無賃で積むことをたのんだ。このことで彼の心情けを悪くしては、吾等に利益とならざるため、謝絶することができなかった。（略）

（略）しかし、蘇芳木（染料）五万斤には、運賃、四四斤を定めた。同船に日本人が乗って、日本に行くので代金はその人に交付されたい……」（略）

まさに、この頃が、シャムに渡って苦労の末に大出世した長政の絶頂の時であった。

ソムタム王の死と王族達の凄惨な争い

一六二八年にソムタム王は病に倒れて三八歳の若さで崩御した。

一八年間在位したソムタム王は、『正義の王』として、アユタヤ王朝史の中でも称賛される王であった。

日本とタイの友好に関しても、アユタヤ時代のソムタム王の御世が、日本人が最も華々しく活躍した時であったと言われている。だが、王の死後、周囲が懸念していた通り、王位継承を巡って王族による骨肉の、凄惨な争いが起こったのである。

ソムタム国王の遺言に従って、ソムタム王の乳兄弟であった宮内長官のオーヤー・シーウォラウォンや、官僚貴族の山田長政は、長子・チェーターティラート王子（一四歳）を支援して、第二三代アユタヤ国王に就けた。

これに対して、チューターティラート王子の弟であったパンピーシーシン王子が、シャム軍司令官オークヤー・カラーホームや大蔵大臣のオークプラ・タイナムの助けを借りて、ペッブリー（ペッチャプリー）で反旗を翻したのである（ペッチャプリーは、アユタヤから南へ約二四〇キロ、マレー半島の付け根にあり、古くから交通の要綱の地として栄えていた）。

アユタヤの社会では、王位継承は大変複雑で、建国当初は〝長子から〟ということが守られていたのだが、この頃になると決まった規則はなく、力を持った王族や貴族が王位を簒奪しようとすることもあった。また、チューターティラート王子よりもパンピーシーシン王子の方が人柄の良さで人気があり、擁護する人が多かったことも内戦になった原因のひとつと伝わっている。

アユタヤの王は多数の王妃を有していて、ソムタム王の場合は、王子九人、王女八人がいたと言われている。なお、パンピーシーシン王子は、エレミヤス・ファン・フリートの『シャム革命史』では、ソムタム王の弟で親王と書かれているが、チャーンウイット・カセーム博士著／吉川利治訳『アユタヤ』〈二〇〇七年〉の、『王や王族達の処刑』の中では、彼はソムタム王の子供の一人で、チェータティラート王子の弟であると記録されている。チュータティラート王子は当時一四歳位であったと言われているので、パンピーシーシン王子はその歳以下で、今まで伝えられてきた二五歳前後という説が覆されると思われる。このことは、長政の性格を語るうえで大変重要な意味を持つのである。何故ならば、「王の突然の崩御の場合は、王位を継承するのは王の弟であるというアユタヤの習慣に従わず、王弟の殺害に加担し、国内の内乱を招いた――長政は日本人的なモラルを持ち込んで、現地のことを少しも分かっていない」と日本人からも言われてきたからである。

だが、このようなことを言われる理由は確かにあった。偉大な海外雄飛の成功の先達者として、『大東亜戦争』に華々しく登場した山田長政である。

この英雄の実像は多くの謎に包まれてきた。一八世紀にアユタヤはビルマに滅ぼされ、アユタヤの王朝関係の資料の多くがその時に消滅したことも原因であるが、アユタヤ王朝の歴史の上でも、長政の個人名は登場せず『オークヤー・セーナー・ピムック』という官職名でしか記されていない。最近、長政の映画や伝記などを放送するテレビ番組がタイで作られるようになったが、今まで、長政はタイではそれほど有名ではなかった。いや、かなり実像とかけ離れた、よくない評判が先行してきたと言っても過言ではない。それは『タイの国情や慣習も知らずに内政干渉した人物』として長く記憶されてきたためであった。

しかし、王弟と言われてきたパンピーシーシン親王がチェータティラート王子の弟だったということが事実であれば、長政が正当な王位継承の後押しをしたものであり、このことで彼の名誉が少しでも回復されることを望むものである。

長政は自分を取り立ててくれたソムタム王から、王亡き後は息子のチェータティラート王子を王位に就けるようにと厳命されていたと言われている。長政はオークヤー・シーウォラウォンの命令を受けて、反乱軍鎮圧の副将として日本人義勇軍やシャム軍を率いてペップリー（ペッチャブリー）に向かった。やがて、反乱軍は壊滅し、アユタヤ軍司令官、大蔵大臣及びパンピーシーシン王子は捕縛され処刑された。

一時的ではあるが、ペップリーの統治を任された長政は、家来の大塚十左衛門に治安の任にあたらせたと言われている。

その論功行賞でオークヤー・シーウォラウォンは、アユタヤ王朝から国防大臣の『オークヤー・カラーホーム』の地位を得て、『チャオプラヤー・シースリヤウォン（チャオプラヤー・カラーホーム・スリヤウォン）』の爵位、欽賜名を授けられた（チャオプラヤーは、アユタヤ王朝の官位の最高位である宰相級で、国防大臣も兼務した。オークヤー・カラーホームとは、この当時、戦車の役割をしていた最強の象部隊と騎兵隊を指揮する将軍職の欽爵名である）。

そして、オークヤー・カラーホームは、幼いチェータティラート新王の摂政となった。

ところが、この新王は、即位してから一年八ヶ月後に、時の司令官オークヤー・バルケランの謀にはまり、突然に兵を挙げてカラーホームの暗殺を企てた。しかし、逆にオークヤー・バルケランと内通していたカラーホーム側に鎮圧されて、本人も処刑されてしまった。

この王の亡き後に、カラーホームは、長政や官僚貴族に対して、「国王が居なければ国が存立することはできないが、先代王の弟はまだ幼少であるから、この王子を国の栄位に就かせるのは、大変危険である」と話したと伝わっている。

カラーホームは、長政や官僚貴族達を集めて、大臣の一人を仮に王位に就かせ、王子達が成年に達したら、其の中から一人の王子を選んで王にしたらどうかという提案をしたが、どうしても幼い王子を王位に就かせると主張する長政や一部の官僚の抵抗に合い、彼は不満足ながら最後はこの案に賛成したと言われている。

その結果、チェータティラート王の弟のアーテイッタヤウォン（一〇歳位）が、カラーホームや司令官のオークヤー・カパイン、及び長政ら官僚の支援で、第二四代のアユタヤの王となった。

官僚貴族の山田長政は、自分の主君であったソムタム王に忠誠を尽くし、国王亡き後、遺言を守り、長子のチェータティラート王子を支援して、更にこの王子が亡くなると、アーテイッタヤウォン王子を王位に就ける為にどこまでも忠義を貫いたのである。

カラーホームは、この幼い王の代わりに国政を司り、多くの部下を持ち、その権力は絶大になっていった。

しかし、この後、カラーホームは己の秘めた目的を達成する為には、二つの大きなやっかいな邪魔者――大臣のオークヤー・カパインとオークヤー・セーナー・ピムック（山田長政）を速やかに片付けねば、王位に就くことはできないと考えたと思われる。

彼は、先ず司令官の一人、オークヤー・バルケランに命令して、オークヤー・カパインを謀反の疑いで逮捕して直ぐに処刑した。

長政はこの知らせを受けて、直ぐに宮殿に赴き、オークヤー・カパインの遺骸の前で号泣したと伝えられている。

この頃、アユタヤが支配するマレー半島の中部海岸にある、リゴール国で反乱が起こった（リゴール国〈Liogrg〉は、日本では『六崑』と呼ばれていた。都は現在のナコーン・シー・タンマラートである）。

直ちに、長政は宮中に呼ばれて、新王から、リゴール国の反乱軍の討伐の命令を受けたとされている。

カラーホームは、日本人達が、アユタヤで精強な勢力になったことに恐れを感じて、長政を、この機会に宮中から遠ざけようと考えたかも知れない。

また、当時、華僑の勢力が台頭してきており、彼らが、この機会に日本人を排除しようと、日本人義勇隊のリゴール遠征をカラーホームに働きかけたとも言われている。

カラーホームは、長政をリゴール国に派遣しようとしたが、当初、長政は宮廷の警護を理由に断ったようである。

そこで彼はわざわざ長政の家まで訪問して、次のように説得したと伝えられている。

一、リゴール国は、国内の反乱だけでなく、隣国のパタニー（太泥《パタニ》）軍の攻撃を受けている（パタニー国は、イスラーム教徒の国で、三代に渡って女王がこの地を支配してきた。この時は、ラジャ・ウング女王が治世を行っていて、長政はこの女王の軍と対決することとなる）。

一、パタニー軍は、強力な水軍を持っているので、これを打ち破るには軍船を所有している長政しかいない。

一、リゴールは、良好な港を持ち、金銀細工で有名で商業や貿易が盛んである。

一、反乱軍を鎮圧してリゴール国を平定した後は、褒美として長政をリゴールの国守（チャオ・ムアン）とする。

一、南部の仏教の聖地リゴールをイスラーム教徒の侵略から守る。

長政（三九歳頃）は、カラーホームの度重なる要請を受けて、ついに、リゴール行きを決意したと言われている。

彼は、パタニーの日本人達と貿易などの関係があったので、リゴールとパタニーの両国を平定して、統治ができるのではないかと考えたのかも知れない（パタニーと日本との交易は、一六一六年頃には既に始まっていて、この頃には江戸幕府からパタニー行きの貿易船に御朱印状が下付されていた）。

一六二九年、長政は、一部の日本人義勇兵を王宮の守りにつかせて、主力の日本人義勇隊約八〇〇人、とシャム軍一万五〇〇〇人を引き連れてリゴールへ向かった。王宮前広場で、国王や大臣達の盛大な見送りを受けて、自分の軍船で出発したと伝えられている。

日本人達がリゴールの地に来ることを聞いた現地の人々は、恐怖におののき反抗する者は、皆、慌てふためいて逃亡したと言われている。

長政は、リゴールへ到着すると直ちに反乱分子を処刑して国内を平定した。彼は住民に町に戻るように布告し、リゴール軍を再編成した。また、パタニー軍との決戦に備える為に、町の周囲に煉瓦造りの城壁を張り巡らして要塞化したと言われている。

また、この頃、パタニーに居た日本人の人達の一部も長政の元に駆けつけ、パタニー軍内部の貴重な情報をもたらしたようだった。

こうして長政率いる日本人義勇隊、シャム遠征軍、及びリゴール（六崑）軍、総計三万とパタニー軍四万は、リゴール郊外のターポート運河とパーリーナコン河を挟んだ平原でぶつかり一大決戦となった。

長政は、初めは要塞として構築した城に立てこもり、機を見て城から打って出たようだ。

この激戦は昼夜を問わず十日間も続いて、結局、長政はパタニー水軍をリゴール沖で破り、陸上の戦いでも勝利したと伝わっている。

その後もパタニー軍は、リゴールに度々来襲したようだった。しかし、長政は果敢にこれを迎え撃って、自ら前線に出撃したとアユタヤに伝えられている。

忠臣、長政の死と息子オイン（阿因）の戦い

寛永六年（一六二九）、シャムの使節が、長政のジャンク船に乗って長崎に到着した。この時の使

節は、オング・サコン、テーヒクン・サワットヒクン、ヨーヨター・マツの三人で、長政の部下も数名加わっていたと伝えられている。更に、長政は老中の酒井忠世宛に、チュータティラート新王の即位を知らせる書簡をおくったと言われている。

同年一〇月、長政はパタニー軍との戦闘中に、敵の矢が足に当たり負傷したと言われている。長政の侍臣である旧長官の弟・オークプラ・マリットが、薬草を探してきて手当てしたが、矢傷の化膿が酷くなり、一六三〇年（寛永七）の七月頃、死亡したと伝えられている（享年四〇歳位であったと言われている）。

リゴール赴任後、わずか一年足らずで亡くなったのである。また、長政の死亡については毒殺説もある。長政の亡骸をどこに埋葬したのかは伝わっていない。

長政終焉の地とされている、ナコーン・シー・タンマラートは、バンコクから南に約八〇〇キロのところにある。『ムアン・ナコーン』と呼ばれているこの町は、七、八世紀の頃から南部の仏教の中心地だった。市内にあるブラシーナカリン公園のその一角に、『山田長政この地で眠る』と、森喜朗元首相の直筆の文字が刻まれた石碑が建てられている。また、この町のどこかの寺には、今でも長政の骨を納めた塔があると言われている。この町の市長や市民たちはタイの中でもひときわ親日的で、「長政は仏教国の此の地を守るため、隣のイスラーム国であったパタニーの侵攻を阻止した戦士である」と言って高く評価している。また、ナコーン・シー・タンマラートの県庁舎のある通りの一角には、『ナガマサ通り』〈ナーンガム通り〉という名が付けられている。

アユタヤでは、この間に、アーテイッタヤウォン王も貴族や官僚達に拠って廃位に追い込まれて殺されていたのである。王の在位はたったの三八日間だったと言われている。

全ての権力を掌握したカラーホーム（チャオプラヤー・シースリヤウォン）は、アユタヤの第二五代プラーサートトーン王（一六二九～一六五六）となった。三〇歳の若さで即位して二七年間在位した。彼はプラーサートトーン王家の始祖であり、アユタヤ王朝の第四番目の王家を創った。

新王となったプラーサートトーン王は、この事実を長政やシャムの遠征軍には知らせず、しばらく隠していたようだった。

一六三〇年の長政死亡後、新しい王を簒奪王として認めなかった日本人義勇隊の数十人が、王宮に討ち入ったが、シャイフ・アフマド（シェイク・アーマッド）率いるアラビアや華僑の傭兵隊に鎮圧されたと伝えられている。

長政が亡くなった時に、『オイン』（オークンまたは、オークン・セーナー・ピムックとも呼ばれている）は一八歳になっていたと言われている。

長政の息子のオインは、性格も良くて、外貌も立派だったようだ。殊勝にも、オインは、長政亡き後も父の代わりにリゴールの新しい国守として振舞ったと言われている。

だが、長政の時から仕えていた日本人義勇隊の少隊長であった、オークン・シルウィアグウォット（日本名不明）は、リゴールの旧長官と手を組み、リゴールの貴族達をそそのかし、オインがリゴールの国守となることに反対して、オークン・セーナー・ピムックの就任式にこぞって欠席したようだった。

また、リゴール軍将校や地方官僚達は、日本人にはリゴールの国守の継承権はないと宣言して、長政亡き後の新しい国守は、アユタヤの王に拠って任命されると主張したと伝わっている。これらの一連の事件は、プラーサートトーン王の日本人義勇隊の壊滅を狙った謀略だったと思われる。

そのゴタゴタの中で、オークン・シルウィアグウォットは、仲間であるリゴールの旧長官の家を急襲して彼を殺害した。旧長官達が、オークン・シルウィアグウォットを国守に就けると言って、彼を騙してきたことが発覚したのが原因であると言われている。皮肉にも仲間割れを起こしたのは、オイン側でなくシルウィアグウォットの側であった。

この後、長政の息子のオインとシルウィアグウォットは、リゴールの国守の地位をかけて戦い、最終的にオイン側が勝利したが、この戦いは、多数の日本人義勇兵が傷つき死亡するほど凄惨な戦闘だったと伝わっている。

また、この時、日本人義勇隊は、リゴールの町を焼き払ったので、人々は恐怖に慄き四散したと言われている。そして、日本人義勇隊の武力を恐れたプラーサートトーン王は、オランダ艦隊の力を借りて、海上からリゴールの町を砲撃させて日本人を町から追い払ったとオランダの商館日記に記録されている。

シャムでの日本人の凋落を示すこれらのことが、ソムタム王の死後に起ったと伝えられているのである。

シャム軍に攻撃され日本人町炎上する

アユタヤに残って宮廷を守っていた日本人義勇兵は、殆どがシャム軍に掃討されていたが、貿易に従事している商人や一般民間人達は日本人町に残っていたようだ。

プラーサートトーン王は、アユタヤと日本との貿易が高収益を挙げているので、江戸幕府の第三代将軍家光に、自分がシャムの新しい王であることを認めさせるようと考えていたようである。日本人を根こそぎ絶やすことにためらいがあったのだろうか、あるいは、リゴールから逃亡して来る日本人の兵隊達が、どの位の人数になるのか、また、オインや日本人義勇隊の消息を掴む為にシャイフ・アフマドなどと相談していたのかも知れない。いずれにしても、彼は直ぐに日本人町に手を出さずにしばらく様子を見ていたと言われている。

だが、これも権謀術数に長けていた王の謀で、日本人達を一網打尽にする機会を待っていたようなのだ。彼は日本人義勇兵を徹底的に抹殺しなければ、夜も寝られないほどその武力を恐れていたのではないだろうか……。

その騒動の最中に、日本に行っていたシャムの使節団の貿易船がアユタヤに帰国した。

プラーサートトーン王は、叛乱を押さえるため、日本からの積荷の一部を日本人町の人々に分け与えたと伝わっている。

アユタヤの日本人町の生き残った日本人義勇隊の兵や住民などの中からは、長政の息子オインがアユタヤに戻って来ることに反対する人々が出はじめ、その数は日増しに増えていったと言われている。

やがて、日本人がまた宮中に攻め込むだろうとの噂がアユタヤの町に流れたようだ。そして日本人の叛乱の噂が流れてから討伐軍を差し向けるまでにも、かなりの時間が流れたと伝わっている。

れている。

このことによって、討伐のことを事前に察知した大部分の日本人は、アユタヤを去っていたと言われている。

一六三一年（寛永八）、シャムのプラーサートトーン王の国書が江戸幕府に届き、長政の死亡が日本に知らされた。

当時、江戸城に登城していた、林羅山の弟、林永善らの日記によれば、長政の死亡の原因については、〝病気で死亡〟ということであった。また、その後、養子のオイン（オークン）が、現地で謀反を起こしたということが報告されていた。更に、シャム側は、これまでと同様に江戸幕府と交易を行いたいので、新しく就任したプラーサートトーン王を承認してもらいたいということが書かれていたようだ。

同年、幕府は、朱印船から奉書船に変える制度を開始した。

「異国へ奉書船のほか、舟遣し候、固く停止の事」
「異国船ニ積み来たり候白糸直段を立て候て、残らず五ヶ所へ割符仕るべき事」
（奉書船とは、朱印状の他に老中が発行した「老中奉書」を携えた船のこと）

そして、アユタヤでは、一六三〇年一〇月二六日、プラーサートトーン王の命令を受けた討伐部隊が、メナム川（チャオプラヤー川）の増水を利用して、大砲を搭載した約一〇〇隻の艦船で日本人町に砲弾を撃ち込み、陸上からはシャイフ・アドマド（シェイク・アーマッド）の指揮するシャム、アラビア、華僑などの軍が、日本人町に攻め込んで火を放ち、建物を焼き払って残っていた日本人達を根こそぎ粛清したと伝えられている。

主だった日本人はカンボジアへ逃亡したが、六〇人ほどはジャンク船に乗り込んだと伝えられている。その者たちの中には、各地に寄航しながら、相当な苦難をのり超え、やがて本国の日本へ帰国した者も数名いたようだった。

何故、日本人義勇兵の討伐の時に、シャム軍に混じって華僑の傭兵が度々シャシャリ出てきたのか……それは、この頃、日本人やムーア人に代わって、あらたに華僑がアユタヤの経済の実権を握ろうとしていたからだと言われている（ムーア人とは、ペルシャ、アラブ、トルコ、インドから来た人のことで、総称してムスリムと呼ばれていた人々のことである。アユタヤの建国の時からこの国にやって来て、貿易や政治に深く関わってきた）。

事実、この後、アユタヤの最大の輸出品であった米の売買の権利や、その他の貿易の特権を華僑やムスリムが独占していったのである。

そして、三年後、アユタヤの同じ場所に日本人町の再興が許された。かなり時が経っているにも関わらず、この頃でも江戸幕府はプラーサートトーン王を簒奪王と見て、新王としては認めなかったようだ。

日本人町襲撃の時の討伐軍の司令官・シャイフ・アフマドは、アラビア人で、プラーサートトーン王に仕えた高級官吏である。彼は、一六三〇年の日本人義勇隊の王宮乱入による反乱事件の鎮圧や、日本人町の討伐などの功績を挙げて、アユタヤ王朝から、「プイラヤー・チェーク・アマッターナティボーテイ」の爵位、欽賜名を授けられた。シャムの正規軍の将軍というよりも、プラーサートトーン王の陰の参謀のような存在で、宮廷の官僚貴族でありながら、アラブの商人の代表でもあった。

しかし、裏では、日本人義勇隊の勢力を駆逐する為の隠密部隊のお頭のような存在だったと思われる。彼は、後のラタナーコーシン王朝を支えたイスラーム（ムスリム）の名門貴族『ブンナーク家』の祖先であると伝わっている。

現在もイラクやイランのイスラーム社会ではシーア派とスンニ派が互いに勢力を競っているが、アユタヤ時代のムスリムの社会でもペルシャ人（イラン）の末裔はシーア派、アラブの末裔はスンニ派と二派に分かれ争っていて、彼らはムーア人とかケーク・ムーアと呼ばれていた。アユタヤの建国初期の頃からイスラームの世界とアユタヤとを結ぶ貿易で莫大な富を得て財を成し、アユタヤ王朝の内部で実務を司る高級官吏として多数徴用されていた。

その勢力の代表者がシャイフ・アフマド（シェイク・アーマッド）で、ソムタム王の時代に急激に勢力を伸ばしてきた山田長政や日本人商人達を駆逐しようと華僑の勢力と手を組み、日本人の破滅のための謀略をプラーサートトーン王に讒言し、彼はその実行部隊の指揮官として力をふるったと言われている。

そして、一六三三年（寛永四）、江戸幕府からの友好親善の書簡がようやくアユタヤに届き、プラーサートトーン王により丁重に扱われ、アユタヤ王宮の書庫に保存されたと王朝記には書かれている。

しかし、幕府側の資料では、プラーサートトーン王の国書は無視したとされている。この頃の幕府の政治を動かしていたのは、この後、『鎖国令』を起案した林羅山だったと言われている。

一六三五年（寛永一二）、幕府は日本人の渡航と帰国を禁止した。

「異国え日本の船これを遣わすの偽、固く停止の事」

「日本人異国へ遣わし申す間敷候、若忍び候而乗渡る者これ有るに於いてハ其者ハ死罪、其船船主共ニ留置き言上仕るべき事」

「異国へ渡り住宅これ有る日本人来たり候ハ、死罪申し付くべき事」

一六三七年（寛永一四）、アユタヤの日本人町の人口は、四〇〇人位までに回復している。だが、江戸幕府の行った『鎖国』政策によって、新たな日本人の流入や日本との交易が絶たれたために、日本人町は次第に衰亡への道を歩んで行ったようである。

だが、『鎖国』時代においても、日本とアユタヤとの貿易交渉は続けられていた。

オランダ側の資料によると、鎖国時代においても日本とアユタヤとの貿易は完全に途絶えたのではなく、シャムの船が毎年、日本を訪れており、細々とではあるが交易は続いていたのである。

明暦二年（一六五六）、アユタヤ国王の親書を携えた貿易船が長崎に入航するが、江戸幕府は、鎖国を理由に通商を許さず、シャム国使船は、燃料、水や食料を補給した後、日本を離れている。

その後、オランダ側の資料によると、日本人町の人々が日本との貿易を絶たれて、苦労していることなどが記された通商文書が、時折、長崎の出島に届いていたが、やがて、江戸幕府の『鎖国政策』が長く続くことにより、その動向は殆ど日本に届かなくなっていった。

この当時のカンボジアの模様が詳しく書かれている書簡や研究書などが出ている。

岩生成一著『南洋日本町の研究』（岩波書店、一九九六）、『第四章　東埔寨《カンボジア》日本人町の盛衰』から抜粋する。

（略）その後一六三〇（寛永七）年、山田長政が六崑で殺されるや、その子オコン・セナピモク（Ockon Senaphi-mocq）は自立せんとして果たさず、六崑の町を焼いて、一党の日本人を率いて東埔寨に走った。

東埔寨王は逃げ込んだ日本人の援助を得て一六三二年暹羅と対戦することとなったが日本人等は宣戦布告を待たずして、既にジャンク船七隻に分乗して、東埔寨を出帆し、暹羅に出入りする船舶を撃破せんとメナム河口に向かったことがある。

在住日本人はまた同国の内乱にも参加して、重要なる役割を果たしている。「かって王長子が国王の廃位を諮らんとして反逆した時、同地の日本人等は勇敢にも武器を執って老王を助けたので、彼らは国王から尊敬されている」が、わが伝説によれば、長政の遺児は、この戦中に陣歿したようである。しかしまたこの王長子にも左袒した在住日本人もあり、一六三六（寛永一三）年一一月、王子が陰謀発覚し暹羅に亡命した時、日本人百人ほど、彼に扈従していた。（略）

〈参考資料〉
「Tsia22en Coninck in Siam」、「暹羅国風土軍記」、「暹羅国山田氏光芒記」

これらの資料から、一六三〇年に長政が毒殺されて、その息子オイン（オークン）や日本人達はカンボジアに脱出し、一六三二年には、カンボジア王を助けて暹羅国と対戦することとなったが、日本人達は宣戦布告を待たずにジャンク船七隻に乗り込みメナム河口に向かったと記されている。このような重大な戦争が起こったことやカンボジアの王子に従って百人もの日本人が暹羅に亡命したことなどはアユタヤでは記録されていない。カンボジアとの小競り合いはあったが、むしろ、日本人町の復興が直ぐに始まったようなのである。

これらのことが書かれている『暹羅国風土軍記』や延宝八年（一六八〇）頃にでた智原五郎八の『暹羅国山田氏光芒記』は、シャムから日本に逃げ帰ってきた人達によって書かれたと言われているので、かなり誇張して『風雲児物』として面白く書かれたのではないか、特に文中の『わが伝説によると……』などの表現から判断すると、この本は物語として後世に語り継がれてゆくことを目的に書かれたのではないかと考えられる。

また、ファン・フリートらの『オランダ商館日記』などに比べると克明な記録に欠けるのではないか。また、長政の息子がカンボジアに到着したことや内戦で死亡したことを報告したオランダ東インド会社の商館員の通信文書が見当たらないことから、私は、オイン（オークン）がカンボジアに逃亡した説に大いに疑問を抱くのである。因みに、智原五郎八の『暹羅国山田氏光芒記』によると、長政の息子オインは、その後カンボジアの王と王弟の内乱に巻き込まれ死亡した。彼に殉じて死亡したのは、大塚│左衛門、有賀門太夫、今村左京、明石舎人、明智十太夫、後藤又六、山田仁蔵、速水又三郎等であると記録している（オインらはラオスに逃亡したたとの説がある）。

バタビア（ジャカルタ）のオランダ商館員、ファン・ディーメンの一六三一年六月五日付の報告書から一部を抜粋する。

（略）一六三〇年四月末日、帆船フロート・マウリチスは暹羅に渡航し……次いで同年一二月四日に帰着したが、……同国は安定していて、国王は平和に統治しているが、柬埔寨《カンボジア》及び太泥とは交戦していた。六崑の王日本人オプラは死亡したが世人は毒殺されたと推測している。（略）

エレミヤス・ファン・フリートの商館日記から一部を抜粋する。

（略）前述の如くカーンが一六三二年、九月二六日にアユチヤに達した時には、事変後僅か二年足らずして、はや日本人町は復興再建され……（略）

一六二七年（寛永一四）オランダ館長エレミヤス・ファン・フリートの『シャム革命史』より長政

の死亡を伝える項目の一部を抜粋する。

（略）しかるに長政は任地六崑において、太泥軍と交戦中脚部に負傷し、侍臣の暹羅人が毒を混ぜた薬品を傷口に塗布したために、ついに非業の最期をとげ、……（略）

長政はその死があまりに突然であったために、長政を慕うアユタヤの日本人やシャムの人々があれこれと推測し、長政毒殺説が浮上して世間で騒々しく論じられていたようだ。長政が毒殺されたらしいとの噂は、このことをオランダの商館員が聞きつけフリートが日記にしたためたのではないかとも考えられる。

長政や侍団は本当にミャンマーに来たのか

チャイントンでの長政の死

チャイントンのクンシャン（ゴンシャン）の古文書では、サイン・ナン・トゥン王の治世の時、一八五三年に作られた『Lord of Life』の中で、一六〇七年に山田長政を長とした六九人、あるいは六二人が、ケントン（チャイントン）に来て、ソーボワのサン・ナン・トン王に難民として保護されたことが書かれている。

また、ゴンシャンの集落の人々やソーボワの親族の人、日本人の侍の子孫達の間に、長政や日本人の侍がシャムのアユタヤからチヤイントンにやって来たということが先祖から伝わっている。更に、ソーボワの直系のチョウ・ミュウさんは、先祖から、山田長政が一六五三年にチャイントンで死んだということを聞かされていた。

これらのことはどう解釈すればいいのであろうか、日本では、長政がシャムのアユタヤに来たのが一六一二年頃と伝えられているので、長政や侍団が、一六〇七年にビルマのチャイントンに行ったとはとても考えられないのである。

また、長政は、一六三〇年に、タイ南部のリゴール（ナコーン・シー・タンマラート）で、パタニー軍との戦闘で傷を負い、その傷が化膿して、治療中に死亡したことが、オランダの通信文書、アユタヤ王朝の記録文書などで報告されており、これが通説になっている（他に毒殺説もある）。長政の死亡は、享年四〇歳頃であったと言われている。

だが、ナコーン・シー・タンマラートでは、現在のところ、長政の墓地は見つかっていない。仮に足の傷が治って、密かにビルマのチャイントンに脱出したと考えると、長政がチャイントンで一六五三年に死亡したのであれば、享年六三歳前後であったと思われる。

シャム（タイ）での長政や日本人義勇隊、及び日本人町、アユタヤなどについては、タイ国の王朝年代記、書簡、歴史資料、オランダ東インド会社の商館日記からその全容がある程度解明されている。ハーグの『オランダ国立公文書館』にあるアユタヤのオランダ商館の記録文書やエレミヤス・ファン・フリートの『シャム革命史』の中で、日本人町との貿易の実態やオークヤー・セーナー・ピムック（山田長政）が死亡したことなどが詳細に書かれているからである。

これに対して、ミャンマーのチャイントンで語られる、シャムのアユディア（アユタヤ）から来た長政や日本人の侍の伝説は、今までゴンシャン族の口承で伝わってきたと考えられてきた。

しかし、今回初めて、クンシャン（ゴンシャン）のクン語によるクン族（ゴンシャン族）の歴史に関する古文書が出てきたのである。その中に、長政や日本人の侍に関する記述が書かれていたことが分かったのだ。

そして、チャイントンに住むソーボワの事務所のライ・チュウさんやサイ・ロン・センナンさんから聞いた話から、「クン族は文字を持ちませんでしたが、文化の歴史はあります」ということ。更にクン族は、「口から口へ歴史を伝えてきたこと」などが分かった。

また、この歴史書は、「サイン・ナン・トゥン王（一八五三年）が、ケントンを支配していている時」に書かれたこと。

ケントンで、長政が死んだと言われている一六五三年から、サイ・ナン・トゥン王の「Lord of Life」が書かれた一八五三年まで二〇〇年も経っているのである。

その間に、クン族（ゴンシャン）の歴史をクン語（口語）で伝えて来たのだから、名前や年号、場所などの細かいことが、混同されて伝えられてしまったとも思われる。

そして、モン族の文字を母体としたタイ語の文字ができたのは一三世紀頃であるから、言葉の半分以上がタイ語に似ていると言われているクン語の文字ができたのは、一七世紀後半から一八世紀頃ではないかと考えられる。

すなわち、口承から文書にする時期が遅れた為に、事実が誤って伝えられたとも思われる。

しかし、年号は明らかでないが、長政が本当にビルマのチャイントンに来たとも考えられる。今後、チャイントンで長政や侍達の新たな資料が見つかる可能性もある。

彼らはシャンまで何故集団で来たのか

ソーボワの直系のチョウ・ミュウさんが、これだけの集団がシャムからバラバラに到着したのではなく、長政に率いられて来たと述べていることについて考えてみたい。もし、日本人の侍達がタイのナコーン・シー・タンマラートから逃亡したのであれば、この辺境の地までは約一五〇〇キロ近いとてつもない長い距離を逃げて来たのである。

また、アユタヤからでも約一〇〇〇キロあり、東京から北海道の稚内、宗谷岬くらいの距離なのである。これだけの遠距離を日本人義勇兵が、個別に散らばって、ケントン（チャイントン）を目指したとしても中々辿り着けない。

何故なら、この地域の殆どは熱帯に属しており、ひどい暑さで体力を消耗し、日中は長い距離を歩けないからだ。年間を通じて一日の最高気温は三十度から四十度近くになる。夜に行動すれば夜盗などの武装集団に襲われる危険性があったと思われる。また、数名の逃亡者であれば、何もそこまで行かなくても、途中で匿ってくれる山岳民族の村が幾らでもあったはずだ。

そして、六九人、あるいは六二人の大勢の侍団が、白昼堂々と隊列を組んで、アユタヤと北部のチェンラーイを結ぶ、幹線道路・アユタヤ〜チェンマイ街道を進んで行ったとは、とても考えられない。仮に、メナム川（チャオプラヤ川）を北に遡り逃げたとしても、川幅は直ぐに狭くなるので、支流を経て、途中で船を捨て陸路を使ったのではないかと言われている。

また、王国街道にあったアユタヤ時代の、『ロップリ』『ピッサヌローク』『スコータイ』『ウタラティット』『ランパーン』『ランプーン』『チェンマイ』『チェンラーイ』などの主要都市には、プラーサートトーン王からの、日本人義勇兵の追討命令が出ていたであろう。この幹線道路は、ひときわ警戒が厳重だったと思われる。

更に、六二人もの侍が、これらの都市を迂回して、山岳地帯を抜けたのであれば、大変な困難をともなったはずである。

従って、一人の頭領が居て統率が取れていなくては、とてもチャイントンまで辿りつけなかったと考えられるのである。

古文書では、侍団がシャムから家族や商人を連れて来たという記述は見当たらない。

また、侍達がソーボワに仕えゴンシャンの娘達と結婚していったと伝わっているので、侍団は比較的若い独身の侍の集団だったと思われるのだ。

頭領は長政の息子のオインだと考えられること

では、侍団の頭領は誰だったのであろうか、長政がアユタヤで活躍した時期、また、死亡したと言われている年号の一六三〇年から考えると、その頃に、長政が、六二人の侍たちを引き連れてシャンのチャイントンに逃亡したとはとても考えられない。

日本人義勇兵が、ナコーン・シー・タンマラートの町を追われた時期や日本人町が焼き払われた、一六三〇年の状況から判断すると、カンボジアに逃げたと言われている長政の息子・オインこそがこの侍団の頭領だったのではないかと考えられるのだ。

長政の恩を受けた固い絆で結ばれた若い日本人義勇兵が、長政亡き後、オインに忠誠を誓って、リゴールでの日本人同士の戦いに臨み、生き残った若者達が『仁義』を重んじて、オインと一緒に行動を共にして、リゴールから逃亡したのではないかと推測されるのである。

プラーサートトーン王に拠って、リゴールの町を追い払われた時、最初は、日本人町があるカンボジアを目指したとしても、海上は、オランダ艦隊やシャムの軍船が見張っていて、いくら軍船を持っていても、海上からの脱出は不可能だったのではないだろうか。日本人町焼き討ち事件の時、エレミヤス・ファン・フリートの報告書では、シャムの討伐軍は、日本人の逃亡を阻止する為に、チャオプラヤー川の河口に、複数の軍船を配置していたと書かれているのである。

当然、その先には、オランダ艦隊など外国の艦船がプラーサートトーン王の密命を受けて待ち構えていたとも考えられるのだ。

また、オイン達が陸路でカンボジアに向かうのは、プラーサートトーン王も当然予想していたであろうから、カンボジアとの国境付近の陸や、海上にも目を光らせていたに違いない。更に、日本人義勇兵の中には、先のリゴールでの日本人同士の戦いによって傷ついた兵士も多数含まれていたであろうから、シャム軍の厳重な警戒線を突破することは無理だったのではないかと思われる。

侍達はどうしてチャイントンを目指したのか

そこで、彼らはカンボジア行きを断念して、メコン川沿いに北に進みウボン・ラチャターニから、コラート高原を横断してコンケーンに出て、ドンパセージ山脈を迂回して、警戒の手薄なラオス国境沿いの、タイの北部に向かったのではないのだろうか……。

当時のアユタヤの国土の範囲は、西側は、ビルマ（ミャンマー）との国境のテナセリム山脈が聳えていた辺りまで、東側は、コラート高原付近で遮られていた。また北側には、ドンパセージ山脈が連なる手前までの広大な平野の中にあった。

彼らがラオスに向かって開かれた、メコン川沿いのチェンコーンやチェンセーン、そして、メーサイにまで辿り着いたら、そこには、北タイ、北ラオス、ビルマのシャンなどの地域に暮らす、共通な言葉を持った民族が居たはずである。

北ラオスのサワー（ルアンパバーン）や北タイのチェンマイも含めて、この地域の人々は、敬虔な仏教徒で、同じような言語のモン語やクン語の文化を持っていた。

そして、当時のシャンを治めていたソーボワ（藩王）の国は、モンタイと呼ばれていた。(Mong) はタイ語の (Muang) で、(Tai) は、自称タイ王国の (Thai)。タイ族 (Thai) は、(Tai) をタイヤイ族と呼んでいるが、方言差はあるがモン族やクン族と呼ばれる同じ民族なのである。

長政の息子のオイン達が、ラオス国境沿いの北タイに来たと思われる時期、隣国のラーオ（ラオス）では、一六世紀に入ると、ラーンサーン王国が繁栄を取り戻し、アユタヤの義勇隊であるオランダ鉄砲隊と戦ったりしていたので、オインと日本人の侍達が、ラオスに行く選択肢はなかったのではないかと考えられる。

そこで、彼らが、当時、雲南、ラーオ、シャムの貿易で潤っていた、ケントン（チャイントン）の隆盛の噂を聞いて、そこに亡命しようと考えたとしても不思議ではない。

一六六一年の事であるが、中国の清が明を征服した時に、明朝（南明）の王族及びこの近衛兵の六五〇人が、清軍に追われて、雲南から中国の国境沿いのビルマ領まで逃げてきた。当時のビルマ王は、彼らがこの山岳地帯に住むことを許した。それ以後、この末裔は『コーカン人（果敢人）』、『コーカン族（果敢族）』と呼ばれて、世界で唯一、あの誇り高い中国の漢族が、華僑としてではなく、少数民族として暮らしている。

そのような峻険な土地であるから、このチャイントンも、シャムから亡命する日本人義勇兵達にとっては、自分達の身を守る幾つもの好条件が揃っていたと思われる。

次に、日本人の侍達がチャイントンにやって来た理由について、具体的に考えてみる。

チャイントン市内に住んでいるクン族の女性は、日本の侍達がこの町に来た時、「賑やかに太鼓を叩いて、威風堂々と町に入って来た」と先祖から聞いたと言っていた。

また、ビルマ大使であった鈴木孝氏も、ゴンシャンのサオ・モウ・ヨン夫妻の話として、「日本人の武士がシャム軍に追われて逃げてきた」と語っている。

そして、クン族の古文書には、「チャイントンの当時のソーボワのサイン・ナン・トゥン王が、彼らを難民として保護した」ことが記されている。

そこには、侍達がシャムから逃げて来て保護を求めた結果、彼らを、はっきり、『難民』として扱ったことが書かれているのである。これらのことから、日本人の侍達は、初めから亡命を目的としてチャイントンにやって来たと思われるのだ。

彼らは最初から、国境の山岳民族の村に逃げ込むのではなく、難民を受け入れてくれる仏教国を目指していたと考えられる。

日本人の侍達は、アユタヤで反乱を起こした訳でなく、戦争で負けたわけでもなく、現地で騒動を起こしたわけでもない。

彼らはシャムに於いて、新しい王様に嫌われたことをソーボワに率直に述べているのである。

長政の息子のオインが、侍団を率いて、リゴールで謀反を企てたという罪をアユタヤで流布されたにも関わらず、プラーサートトーン王の一方的な迫害に依って、やむなく、難民となったことを、正直に当時のソーボワに語ったことが彼らの命を救ったと思われてならない。

侍の風俗や習慣を考える

日本人の侍団から、ゴンシャンの人達に伝わっていると言われている、具体的な事柄について考えてみる。

一、ソーボワに保護されて、王に仕え貴族の娘と結婚していった。
一、侍達のことを『チャムロン』あるいは『チャムリン』と呼んでいた。
一、侍から教わった伝統的な民族服がある（寺院の祭礼の時、女性の上は、四つボタンの薄い絹の半袖か長袖のブラウス、下は、筒のような長めのスカート、男性は、三つか四つボタンの付いた木綿の上着とダブダブの袴のようなズボンを着ていた）。
一、男性は長い髪を後ろで結んでいて、女性は髪を丸髷に結っていた。
一、日本人から伝わった、一メートル位の長さのある刀を持っていた。
一、刀を振り上げて構える時に、両手で持って構えていた（柄や鞘に蔓草や木の枝、葉などの様々な模様の装飾が施されていた。この刀と同じようなものがタイのアユタヤにあるチャオサームプラヤー博物館の刀剣コーナーに陳列されている）。

一、家の造りは、松や竹を組み合わせて梁を造り屋根裏を大きくしていた。
一、家の一階の柱の下に、日本人から教わったという束石が使われていた（束石の中には、縦の長さが四〇センチ以上のものがあった）。
一、侍の子孫の奥さんは、客人にお茶を出す時に床に傅いていた。
一、髪は黒く、身長は男性がやや小柄で一五五センチ位。女性は一四〇センチ前後で、顔は面長で小さく、うりざね顔が多かった。
一、目は切れ長で、黒い瞳、肌は日本人と同じ薄い白黄色、全体的に日本人に良く似ている。
一、一六〇七年、長政や侍団をソーボワが難民として保護したことが書かれた古文書が出てきた。

これらの日本的な文化や習慣が、ゴンシャンの集落に伝えられていることや、日本人の侍達がチャイントンでゴンシャンの娘達と結婚して、その末裔と言われている人達が今でもこの地で暮らしていることから、日本人の侍団がシャムからチャイントンに来たということは、事実としての確証がかなり高いのではないかと思われる。

そして、長政の息子のオインが、偉大な長政のことや華やかなアユタヤの都のことなどを話しているうちに、いつの間にか、オインが長政に代わってしまったとも考えられるのだ。

ましてや、オインは容姿もよく、性格も明るかったようだ。彼はおまけにその立ち振る舞いも立派だったと伝えられている。

侍の伝説が何百年も伝承されて来た理由

この事を考えるには、この地域の気候や風土、住民の人間性などが大きく関係しているのではないかと考えられる。

チャイントンは、標高が七八七メートルの高原にある。わが国の有名なリゾート地、神奈川県の箱根町、仙石原の台地と同じ位の高さである。

地理的には中国に近い、日本の稲作の故郷ではないかと言われている中国の雲南省はすぐ隣だ。

この地域は、穏やかな温帯性のような気候で、日中の陽射しは強いが時々、微風が吹くので快適に過ごせる。私が訪問した六月末（雨期の始まり）には、夕方になると、日本の初夏のような風が吹いていた。

そして、適度な降雨量があるので、稲作、茶、野菜などの栽培に適した土地なのだ。特に西部を流れている大河、タンルウィン川（サルウィン川）流域では、米の三期作が可能である。

ここで暮らす殆どの人は農民で、肌の色は薄いクリームの色合いで、髪も黒毛の直毛である。

男女とも身長は、一六〇センチ前後で、ずんぐりとしていて、背はそんなに高くない。

性格は温和である、人々の顔つきも、穏やかな表情が表れていて、どことなく、昔の日本人と良く似ている。

一七世紀頃にこの地に来た侍達は、現地の人達と接して、きっと日本の農民を見るような懐かしさを感じて、ここなら馴染めそうだと安堵を感じたのではないだろうか……。

町中は、寺院やノントーン湖以外にこれと言った見所はないが、近郊に温泉がある。その他にあるのは、手つかずの自然と涼しくておいしい空気と落ち着いた静けさだけだ。

草原を吹き渡ってくる風の音を聞いていると、遠い記憶の底から、世田谷の練兵場で戦争ごっこをして一緒に遊んでいた子供達が私を呼んでいるような気がする。

高い山々が遠くに連なる盆地の風景も、日本のどこにでもある里山のような風景で、特に眼を引くものはないが、どうしてこんなに私の心が惹かれるのか不思議な土地なのである。

クン族の古文書では、チャイントンに日本人の侍達が入って来た時に、ソーボワが災いを恐れて、占師に見てもらったところ、とても良い名前だと言われたことが書かれている。恐らく日本人の侍たちは出身国の国名やグループの代表者名である『山田長政』などの名前を名乗ったのであろうが、ミャンマーでは名前や数字（人数）、どの方角からきたのかなどが占い師の重要なテーマとなり、その結果によって入国が許可されるかどうか判断したのである。

ミャンマーでは、王朝時代から占星術が用いられ、政治に深く関与してきた。宮廷内には『識者（ピンニャーン）』という役職があり、王子や王女の命名式、穿耳式、結婚式、宮廷の行事や戦時に於ける戦闘開始の曜日、時刻など、国の重大な行事や問題を占星術で占っていた。ミャンマー人は、占いが大好きで、かなり迷信深いところがある。今でも『ナッ神』『占星術』『呪術』に頼る人は後を絶たない。昔から重要な決定は、インドから伝わるバラモンに頼る傾向が強いのだ。

この国のトップの地位にある『タン・シュエ議長』も占星術に凝っていると言われている。二〇〇六年一〇月、軍事政権の世界を驚かした唐突な首都の移転も占いで決めたと巷で流布された。ヤンゴンから三五〇キロ離れた新首都は、『ネーピードー』と呼ばれ、『王が住む都』という意味である。以前はタケノコやサトウキビの産地だったが、ここに莫大な費用をかけて、国会議事堂、官公庁の建物、公務員宿舎、動物園、プラネタリウム、ショッピングモールを建設し、二〇〇五年に一部の移転が開始された。その新都への移転や引越しの時刻や道順まで、占星術で決めたと伝えられている。

このような壮大な都を造ったタン・シュエ議長は、さながら『現代の偉大な王である』と言っている現地のジャーナリストがいる。

また、霊媒師のご託宣により車を購入したミャンマーのドライバーは、『聖なる菩提樹』と呼ばれている樹の交通安全を司るナッの宿る祠の前で、お祈りをするように、何と、車をきっちり三回、ゆっくりと前後に動かしてからボンネットに聖水をかけて清め、安全を祈願するのである。

仏教と共に篤く信仰されているミャンマーの土着信仰（アニミズム）には、山を守る神、樹木に宿る精霊神、土地神、村落などの守護神など三七のナッ神がある。

また『ナッ、カドー』と言って『ナッ神の妻』『ナッ信仰の巫女』がおり、大半は女性だが男性も居る。これらの霊術師はミャンマーの村々には、必ず一人や二人は居ると言われているが、ナッ神と人々の媒介的な役割を果たしているのだ。

シャンの人々は占いと運命（カルマ）を信じている人が多いと言われている。例えば、ソーボワ（藩王）やその親族は、社会の中で、特権的な地位に生まれたのであり、それ故に王族として遇されるのであるという考えが、一九六二年頃まで連綿と続いてきたのである。ソーボワとクンシャン（ゴンシャン）の人々は、大きな好意と尊敬の念を互いに持ちあい、戦争も無い平和な社会を何百年も維持できたのである。

ゴンシャンの人達の中で、日本人の侍の子孫であると言った人達の家系は、全てソーボワの親族の名門だった。このようなことから、日本人の侍達は、ゴンシャンの貴族の娘と結婚して行ったのではないかと考えられるのだ。

ビルマ人使であった鈴木孝氏が、ケントン（チャイントン）のゴンシャンの侍の末裔として紹介した、サオ・ヨゥ・モン夫妻も王族の直系であった可能性が高い。『サオ』という呼び方は、『藩王』（ソーボワ、サオパ、Sao Hpa）の呼称であり、王族の呼び名の頭には必ず最初にサオが入り、『サオ○○○……』となるからである。

ゴンシャンの人達は、血の繋がりや縁をとても大事にする。両親や家族、親戚、村人や恩を受けた人などを常に敬っている。しかし、血縁や地縁的関係のみを重んじる日本などと比べて、ミャンマーでは、友人や知人、同僚など『他人』の関係が『キンディ』と言って、お互いの気持ちが親しくなることで血縁関係以上の『絆』になることが多いと言われている。彼らは人と人の結びつきをただの縁とは考えないのだ。

このような背景には、仏教的な『縁』という考え方があると言われている。

ミャンマー人の中には、自分の前生は日本人あると考え、ミャンマー名とは別に日本名を持っている人がいる。また、来世は必ず日本人に生まれると信じている人もいる。

この世でたとえ血が繋がっていなくても、前世からの縁で結び付けられたので、関係ができれば、何の問題にもならないのである。

それ故、日本人の侍達から受けた『道徳』『恩義』『情』『絆』の精神が、頑なに何百年も守られてきたのではないかと考えられるのである。

オインや日本人町のその後

次に、長政の息子のオイン（オークン・セーナー・ピムックク）の消息やチャイントンの日本人の落武者伝説、アユタヤの日本人町、カンボジアのプノンペンの日本人町のその後などについての報告書や書簡、文献、商館日記を列記する。

エレミヤス・ファン・フリート著／村上直次郎訳『17世紀に於けるタイ国革命史話（略題〈シャム革命史話〉）』から、リゴール（六崑）の日本人義勇隊のことを記した報告書の一部を抜粋する（エレミヤス・ファン・フリートは、アユタヤで、一六三三～一六四二までオランダ商館長をしていた。この間に、インド総督アントニオ・ファン・ジーメンにシャムの政治事情を報告したものが本書である）。

（略）「日本人はリゴールが彼らに多くの利益を持たらさぬことを認め、又暹羅（シャム）王はその領内に留め置かぬであろうと考え、この市を棄ててカンボジアに行った。

因って暹羅（シャム）王国は多数の不羈で粗暴な悪徒の災いを免れ、大官及び市民は大いに喜んだ。」（略）

一六三一年一〇月一七日付のシャム発ダニエル・フアン・フリートから総督ジャックス・スペック

スに送ったオランダ商館の書簡（村上直次郎訳）から抜粋する。

（略）「……日本人は舌長く、当地の陛下に対して思慮もない悪言を流布した故、命令によって昨年その財産は大部分没収され、住居は焼き払われ、戦いながら河口に赴いて（乗組員がないためジャンク船一艘は当地に残し、他の一艘に乗って）脱出した。

始めはリゴールに遁れる考えであったが、土人の反抗に遭って進路を柬埔寨《カンボジア》に転じた。

彼らは当地に於いて（日本のオークプラの死後）、陛下と隔意を生じたが、柬埔寨においては国王が彼らと心を一つにし、その到着の際には門前に迎えるという程であった。」（略）

小和田哲夫（国立大学法人静岡大学名誉教授／文学博士）著『史伝　山田長政』（学習研究社、二〇〇一年）から、この後のことについて抜粋する。

（略）「エレミヤス、ファン、フリートのシャム革命史話では、長政の息子のオークン、セーナ、ピモックらがリゴールからカンボジアに逃れた事を伝えている。

従来はこのカンボジアの逃避行が通説とされている。

オークン、セーナ、ピモックはその後、カンボジア王の戦いに従軍して戦死してしまったと言われている。

しかし私は、カンボジアに逃れたとする説には疑問を持っている。

リゴール、すなわちナコン、シータマラートからカンボジアに行くとなると、船で逃れれば別であるが、陸路を取るとすれば、どうしてもアユタヤ近くのバンコクあたりの海岸線を通らなければならない。

プラーサート、トウン王が厳戒するその地域を果たして通れたかどうか疑問があるのが一つ、それともう一つは、後で述べるようにアユタヤ日本人町が焼き払われたとき、アユタヤの日本人町の人々がカンボジアへ逃げていることがはっきりしており、これと混同があったのではないかと考えている。

では、オークン、セナー、ピムックはどこへ逃げたのだろうか、この点で興味深い証言がある。ビルマ（現ミャンマー）大使、後のメキシコ大使の鈴木孝氏が、ビルマ大使に在任中に見聞した事を語っているが、ビルマのケントン州という、中国、ラオス、タイが国境を接する高原地帯に住むゴン、シャン族から聞いた話を伝えている。

「私ども先祖からの代々の言い伝えですが、タイのアユタヤ王国時代に日本の武士六二人がシャム人にきらわれたとかで私ども先祖の領内に逃げ込んできたので先祖は彼らをかくまいました。ジップンと呼ばれたこれらの武士は一人のリーダーに率いられて太平洋のある島からシャムに渡ってきたものだそうですが、彼らは私ども先祖の好意に酬いるために国を豊かにする方法を色々と教えたそうです。

これらの武士達は皆立派な人だったので、私共の先祖たちはいつの間にか彼らの習慣を真似する様になり、例えば男はそれまでの習慣の長髪をやめてイガグリ頭となり、衣服は襟を左前に合わせて着る。

肉親の葬式には白い喪服を着用する。

指で食事をする習慣をやめて箸を使う。

人にあいさつをするときは丁寧に頭を下げる。

ということから、女は男を差しおいて前にシャシャリ出てはならない。

若い者は年寄りをいたわらなければならぬ。

人のつき合いには信義をまもらなければいけないなどのジップンの道も学びました。

これらの道徳は今でも私ども一門の守るべき掟になっています。

ジップン達は独身者ばかりだったそうで、やがて私ども先祖の娘たちと結婚して家庭を持ちました。

それ故私ども夫婦は日本人の血を引いているわけです。」

鈴木孝氏が言われるように、このサオ、ヨウ、モン氏夫妻の言葉に出てくる「ジップン」は日本人のことであろう。

彼らが自ら「ニッポンジン」といっていたのが、いつしかなまって「ジップン」になったものと思われる。

サオ、ヨウ、モン氏夫妻のいう道徳、習慣がまさしく日本人のそれである。

つまり、「六二一人の日本人武士団の集団が、ビルマのケントン州まで逃げ、そこのゴン、シャン族にかくまわれ、やがて原住民と結婚し、自然に同化してしまったことを物語ると書れているのである。

この、六二人の日本人武士がリゴールから逃れたオークン、セナー、ピムックの一行であったという確証はない。

しかし、さきの鈴木孝氏が紹介されたサオ、ヨウ、モン氏夫妻の言葉にあるように、一人のリーダーに率いられ大平洋のある島からシャムに渡ってきたというのは山田長政と一致するように考えられてきた。

シャム人に嫌われ、ゴン、シヤン族の領内に逃げ込んできた経緯とをあわせて考えれば、リゴールを棄てて、安住の地を求め逃避行をしたオークン、セナー、ピムックすなわち長政の長男の一行であったとみることもできるのではないかと私は考えている。」（略）

大西健夫著『オイレンブルク伯「バンコク日記」――ドイツ、アジアで覇権を競う（社会科学の冒険）』（リブロポート、一九九〇年）より、『アユタヤ』の項の一部を抜粋する。

ドイツ（プロシア）人で最初の東アジア遠征隊を率いて日本、中国、タイと友好通商条約を結んだフリートリッヒ・オイレンブルク伯が遠征後に書いたもので、大西健夫氏が翻訳している。

遠征団は、タイ滞在中の一八六二年一月三〇日から二月二四日までタイのアユタヤを訪問した。

彼は江戸幕府との通商条約締結後の帰りに、長崎の出島のオランダ商館に寄って、ドイツ人医師のシーボルト（フィリップ・フランツ・フォン・シーボルト、一七九六～一八六六）にも会っている。

（略）「山田長政亡き後、長政の息子オインがその後を継ぎ、ナコン、シータマラートの大守となるが、土着の領主たちは日本人に服しなかったし、日本人のあいだでも結束は乱れがちであった。日本人同士の内紛に乗じ、国王はオランダ艦隊の助けを得て、日本人をナコンの町から追い払うのに成功する。

山田オインの名前はこのときをもってふたたび歴史に登場することはない。

それでも日本人義勇兵の武力を恐れた国王は一六三二年一〇月、メナム河（チャオプラヤー川）の増水を利用して大砲を搭載した百隻の艦船をもって、日本人町を攻撃して焼き払った。（略）

（略）しかし、日本人は、一年後、カンボジアからの帰国を許されて、日本人町の再建をはかり、日本人町の人口は、三百人から四百人にまで回復したが、江戸幕府の鎖国令は、新たな日本人の流入を絶ってしまった。

残された日本人達には、アユタヤの娘を娶り、シャムに溶け込んでいく道しか残されていなかったと思われる。（略）

また、帰国前にラーマ四世国王の謁見を受けるためにバンコクに滞在していた時に、日本人の侍の末裔に会ったことが書かれている。

（略）「モンクット王との面会をバンコクで待っている間に、第二国王の王宮に招かれた時、中庭の衛兵の中に一ダースほどの立派な旗手が居て、第二国王から、彼らは、かってのアユタヤ王朝時代からの日本人の子孫であると言われた。」（略）

モンクット王とはラーマ四世（一八五一～一八六八）のことで国民からタイ近代化の父と称賛されている。

細田　正著『山田長政と日本人町』より、長政の死後からを抜粋する。

（略）「一六三〇年八月（寛永七年）長政死し、その年の一〇月二六日、日本人の復讐を恐れたプラサート・トーン王（アユタヤ二三代王）は日本人町を攻撃し焼き払った。

多くの人はカンボジア、プノンペンの日本人町に逃れた。カンボジア王は日本人を歓迎し、貿易を盛んに行い、さらに日本人の力を得て軍事力を強化し、隣国シャムを攻めたが、プラサート・トーン王はカンボジアと事をかまえることをしなかったので、カンボジアはシャムから完全に独立した。さらにパタニ、ソンクラもアユタヤに従属しなくなったので攻撃したが、反撃されて敗北した。これはオランダがパタニとソンクラ、アユタヤを裏面から操り援助していたから、戦いは遂に結末がつかずプラサート・トーンの支配区は次第に小さくなっていった。

そのため王はオランダに対してあまり心よく思わぬようになった。

このため前述したように、一六三三年、王は再び日本人のアユタヤ帰還を許したのである。

カンボジア在住日本人三四〇人が日本人町に移住してきた。」(略)

(略)「また、……プノンペンの日本人町の頭領達は、カンボジア国王の信任厚く、オランダ人町、支那人町、ポルトガル人町の管理を委任され、大いに繁栄していたといわれている」(略)

チャーンウイット・カセートシリ著/吉川利治訳『アユタヤ：Discovering Ayutthaya』(DREAM CATCHER GRAPHIC CO., LTD.、二〇〇七年)から山田長政、日本人町の項の一部を抜粋する。

チャーンウイット・カセートシリ博士(Dr Charnvit Kasetsiri)は、スワンクラープ、ウイッタヤーライ高等学校を卒業後、タンマサート大学に進学して、政治学部政治学科を卒業後、一九七二年にアメリカのコーネル大学の東南アジア史専攻の博士号を取得した。

博士論文はタムナーン(仏教系史)とポンサーワダーン(王朝年代記)などの資料を駆使し、アユタヤ王国誕生の歴史研究で、新しい分野を開拓した。

(The Rise of Ayudhya A History of Siam in the Fourteenthand Fifteenth Centuries)

発行　タイ国トヨタ財団(Toyota Thailand Foundation - TTF)、人文科学教科書振興財団(タイ国、The Foundation For the Promotion of Social Science andHumanities Textbooks Project)

(略)「日本人町はかっては貿易で栄えていたが、日本との交流が途絶えると、他に収入を求めなければならなかった。

オランダ商館の日雇い労働者となって、日本人が得意とする動物の皮革のなめし作業に従事していた。

オランダは中国と同じく長崎での交易を特に許された唯一の西洋の国であった。

日本人は相変わらずアユタヤの為政者の交代に関与していた。

ナーラーイ王が王宮の王から権力を奪取しようと兵力を送り込んだとき、日本人の頭領と四〇名が志願して権力の奪取に加担していた。

ナーラーイ王の御世には色々な外国人が貿易、外交、軍事、政治などの分野で様ざまな関与をしていたのに、日本人の姿が見えないのは、ソムタム王の頃に較べて日本人義勇隊の数が大激減したことが原因であった。

日本人にまつわる最後の人物は、資料によればアユタヤ生まれのポルトガル人との混血で、フォールコンの妻になったターオ、トーンキープマー（ギマー夫人）であろう。

それ以降はアユタヤが二度目の滅亡を迎える間で、日本人にまつわる話は絶えてしまった」（略）

タイ国の資料による山田長政以後の当時のアユタヤの日本人町の頭領は次の通りである。

頭領は糸屋太右衛門、副頭領は寺松広助（同、一六三三〜一六四二）。その後の頭領は、木村半左衛門で、副頭領は、アントニイ・善右衛門（同、一六四二〜?）。また、ナーラーイ王とは、第二八代ナーラーイ王（一六五六～一六八八）のことで、プラーサートトーン王の王子であった。彼は西洋の近代的な建築や科学等を勉強して、シャム国の外交や文芸を発展させた。

一六三三年一一月五日に、カンボジア在住の日本人三四〇人が、妻子を連れてアユタヤへ移住したと伝えられている（アユタヤ在住のイエズス会のポルトガルの神父、アントニオ・カルディムが、二、三年を経て、日本人がカンボジアからアユタヤへ帰還したことを本国に報じている）。日本人町の再建はこの時に始まったと言われているが、その頭領に選ばれたのが糸屋太右衛門と寺松広助であった（糸屋太右衛門は長崎の貿易商糸屋随右衛門の一族で、寺松広助は長崎の平戸出身の貿易商であった）。

現在のカンボジアの首都プノンペンから北へ約四〇キロのウドンは、一七世紀前半から一八六〇年までクメールの王都が置かれ、この東南の地区『ピニャール』に日本人町があった。最盛期には四〇〇人位の日本人が居住していた。

カンボジアオランダ商館日記によると、一六三八年（寛永一五）、長崎の町人であったと言われている森兵衛が不祥事を起こした前任者の日本人に代わって、カンボジア王から新たな日本人町のシャバンダール（町の長官）に任命されたことが書かれている。

カンボジア王国は、一四世紀頃から王都をスレイサントー、プノンペン、ロンヴァエク、ウドンと転々と変えていった。

エピローグ

ミャンマーのチャイントンで、ゴンシャンの人達に会い、長政や日本人の侍の話を聞いて、帰国してから早いもので既に三年以上も経ってしまった。

ミャンマーに居れば、時間がゆっくりと流れて、歳を取ることさえ忘れてしまうのに、たまに小田原から都心に出て、横浜から東急東横線の特急に乗ったりすると、日本の列車はなんでこんなに速いのだろうと感心しているうちに、どんどん景色が遠ざかって行き、その余りのスピードに驚いて、慌てて途中の自由が丘駅で降りると、そのまま自分がこの大都会に、置き去りにされてしまうのではないかと考えたりする。

私が帰国後の八月、ミャンマーでは、ガソリンの大幅な値上げを強行したことに対する政府への抗議デモが各地で起こった。

九月にはヤンゴンで僧侶らが主導した一〇万人規模の民主化要求デモが始まった。

ミャンマーの家庭で使用する食用パーム油は、二〇〇四年には、一リットル約一四〇〇チャットだったが、この年の五月には三三パーセントも上昇して、他の主要な生活必需品の米やトウガラシも約三倍に値上がりした。

そして、反政府デモに立ち上がったのは、ミャンマー中部にあるマンダレー周辺の僧院に修行している僧侶達であったと言われている。

この時、反政府デモの鎮圧に乗り出したミャンマー軍を取材していた日本人、APF通信社の契約社員で、ジャーナリストの長井健司さん（五〇歳）が、二〇〇七年九月二七日、ミャンマー軍の兵士に撃たれて亡くなった。この場面を衛星放送で観たのだが、私が何度も歩いたヤンゴンのスーレー・パコダ（パヤー）通りの付近の歩道で射殺されたのだった。

政府軍の至近距離からの一方的な銃撃により長井さんを死に至らしめたことに対して、ミャンマーを愛する者として、ここに謹んでお悔やみを申し上げ、ご冥福をお祈り申し上げます。


チャイントンの長政や日本人の侍伝説の本格的な解明は、今に始まったことばかりではないと思われる。私が訪問できなかったゴンシャンの集落がまだ多く残っており、そこには、日本人の侍の子孫や末裔達が暮していているかも知れない。また、日本人の侍から教わった色々な習慣や文化が伝わっている可能性もある。更に、これから、新たな長政や日本人の侍に関する物的な証拠や古文書が、ゴンシャンの集落から見つかることも予想される。

一五年前、長い首に、幾重にもコイル状の真鍮（金輪）をつけるパダウン族の住む、タイ北部山岳地帯・メーホーンソーンがタイ最後の秘境と呼ばれていた。私もこの当時、この集落に泊まっていて、子供達と一緒に山や川で日が暮れるまで夢中で遊んだことがある。

だが、今ではパダウン族は、メーホーンソーンの山奥から都会であるチェンマイやチェンラーイに連れてこられて、観光用の見世物のようにされてしまっている。

——近代化が進むタイには、いつの間にか秘境と呼べる場所がなくなってしまった。

世界の殆どの国が、開発を優先し森林を伐採して工業化を進める中、ミャンマーには、まだ手つかずの自然があり、中国、インド、バングラデシュやラオスの国境沿いには、アジアの『最後の楽園、秘境』があると言われている。

我国では、心の病で悩む人が数多く居る。平成一七年度に、軽度の人達を含めて、精神障害者は一〇〇万人を突破したと言われている。

不安定なパラダイス鎖国だと言われている日本は、外国から更なる開国を迫られ、社会はこれからますます複雑になり、グローバル化による市場のシェア争いがますます激しくなるだろう。

だが、落ち零れた人を精神的にたち直らせ、心のケアをするＮＧＯなどの支援のインフラが、米国や欧州などに較べて日本は脆弱だと言われている。

心の問題で、家族や友人に相談できなくて、一人で悩んでいる人は、旅に出て自分を見つめ直すことも、ストレスを解消する一つの方法ではないだろうか。懐の深いアジアの自然は、あるがままの自分を受け入れてくれるからだ。

そこには、やさしい微笑を絶やさない自由に生きる人達が暮らしている。

異郷の地を旅しようとする気持ちには、ミステリアスな未知へのかすかな不安とともに、どこかに埋もれてしまった人情や風情など、現地の人達がひっそりと守ってきた古風な文化に出会える不思議な期待と甘酸っぱい感傷がいつもつきまとうのだ。

旅の途中でアジアのどこかの土地で斃れるかもしれないが、これも運命だと思っている。

最後に、「山田長政」の取材に対し、ひとかたならぬ協力をいただいた、山田長政の著名な研究家である、静岡県静岡市葵区馬場町の『あべの古書店』の鈴木大治氏、並びに静岡市上足洗在住の佐藤郁太氏に心からの御礼を申し上げます。

沖田英明

二〇〇九年一〇月一五日

〈参考文献〉

『山田長政』三木　榮著（古今書院、一九三六年）
『六昆王と山田長政』村上直次郎著（朝日新聞社、一九四二年）
『山田長政と日本人町』細田　正著〈山田長政資料集成〉（山田長政顕彰会、一九七四年）
『ミャンマー東西南北　辺境の旅』伊藤京子著（めこん、二〇〇二年）
『消え去った世界――あるシャン藩王女の個人史』
　ネル・アダムズ著／森　博行訳（文芸社、二〇〇二年）
『地球の歩き方　ミャンマー（ビルマ）』（ダイヤモンド社、二〇〇八年）
『地球の歩き方　タイ』（ダイヤモンド社、二〇〇八年）
『黄金の四角地帯――山岳民族の村を訪ねて』羽田令子著（社会評論社、一九九九年）
『史伝・山田長政』小和田哲夫著（学習研究社、二〇〇一年）
『アユタヤ：Discovering Ayutthaya』
　チャーンウイット・カセートシリ著／吉川利治訳（DREAM CATCHER GRAPHIC CO., LTD.、
　二〇〇七年）
「チェンマイ・タウン誌　Chao」（二〇〇七年五・二五号）
『雲南最深部への旅』鎌澤久也著（めこん、二〇〇二年）

『中国少数民族辞典』Ｃ・ダニエルス他共著（東京堂出版、二〇〇一年）
『オイレンブルク伯「バンコク日記」――ドイツ、アジアで覇権を競う（社会科学の冒険）』大西健夫著（リブロポート、一九九〇年）
『17世紀に於けるタイ国革命史話（略題「シャム革命史話」）』エレミヤス・ファン・フリート著／村上直次郎訳（一六六三年）＊此の小冊子はエルベーア著「ペルシアの旅」と題する仏訳附録より、口語体の英語に訳されたものだが、基の原本はオランダ人、ファン・フリート氏の著である。しかし、現在、原本は何れの地にも存在していないと言われている。
『ミャンマー情報辞典』アジアネットワーク編（ゑゐ文社、一九九七年）
『山田長政資料集成』山田長政顕彰会編（山田長政顕彰会、一九七四年）
『ビルマ軍事政権とアウンサンスーチー』田辺寿夫／根本　敬共著（角川書店、二〇〇三年）
『雲南・北ラオスの旅』樋口英夫著（めこん、二〇〇一年）
『もっと知りたいミャンマー』綾部恒雄／石井米雄共著（弘文堂、一九九四年）
『史実・山田長政』江崎　惇著（新人物往来社、一九八五年）
『風雲児』白石一郎著（文藝春秋、一九九八年）
『日タイ交流六百年史』石井米雄／吉川利治共著（講談社、一九八七年）
『山岡荘八歴史文庫　山田長政　他』山岡荘八著（講談社、一九八七年）
『中国55の少数民族を訪ねて』市川捷護／市橋雄二共著（白水社、一九九八年）

『南洋日本町の研究』岩生成一著（岩波書店、一九九六年）
『王国への道――山田長政』遠藤周作著（新潮社、一九八四年）
『タイ現代情報辞典』現代タイ事情研究会編（ゑゐ文社、一九九七年）
『大緬甸誌』国分正三監修／緬甸研究会編（三省堂、一九四四年）
『海外交流史辞典　日緬交流略史』富田　仁編（日外アソシエーツ、一九八九年）
『ミャンマー動物紀行　資料編』大西信吾編（新風舎、二〇〇二年）
『暮らしがわかるアジア読本　ビルマ』田村克己／根本　敬編（河出書房新社、一九九七年）
『暮らしがわかるアジア読本　タイ（南タイの長政観）』
岩城雄次郎他著（河出書房新社、一九九四年）
「週刊　日本の100人　第75号　山田長政」（デアゴスティーニジャパン、二〇〇七年）
「駿府・静岡の芸能文化　第4巻『山田仁左衛門長政奉納　戦艦図絵馬』」
鈴木大治（静岡大学、二〇〇六年）
「山田長政の考察」佐藤郁太著／歴史文化開放会編（歴史文化開放会、二〇〇七年）
「大航海・大交易時代の中の山田長政」
静岡市文化財資料館文化財学習会編（静岡市文化財資料館文化財学習会、二〇〇六年）
「山田長政ゆかりの地」山田長政史跡保存会編（山田長政史跡保存会、二〇〇七年）

〈キリシタンと鎖国の年代項目〉

天文一八年（一五四九）イエズス会のフランシスコ・ザビェルを含む南蛮僧たちが切支丹宗門の布教のために鹿児島に上陸した。

天正七年（一五七九）イエズス会の重鎮、アレッサンドロ・ヴァリニァーノ神父来日、天正八年長崎の有馬にセミナリオ（神学校）を設立、二二人の切支丹侍の子が入学する。

天正一〇年（一五八二）日本で始めての公式使節「天正遣欧使節」が長崎からヨーロッパへ旅だった。使節は四人、伊藤マンショ、千々ミゲル、原マルチノ、大友宗麟といずれも当時、切支丹大名の血縁者で一二～三歳の少年らであった。彼らの訪問はキリスト教カトリックの最高権威者ローマー教皇との謁見が目的だった。

天正一五年（一五八七）鹿児島の島津氏を攻略した豊臣秀吉（一五三七～一五九八）は伴天連追放令を布告した。

慶長元年（一五九六）秀吉は伴天連追放令を再発布し、切支丹の一斉逮捕を命じた。一二月一九日、京都、大阪で逮捕されていた六名の外国人宣教師、二〇名の日本人信者が長崎の西坂で処刑された。（二六聖人殉教事件）

慶長三年（一五九八）　豊臣秀吉死去する。

慶長五年（一六〇〇）　戦国大名の細川忠興の妻で、明智光秀の娘、切支丹の細川ガラシャ、石田光成の兵が細川屋敷を取り囲んだ時に、家臣に介錯を頼み自害する。

慶長九年（一六〇四）　加藤清正の重臣で切支丹の市河治兵衛等が、信仰に対する主君の圧迫に堪えかねて暹羅に亡命する。

慶長一六年（一六一一）　アユタヤの日本人町のキリスト教徒が反乱を企てたということが書いてあるオランダの通商文書が残されている。しかし、その騒乱の原因については何も語っていない。

慶長一九年（一六一四）　幕府は、切支丹追放令によりペトロ岐部を含む宣教師、及び切支丹大名のジュスト右近（高山右近）、ドン・ジョアン内藤如安、トマス内藤好次、等一四八名をルソン、マカオに追放する。

慶長二〇年（一六一五）　高山右近ルソンのマニラにて病歿。

元和八年（一六二二）　スピノラ、木村セバスチャン等切支丹五五名が長崎で処刑される。

元和九年（一六二三）　シモン遠甫ら切支丹五〇名が江戸で火刑に処せられる。

寛永三年（一六二六）　長崎奉行水野守信がイエズス会宣教師、切支丹数十名を処刑、翌年には、同、三四〇人を処刑する。

寛永四年（一六二七）　マラッカから教父ジュリオ・セザル・マルジコがアユタヤに来着し、アユタヤに教会堂を建てた。同所において日本人キリスト教徒四〇〇名と若干寛永七年（一六三〇）のポルトガル人商人らに秘蹟（サカラメント）を授けた。

切支丹数十人がルソンに追放される。ペトロ岐部、商人に変装しルソンから薩摩に入国する。

寛永八年（一六三一）幕府が奉書船制度を開始する。

寛永一〇年（一六三三）第一次鎖国令発布、奉書船以外の渡航を禁止する。また海外に五年以上居留する日本人の帰国を禁じた。

寛永一一年（一六三四）第二次鎖国令、第一次通達の再通達。

寛永一二年（一六三五）第三次鎖国令、中国、オランダ、ポルトガルなどの外国船の入港を長崎のみに限定し、日本人の渡航と帰国を禁止した。

寛永一三年（一六三六）幕府は、第四次鎖国令により、貿易に関係の無いポルトガル人とその妻子、家族、二八七人をマカオへ追放し、残りのポルトガル人も長崎の出島に移送する。

寛永一四年（一六三七）～一五年（一六三八年）島原の乱が勃発する。

寛永一六年（一六三九）第五次鎖国令発布、ポルトガル船の入港を一切禁止する。ペトロ岐部、仙台で捕縛、拷問を受けたが棄教せず江戸に送られた後処刑された。

寛永一七年（一六四〇）マカオより通商再開を依頼する為のポルトガル船が来航したが、幕府はそのうちの六一名を処刑する。

天文四年（一六四七）ポルトガル二隻が国交回復の目的のために来航する。幕府はこれを拒否する。それ以後、ポルトガル船の日本への来航は途絶えた。

口絵画／山田長政　日本義勇軍行列の図　静岡浅間神社所蔵

沖田英明（おきた　ひであき）

バックパッカー兼ミステリー探検家。
現在もアジアのどこかで日本人町の痕跡を探索中。

ミャンマーの侍《さむらい》　山田長政《やまだながまさ》
侍《さむらい》の末裔《まつえい》と古文書《こもんじょ》が語《かた》る長政残党伝説《ながまささざんとうでんせつ》

二〇一〇年一一月一日　第一刷発行
定価はカバーに表示してあります

著　者　沖田英明《おきたひであき》
発行者　平谷茂政
発行所　東洋出版株式会社
東京都文京区関口1-23-6, 112-0014
電話（営業部）03-5261-1004　（編集部）03-5261-1063
振替　00110-2-175030
http://www.toyo-shuppan.com/
印　刷　モリモト印刷株式会社
製　本　岩渕紙工所

 ISBN 978-4-8096-7631-4